LA PENSÉE
SAUVAGE

AGORA

Collection dirigée par François Laurent

CLAUDE LÉVI-STRAUSS
de l'Académie française

LA PENSÉE
SAUVAGE

PLON

Illustration de la couverture. — **La Pensée sauvage** (*Viola tricolor*).
Planche extraite de : P.-J. Redouté, *Choix des plus belles fleurs*,
Paris, 1827.

© 1962 Librairie Plon
I.S.B.N. : 2-266-03816-8

A LA MÉMOIRE
DE
MAURICE MERLEAU-PONTY

PRÉFACE

Ce livre forme un tout, mais les problèmes qu'il discute ont un rapport étroit avec ceux que nous avons plus rapidement examinés dans un travail récent intitulé le Totémisme aujourd'hui (P.U.F., Paris 1962). Sans prétendre exiger du lecteur qu'il s'y reporte, il convient de l'avertir qu'un lien existe entre les deux ouvrages : le premier constitue une sorte d'introduction historique et critique au second. On n'a donc pas jugé nécessaire de revenir ici sur des notions, des définitions et des faits, auxquels on avait déjà prêté suffisamment d'attention.

En abordant le présent ouvrage, le lecteur doit pourtant savoir ce que nous attendons de lui : qu'il nous donne acte de la conclusion négative à laquelle nous étions parvenu au sujet du totémisme ; car, après avoir expliqué pourquoi nous croyons que les anciens ethnologues se sont laissé duper par une illusion, c'est maintenant l'envers du totémisme que nous entreprenons d'explorer.

De ce que le nom de Maurice Merleau-Ponty figure en première page d'un livre dont les dernières sont réservées à la discussion d'un ouvrage de Sartre, nul ne saurait inférer que j'ai voulu les opposer l'un à l'autre. Ceux qui nous ont approchés, Merleau-Ponty et moi, au cours des récentes années, connaissent quelques-unes des raisons pour lesquelles il allait de soi que ce livre, qui développe librement certains thèmes de mon enseignement au Collège de France, lui fût dédié. Il l'eût été de toute façon s'il avait vécu, comme la continuation d'un dialogue dont le début remonte à 1930, quand, en compagnie de Simone de Beauvoir, nous nous sommes rencontrés à l'occasion d'un stage pédagogique à la veille de l'agrégation. Et, puisque la mort nous l'a brutalement enlevé, que ce livre reste au moins dédié à sa mémoire, en témoignage de fidélité, de reconnaissance, et d'affection.

S'il m'a paru indispensable d'exprimer mon désaccord avec Sartre sur des points qui touchent aux fondements philosophiques de l'anthropologie, je ne m'y suis décidé qu'après plusieurs lectures d'une œuvre à l'examen de laquelle mes auditeurs de l'École des Hautes Études et moi-même avons consacré de nombreuses séances au cours de l'année 1960-1961. Par-delà les divergences inévitables, je souhaite que Sartre retienne surtout, d'une discussion qui est le fruit de tant de soins, qu'elle constitue de notre part à tous un hommage indirect d'admiration et de respect.

Je remercie très vivement mon collègue M. Jacques Bertin, directeur d'études à l'École Pratique des Hautes Études, qui a bien voulu faire exécuter dans son laboratoire certains diagrammes ; MM. I. Chiva et J. Pouillon, dont les notes de cours m'ont remis en mémoire des improvisations vite oubliées ; Mme Edna H. Lemay, qui a assuré la dactylographie ; Mlle Nicole Belmont, qui m'a assisté pour rassembler la documentation et pour faire la bibliographie et l'index ; et ma femme, qui m'a aidé à relire le texte et à corriger les épreuves.

« Il n'y a rien au monde que les Sauvages, les paysans et les gens de province pour étudier à fond leurs affaires dans tous les sens ; aussi, quand ils arrivent de la Pensée au Fait, trouvez-vous les choses complètes. »

H. DE BALZAC.

Le Cabinet des antiques.

Bibl. de la Pléiade, vol. IV, pp. 400-401.

CHAPITRE PREMIER

LA SCIENCE DU CONCRET

On s'est longtemps plu à citer ces langues où les termes manquent, pour exprimer des concepts tels que ceux d'arbre ou d'animal, bien qu'on y trouve tous les mots nécessaires à un inventaire détaillé des espèces et des variétés. Mais, en invoquant ces cas à l'appui d'une prétendue inaptitude des « primitifs » à la pensée abstraite, on omettait d'abord d'autres exemples, qui attestent que la richesse en mots abstraits n'est pas l'apanage des seules langues civilisées. C'est ainsi que le chinook, langue du nord-ouest de l'Amérique du Nord, fait usage de mots abstraits pour désigner beaucoup de propriétés ou de qualités des êtres et des choses : « Ce procédé, dit Boas, y est plus fréquent que dans tout autre langage connu de moi. » La proposition : le méchant homme a tué le pauvre enfant, se rend en chinook par : la méchanceté de l'homme a tué la pauvreté de l'enfant ; et, pour dire qu'une femme utilise un panier trop petit : elle met des racines de potentille dans la petitesse d'un panier à coquillages. (Boas 2, pp. 657-658.)

Dans toute langue, d'ailleurs, le discours et la syntaxe fournissent les ressources indispensables pour suppléer aux lacunes du vocabulaire. Et le caractère tendancieux de l'argument évoqué au paragraphe précédent est bien mis en évidence, quand on note que la situation inverse, c'est-à-dire celle où les termes très généraux l'emportent sur les appellations spécifiques, a été aussi exploitée pour affirmer l'indigence intellectuelle des sauvages :

« Parmi les plantes et les animaux, l'Indien ne nomme

que les espèces utiles ou nuisibles ; les autres sont classées indistinctement comme oiseau, mauvaise herbe, etc. » (Krause, p. 104.)

Un observateur plus récent semble pareillement croire que l'indigène nomme et conçoit seulement en fonction de ses besoins :

« Je me souviens encore de l'hilarité provoquée chez mes amis des îles Marquises... par l'intérêt (à leurs yeux, pure sottise) témoigné par le botaniste de notre expédition de 1921, envers les "mauvaises herbes" sans nom ("sans utilité") qu'il recueillait, et dont il voulait savoir comment elles s'appelaient. » (Handy et Pukui, p. 119, n. 21.)

Pourtant, Handy compare cette indifférence à celle que, dans notre civilisation, le spécialiste témoigne aux phénomènes qui ne relèvent pas immédiatement de son domaine. Et quand sa collaboratrice indigène souligne qu'à Hawaii « chaque forme botanique, zoologique ou inorganique qu'on sait avoir été nommée (et personnalisée) était... une chose *utilisée* », elle prend soin d'ajouter : « d'une façon ou de l'autre », et elle précise que si « une variété illimitée d'êtres vivants de la mer et de la forêt, de phénomènes météorologiques ou marins, ne portaient pas de nom », la raison en était qu'on ne les jugeait pas « utiles ou... dignes d'intérêt », termes non équivalents, puisque l'un se situe sur le plan pratique, et l'autre sur le plan théorique. La suite du texte le confirme, en renforçant le second aspect aux dépens du premier : « La vie, c'était l'expérience, chargée d'exacte et précise signification » (*id.*, p. 119).

En vérité, le découpage conceptuel varie avec chaque langue, et, comme le remarquait fort bien, au XVIIIe siècle, le rédacteur de l'article « Nom » dans l'Encyclopédie, l'usage de termes plus ou moins abstraits n'est pas fonction de capacités intellectuelles, mais des intérêts inégalement marqués et détaillés de chaque société particulière au sein de la société nationale : « Montez à l'Observatoire ; chaque *étoile* n'y est plus une étoile tout simplement, c'est l'étoile ß du Capricorne, c'est le γ du Centaure, c'est le ζ de la Grande Ourse, etc., entrez dans un manège, chaque *cheval* y a son *nom* propre, le *Brillant,* le *Lutin,* le *Fougueux,* etc. » D'ailleurs, même si la remarque sur les langues dites primitives, rappelée au début de ce chapitre, devait être prise au pied de la lettre, on n'en saurait conclure au défaut d'idées générales : les mots chêne, hêtre, bouleau, etc., ne sont pas moins « des mots abstraits que le mot arbre, et, de deux langues dont l'une posséderait seulement ce dernier terme, et dont l'autre l'ignorerait tandis qu'elle en aurait plusieurs dizaines ou centaines affectés aux espèces et aux variétés, c'est la seconde, non la première, qui serait, de ce point de vue, la plus riche en concepts.

Comme dans les langues de métier, la prolifération conceptuelle correspond à une attention plus soutenue envers les propriétés du réel, à un intérêt mieux en éveil pour les distinctions qu'on peut y introduire. Cet appétit de connaissance objective constitue un des aspects les plus négligés de la pensée de ceux que nous nommons « primitifs ». S'il est rarement dirigé vers des réalités du même niveau que celles auxquelles s'attache la science moderne, il implique des démarches intellectuelles et des méthodes d'observation comparables. Dans les deux cas, l'univers est objet de pensée, au moins autant que moyen de satisfaire des besoins.

Chaque civilisation a tendance à surestimer l'orientation objective de sa pensée, c'est donc qu'elle n'est jamais absente. Quand nous commettons l'erreur de croire le sauvage exclusivement gouverné par ses besoins organiques ou économiques, nous ne prenons pas garde qu'il nous adresse le même reproche, et qu'à lui son propre désir de savoir paraît mieux équilibré que le nôtre :

> « L'utilisation des ressources naturelles dont disposaient les indigènes hawaiiens était, à peu de chose près, complète ; bien plus que celle pratiquée dans l'ère commerciale actuelle, qui exploite sans merci les quelques produits qui, pour le moment, procurent un avantage financier, dédaignant et détruisant souvent tout le reste. » (Handy et Pukui, p. 213.)

Sans doute l'agriculture de marché ne se confond-elle pas avec le savoir du botaniste. Mais, en ignorant le second et en considérant exclusivement la première, la vieille aristocrate hawaiienne ne fait que reprendre au compte d'une culture indigène, tout en l'inversant à son avantage, l'erreur symétrique commise par Malinowski, quand il prétendait que l'intérêt envers les plantes et les animaux totémiques n'était inspiré aux primitifs que par les plaintes de leur estomac.

*

* *

A la remarque de Tessmann à propos des Fang du Gabon, notant (p. 71) « la précision avec laquelle ils reconnaissent les moindres différences entre les espèces d'un même genre », répond, pour l'Océanie, celle des deux auteurs déjà cités :

> « Les facultés aiguisées des indigènes leur permettaient de noter exactement les caractères génériques de toutes les espèces vivantes, terrestres et marines, ainsi que les changements les plus subtils de phénomènes naturels tels que les vents, la lumière, et les couleurs du temps, les rides des vagues, les variations du ressac, les courants aquatiques et aériens. » (Handy et Pukui, p. 119.)

Un usage aussi simple que la mastication du bétel suppose, chez les Hanunóo des Philippines, la connaissance de 4 variétés de noix d'arec et de 8 produits de remplacement, de 5 variétés de bétel et de 5 produits de remplacement (Conklin 3) :

> « Toutes les activités des Hanunóo ou presque exigent une intime familiarité avec la flore locale et une connaissance précise des classifications botaniques. Contrairement à l'opinion selon laquelle les sociétés vivant en économie de subsistance n'utiliseraient qu'une petite fraction de la flore locale, celle-ci est mise à contribution dans la proportion de 93 %. » (Conklin 1, p. 249.)

Cela n'est pas moins vrai pour ce qui touche à la faune :

> « Les Hanunóo classent les formes locales de la faune avienne en 75 catégories... ils distinguent environ 12 sortes de serpents... 60 types de poissons... plus d'une douzaine de crustacés de mer et d'eau douce, autant de types d'araignées et de myriapodes... Les milliers de formes d'insectes sont groupés en 108 catégories dénommées, dont 13 pour les fourmis et les termites... Ils identifient plus de 60 classes de mollusques marins, et

plus de 25 mollusques terrestres et d'eau douce... 4 types de sangsues suceuses de sang... » : au total, 461 types zoologiques recensés (*id.*, pp. 67-70).

Au sujet d'une population de pygmées des Philippines, un biologiste s'exprime comme suit :

« Un trait caractéristique des Negrito, qui les distingue de leurs voisins chrétiens des plaines, réside dans leur connaissance inépuisable des règnes végétal et animal. Ce savoir n'implique pas seulement l'identification spécifique d'un nombre phénoménal de plantes, d'oiseaux, de mammifères et d'insectes, mais aussi la connaissance des habitudes et des mœurs de chaque espèce... »

« Le Negrito est complètement intégré à son milieu, et, chose encore plus importante, il étudie sans arrêt tout ce qui l'entoure. Souvent, j'ai vu un Negrito, incertain de l'identité d'une plante, goûter le fruit, flairer les feuilles, briser et examiner la tige, considérer l'habitat. Et c'est seulement compte tenu de toutes ces données qu'il déclarera connaître ou ignorer la plante en question. »

Après avoir montré que les indigènes s'intéressent aussi aux plantes qui ne leur sont pas directement utiles, à cause des relations significatives qui les lient aux animaux et aux insectes, le même auteur poursuit :

« Le sens aigu d'observation des pygmées, leur pleine conscience des relations entre la vie végétale et la vie animale... sont illustrés de façon frappante par leurs discussions sur les mœurs des chauves-souris. Le *tididin* vit sur le feuillage desséché des palmiers, le *dikidik* sous les feuilles du bananier sauvage, le *litlit* dans les bambouseraies, le *kolumbóy* dans les cavités des troncs d'arbres, le *bonanabâ* dans les bois touffus, et ainsi de suite. »

« C'est ainsi que les negrito Pinatubo connaissent et distinguent les mœurs de 15 espèces de chauves-souris. Il n'en est pas moins vrai que leur classification des chauves-souris, comme celle des insectes, des oiseaux, des mammifères, des poissons et des plantes, repose principalement sur les ressemblances et les différences physiques. »

« Presque tous les hommes énumèrent, avec la plus grande facilité, les noms spécifiques et descriptifs d'au moins 450 plantes, 75 oiseaux, de presque tous les ser-

> pents, poissons, insectes et mammifères, et même de 20 espèces de fourmis [1]... et la science botanique des *mananâmbal,* sorciers-guérisseurs des deux sexes, qui utilisent constamment les plantes pour leur art, est absolument stupéfiante. » (R. B. Fox, pp. 187-188.)

D'une population arriérée des îles Ryukyu, on écrit :

> « Même un enfant peut souvent identifier l'espèce d'un arbre d'après un menu fragment de bois et, qui plus est, le sexe de cet arbre, selon les idées qu'entretiennent les indigènes sur le sexe des végétaux ; et cela, en observant l'apparence du bois et de l'écorce, l'odeur, la dureté, et d'autres caractères du même type. Des douzaines et des douzaines de poissons et de coquillages sont connus par des termes distinctifs, ainsi que leurs caractéristiques propres, leurs mœurs, et les différences sexuelles au sein de chaque type... » (Smith, p. 150.)

Habitants d'une région désertique de la Californie du Sud où quelques rares familles de Blancs parviennent seules à subsister aujourd'hui, les indiens Coahuilla, au nombre de plusieurs milliers, ne réussissaient pas à épuiser les ressources naturelles ; ils vivaient dans l'abondance. Car, dans ce pays en apparence déshérité, ils ne connaissaient pas moins de 60 plantes alimentaires, et 28 autres, à propriétés narcotiques, stimulantes ou médicinales (Barrows). Un seul informateur séminole identifie 250 espèces et variétés végétales (Sturtevant). On a recensé 350 plantes connues des indiens Hopi, plus de 500 chez les Navaho. Le lexique botanique des Subanun, qui vivent dans le sud des Philippines, dépasse largement 1 000 termes (Frake) et celui des Hanunóo approche 2 000 [2]. Travaillant avec un seul informateur gabonais, M. Sillans a récemment publié un répertoire ethno-botanique de 8 000 termes environ, répartis entre les langues ou dialectes de 12 ou 13 tribus adjacentes (Walker et Sillans). Les résultats, en majeure partie inédits, obtenus par Marcel Griaule et ses collaborateurs au Soudan promettent d'être aussi impressionnants.

L'extrême familiarité avec le milieu biologique, l'at-

---

1. Aussi, 45 sortes de champignons comestibles (*l.c.,* p. 231) et, sur le plan technologique, 50 types de flèches différents (*id.,* pp. 265-268).
2. Cf. plus bas, pp. 168, 185.

tention passionnée qu'on lui porte, les connaissances précises qui s'y rattachent, ont souvent frappé les enquêteurs comme dénotant des attitudes et des préoccupations qui distinguent les indigènes de leurs visiteurs blancs. Chez les indiens Tewa du Nouveau-Mexique :

> « Les petites différences sont notées... ils ont des noms pour toutes les espèces de conifères de la région ; or, dans ce cas, les différences sont peu visibles, et, parmi les Blancs, un individu non entraîné serait incapable de les distinguer... En vérité, rien n'empêcherait de traduire un traité de botanique en tewa. » (Robbins, Harrington et Freire-Marreco, pp. 9, 12.)

Dans un récit à peine romancé, E. Smith Bowen a plaisamment raconté son désarroi quand, dès son arrivée dans une tribu africaine, elle voulut commencer par apprendre la langue : ses informateurs trouvèrent tout naturel, au stade élémentaire de leur enseignement, de rassembler un grand nombre de spécimens botaniques qu'ils nommaient en les lui présentant, mais que l'enquêteur était incapable d'identifier, non pas tant à cause de leur nature exotique, que parce qu'elle ne s'était jamais intéressée aux richesses et à la diversité du monde végétal, alors que les indigènes tenaient une telle curiosité pour acquise.

> « Ces gens sont des cultivateurs : pour eux les plantes sont aussi importantes, aussi familières que les êtres humains. Pour ma part, je n'ai jamais vécu dans une ferme et je ne suis même pas très sûre de reconnaître les bégonias des dahlias ou des pétunias. Les plantes, comme les équations, ont l'habitude traîtresse de sembler pareilles et d'être différentes ou de sembler différentes et d'être pareilles. En conséquence, je m'embrouille en botanique comme en mathématiques. Pour la première fois de ma vie, je me trouve dans une communauté où les enfants de dix ans ne me sont pas supérieurs en math, mais je suis aussi en un lieu où chaque plante, sauvage ou cultivée, a un nom et un usage bien définis, où chaque homme, chaque femme et chaque enfant connaît des centaines d'espèces. Aucun d'entre eux ne voudra jamais croire que je sois incapable, même si je le veux, d'en savoir autant qu'eux. » (Smith Bowen, p. 22.)

Nettement différente est la réaction d'un spécialiste,

auteur d'une monographie où il décrit près de 300 espèces ou variétés de plantes médicinales ou toxiques
utilisées par certaines populations de la Rhodésie du
Nord :

> « J'ai toujours été surpris par l'empressement avec
> lequel les gens de Balovale et des régions avoisinantes
> acceptaient de parler de leurs remèdes et de leurs poisons.
> Étaient-ils flattés par l'intérêt que je témoignais pour
> leurs méthodes ? Considéraient-ils nos conversations
> comme un échange d'informations entre collègues ? Ou
> voulaient-ils faire étalage de leur savoir ? Quelle que
> puisse être la raison de leur attitude, ils ne se faisaient
> jamais prier. Je me souviens d'un diable de vieux Luchazi
> qui apportait des brassées de feuilles sèches, de racines
> et de tiges, pour m'instruire de tous leurs emplois. Était-
> il plutôt herboriste ou sorcier ? Je n'ai jamais pu percer
> ce mystère, mais je constate avec regret que je ne
> posséderai jamais sa science de la psychologie africaine
> et son habileté à soigner ses semblables : associés, mes
> connaissances médicales et ses talents auraient formé
> une bien utile combinaison. » (Gilges, p. 20.)

En citant un extrait de ses carnets de route, Conklin
a voulu illustrer ce contact intime entre l'homme et
le milieu, que l'indigène impose perpétuellement à
l'ethnologue :

> « A 0600 et sous une pluie légère, Langba et moi
> quittâmes Parina en direction de Binli... A Arasaas,
> Langba me demanda de découper plusieurs bandes
> d'écorce, de 10 × 50 cm, de l'arbre *anapla kilala* (*Albizia
> procera* (Roxb.) Benth.) pour nous préserver des sang
> sues. En frottant avec la face interne de l'écorce nos
> chevilles et nos jambes, déjà mouillées par la végétation
> dégouttante de pluie, on produisait une mousse rose qui
> était un excellent répulsif. Sur le sentier, près d'Aypud,
> Langba s'arrêta soudain, enfonça prestement son bâton
> en bordure du sentier, et déracina une petite herbe,
> *tawag kûgun buladlad* (*Buchnera urticifolia* R. Br.), qui,
> me dit-il, lui servirait d'appât... pour un piège à sangliers.
> Quelques instants plus tard, et nous marchions vite, il
> fit un arrêt semblable pour déraciner une petite orchidée
> terrestre (difficile à repérer sous la végétation qui la
> couvrait) appelée *liyamliyam* (*Epipogum roseum* (D.
> Don.) Lindl.), plante employée pour combattre magique
> ment les insectes parasites des cultures. A Binli, Langba
> eut soin de ne pas abîmer sa cueillette, en fouillant dans

sa sacoche de palmes tressées pour trouver du *apug,* chaux éteinte, et du *tabaku* (*Nicotiana tabacum* L.), qu'il voulait offrir aux gens de Binli en échange d'autres ingrédients à chiquer. Après une discussion sur les mérites respectifs des variétés locales de bétel-poivre (*Piper betle* L.), Langba obtint la permission de couper des boutures de patate douce (*Ipomoea batatas* (L) Poir.) appartenant à deux formes végétatives différentes et distinguées comme *kamuti inaswang* et *kamuti lupaw*... Et dans le carré de camote, nous coupâmes 25 boutures (longues d'environ 75 cm) de chaque variété, consistant en l'extrémité de la tige, et nous les enveloppâmes soigneusement dans les grandes feuilles fraîches du *saging saba* cultivé (*Musa sapientum compressa* (Blco.) Teodoro) pour qu'elles gardent leur humidité jusqu'à notre arrivée chez Langba. En route, nous mâchâmes des tiges de *tubu minama,* sorte de canne à sucre (*Saccharum officinarum* L.), nous nous arrêtâmes une fois pour ramasser quelques *bunga,* noix d'arec tombées (*Areca catechu* L.), et, une autre fois, pour cueillir et manger les fruits, semblables à des cerises sauvages, de quelques buissons de *bugnay* (*Antidesma brunius* (L.) Spreng.). Nous atteignîmes le Mararim vers le milieu de l'après-midi, et, tout au long de notre marche, la plus grande partie du temps avait passé en discussions sur les changements dans la végétation au cours des dernières dizaines d'années. » (Conklin *1,* pp. 15-17.)

Ce savoir, et les moyens linguistiques dont il dispose, s'étendent aussi à la morphologie. La langue tewa utilise des termes distincts pour chaque partie ou presque du corps des oiseaux et des mammifères (Henderson et Harrington, p. 9). La description morphologique des feuilles d'arbres ou de plantes comporte 40 termes, et il y a 15 termes distincts, correspondant aux différentes parties d'un plant de maïs.

Pour décrire les parties constitutives et les propriétés des végétaux, les Hanunóo ont plus de 150 termes, qui connotent les catégories en fonction desquelles ils identifient les plantes, « et discutent entre eux des centaines de caractères qui les distinguent, et souvent correspondent à des propriétés significatives, tant médicinales qu'alimentaires ». (Conklin *1,* p. 97.) Les Pinatubo, chez qui on a recensé plus de 600 plantes nommées, « n'ont pas seulement une connaissance fabuleuse de ces plantes et de leurs modes d'utilisation ; ils emploient près de 100 termes pour décrire leurs parties ou aspects caractéristiques ». (R. B. Fox, p. 179.)

Il est clair qu'un savoir aussi systématiquement développé ne peut être fonction de la seule utilité pratique. Après avoir souligné la richesse et la précision des connaissances zoologiques et botaniques des Indiens du nord-est des États-Unis et du Canada : Montagnais, Naskapi, Micmac, Malecite, Penobscot, l'ethnologue qui les a le mieux étudiés poursuit :

> « On pourrait s'y attendre, pour ce qui est des mœurs du gros gibier, d'où proviennent la nourriture et les matières premières de l'industrie indigène. Il n'est pas étonnant... que le chasseur penobscot du Maine possède une meilleure connaissance pratique des mœurs et du caractère de l'orignal que le plus expert zoologiste. Mais, quand nous apprécions à sa juste valeur le soin que les Indiens ont mis à observer et à systématiser les faits scientifiques se rapportant aux formes inférieures de la vie animale, on nous permettra de montrer quelque surprise. »

> « La classe entière des reptiles... n'offre aucun intérêt économique pour ces Indiens ; ils ne consomment pas la chair des serpents, ni des batraciens, et ils n'utilisent aucune partie de leur dépouille, sauf dans des cas très rares, pour la confection de charmes contre la maladie ou la sorcellerie. » (Speck 1, p. 273.)

Et pourtant, comme l'a montré Speck, les Indiens du Nord-Est ont élaboré une véritable herpétologie, avec des termes distincts pour chaque genre de reptiles et d'autres, réservés à des espèces ou des variétés.

Les produits naturels utilisés par les peuples sibériens à des fins médicinales illustrent, par leur définition précise et la valeur spécifique qu'on leur prête, le soin, l'ingéniosité, l'attention au détail, le souci des distinctions, qu'ont dû mettre en œuvre les observateurs et les théoriciens dans les sociétés de ce type : araignées et vers blancs avalés (Itelmène et Iakoute, stérilité) ; graisse de scarabée noir (Ossète, hydrophobie) ; cafard écrasé, fiel de poule (Russes de Sourgout, abcès et hernie) ; vers rouges macérés (Iakoute, rhumatisme) ; fiel de brochet (Bouriate, maladies d'yeux) ; loche, écrevisse avalées vivantes (Russes de Sibérie, épilepsie et toutes maladies) ; attouchement avec un bec de pic, du sang de pic, insufflation nasale de poudre de pic momifié, œuf gobé de l'oiseau *koukcha* (Iakoute, contre maux de dents, écrouelles, maladies des chevaux, et tuberculose, respectivement) ; sang de perdrix, sueur de cheval (Oïrote, hernies et verrues) ; bouillon de pigeon (Bouriate, toux) ; poudre de pattes broyées de l'oiseau *tilégous* (Kazak, morsures de chien enragé) ; chauve-souris desséchée pendue au cou (Russes de l'Altaï, fièvre) ; instillation d'eau provenant d'un glaçon suspendu au nid de l'oiseau *remiz* (Oïrote, maladies des yeux). Pour les seuls Bouriate, et en se limitant à l'ours, la chair de celui-ci possède 7 vertus thérapeutiques distinctes, le sang 5, la graisse 9, la cervelle 12, la bile 17, et le poil 2. De l'ours aussi, les Kalar recueillent les excréments pierreux à l'issue de l'hivernage, pour soigner la constipation. (Zelenine, pp. 47-59.) On trouvera dans une étude de Loeb un répertoire aussi riche pour une tribu africaine.

De tels exemples, qu'on pourrait emprunter à toutes les régions du monde, on inférerait volontiers que les espèces animales et végétales ne sont pas connues pour autant qu'elles sont utiles : elles sont décrétées utiles ou intéressantes parce qu'elles sont d'abord connues.

*
* *

On objectera qu'une telle science ne peut guère être efficace sur le plan pratique. Mais, précisément, son premier objet n'est pas d'ordre pratique. Elle répond à des exigences intellectuelles, avant, ou au lieu, de satisfaire à des besoins.

La vraie question n'est pas de savoir si le contact d'un bec de pic guérit les maux de dents, mais s'il est possible, d'un certain point de vue, de faire « aller ensemble » le bec de pic et la dent de l'homme (congruence dont la formule thérapeutique ne constitue qu'une application hypothétique, parmi d'autres) et, par le moyen de ces groupements de choses et d'êtres, d'introduire un début d'ordre dans l'univers ; le classement, quel qu'il soit, possédant une vertu propre par rapport à l'absence de classement. Comme l'écrit un théoricien moderne de la taxinomie :

> « Les savants supportent le doute et l'échec, parce qu'ils ne peuvent pas faire autrement. Mais le désordre est la seule chose qu'ils ne peuvent ni ne doivent tolérer. L'objet entier de la science pure est d'amener, à son point le plus haut et le plus conscient, la réduction de ce mode chaotique de percevoir, qui a débuté sur un plan inférieur et vraisemblablement inconscient, avec l'origine même de la vie. Dans certains cas, on pourra se demander si le type d'ordre qui a été élaboré est un caractère objectif des phénomènes, ou un artifice construit par le savant. Cette question se pose sans cesse, en matière de taxinomie animale... Pourtant le postulat fondamental de la science est que la nature elle-même est ordonnée... Dans sa partie théorique, la science se réduit à une mise en ordre, et... s'il est vrai que la systématique consiste en une telle mise en ordre, les termes de systématique et de science théorique pourront être considérés comme synonymes. » (Simpson, p. 5.)

Or, cette exigence d'ordre est à la base de la pensée que nous appelons primitive, mais seulement pour autant qu'elle est à la base de toute pensée : car c'est sous l'angle des propriétés communes que nous accédons plus facilement aux formes de pensée qui nous semblent très étrangères.

« Chaque chose sacrée doit être à sa place », notait avec profondeur un penseur indigène (Fletcher *2*, p. 34). On pourrait même dire que c'est cela qui la rend sacrée, puisqu'en la supprimant, fût-ce par la pensée, l'ordre entier de l'univers se trouverait détruit ; elle contribue donc à le maintenir en occupant la place qui lui revient. Les raffinements du rituel, qui peuvent paraître oiseux quand on les examine superficiellement et du dehors, s'expliquent par le souci de ce qu'on pourrait appeler une « micro-péréquation » : ne laisser échapper aucun être, objet ou aspect, afin de lui assigner une place au sein d'une classe. A cet égard, la cérémonie du Hako, des indiens Pawnee, n'est particulièrement révélatrice que parce qu'elle a été bien analysée. L'invocation qui accompagne la traversée d'un cours d'eau se divise en plusieurs parties, correspondant respectivement au moment où les voyageurs mettent les pieds dans l'eau, où ils les déplacent, où l'eau recouvre complètement leurs pieds ; l'invocation au vent sépare les moments où la fraîcheur est perçue seulement sur les parties mouillées du corps, puis ici et là, enfin sur tout l'épiderme : « alors seulement, nous pouvons progresser en sécurité » (*id.*, pp. 77-78). Comme le précise l'informateur, « nous devons adresser une incantation spéciale à chaque chose que nous rencontrons, car Tirawa, l'esprit suprême, réside en toutes choses, et tout ce que nous rencontrons en cours de route peut nous secourir... Nous avons été instruits à prêter attention à tout ce que nous voyons » (*id.*, pp. 73-81).

Ce souci d'observation exhaustive et d'inventaire systématique des rapports et des liaisons peut aboutir, parfois, à des résultats de bonne tenue scientifique : c'est le cas des indiens Blackfoot, qui diagnostiquaient l'approche du printemps d'après l'état de développement des fœtus de bison extraits du ventre des femelles tuées à la chasse. Pourtant, on ne peut isoler ces réussites de tant d'autres rapprochements du même genre, et que la science déclare illusoires. Mais n'est-ce pas que la pensée magique, cette « gigantesque variation sur le thème du principe de causalité », disaient Hubert et Mauss (*2, p.* 61), se distingue moins de la science par l'ignorance ou le dédain du déterminisme, que par une exigence de déterminisme plus impérieuse et plus intransigeante, et que la science peut, tout au plus, juger déraisonnable et précipitée ?

« Considérée comme système de philosophie naturelle, elle *[witchcraft]* implique une théorie des causes : la malchance résulte de la sorcellerie, travaillant de concert avec les forces naturelles. Qu'un homme soit encorné par un buffle, qu'un grenier, dont les termites ont miné les supports, lui tombe sur la tête, ou qu'il contracte une méningite cérébro-spinale, les Azandé affirmeront que le buffle, le grenier, ou la maladie sont des causes, qui se conjuguent avec la sorcellerie pour tuer l'homme. Du buffle, du grenier, de la maladie, la sorcellerie n'est pas responsable, car ils existent par eux-mêmes ; mais elle l'est de cette circonstance particulière qui les met dans un rapport destructeur avec un certain individu. Le grenier se serait effondré de toute façon, mais c'est à cause de la sorcellerie qu'il est tombé à un moment donné, et quand un individu donné se reposait en dessous. Parmi toutes ces causes, seule la sorcellerie admet une intervention corrective, puisqu'elle seule émane d'une personne. Contre le buffle et le grenier, on ne peut pas intervenir. Bien qu'ils soient aussi reconnus comme causes, celles-ci ne sont pas significatives sur le plan des rapports sociaux. » (Evans-Pritchard *1*, pp. 418-419.)

Entre magie et science, la différence première serait donc, de ce point de vue, que l'une postule un déterminisme global et intégral, tandis que l'autre opère en distinguant des niveaux dont certains, seulement, admettent des formes de déterminisme tenues pour inapplicables à d'autres niveaux. Mais ne pourrait-on aller plus loin, et considérer la rigueur et la précision dont témoignent la pensée magique et les pratiques rituelles comme traduisant une appréhension inconsciente de la *vérité du déterminisme* en tant que mode d'existence des phénomènes scientifiques, de sorte que le déterminisme serait globalement *soupçonné* et *joué,* avant d'être *connu* et *respecté* ? Les rites et les croyances magiques apparaîtraient alors comme autant d'expressions d'un acte de foi en une science encore à naître.

Il y a plus. Non seulement, par leur nature, ces anticipations peuvent être parfois couronnées de succès, mais elles peuvent aussi anticiper doublement ; sur la science elle-même, et sur des méthodes ou des résultats que la science n'assimilera que dans un stade avancé de son développement, s'il est vrai que l'homme s'est d'abord attaqué au plus difficile : la systématisation au niveau des données sensibles, auxquelles la science a longtemps tourné le dos et qu'elle commence seulement à réintégrer dans sa perspective. Dans l'histoire de la pensée scientifique, cet effet d'anticipation s'est d'ailleurs produit à plusieurs reprises ; comme Simpson (pp. 84-85) l'a montré à l'aide d'un exemple emprunté à la biologie du XIXe siècle, il résulte de ce que — l'explication scientifique correspondant toujours à la découverte d'un « arrangement » — toute tentative de ce type, même inspirée par des principes non scientifiques, peut rencontrer des arrangements véritables. Cela est même prévisible, si l'on admet que, par définition, le nombre des structures est fini : la « mise en structure » posséderait alors une efficacité intrinsèque, quels que soient les principes et les méthodes dont elle s'inspire.

La chimie moderne ramène la variété des saveurs et des parfums à cinq éléments diversement combinés : carbone, hydrogène, oxygène, soufre et azote. En dressant des tables de présence et d'absence, en évaluant des dosages et des seuils, elle parvient à rendre compte de différences et de ressemblances entre des qualités qu'elle aurait jadis bannies hors de son domaine parce que « secondes ». Mais ces rapprochements et ces distinctions ne surprennent pas le sentiment esthétique : ils l'enrichissent et l'éclairent plutôt, en fondant des associations qu'il soupçonnait déjà, et dont on comprend mieux pourquoi, et à quelles conditions, un exercice assidu de la seule intuition aurait déjà permis de les découvrir ; ainsi, que la fumée du tabac puisse être, pour une logique de la sensation, l'intersection de deux groupes : l'un comprenant aussi la viande grillée et la croûte brune du pain (qui sont comme elle des composés d'azote) ; l'autre, dont font partie le fromage, la bière et le miel, en raison de la présence de diacétyle. La cerise sauvage, la cannelle, la vanille et le vin de Xérès forment un groupe, non plus seulement sensible mais intelligible, parce qu'ils contiennent tous de l'aldéhyde, tandis que les odeurs germaines du thé du Canada (« wintergreen »), de la lavande et de la banane s'expliquent par la présence d'esters. L'intuition seule inciterait à grouper l'oignon, l'ail, le chou, le navet, le radis et la moutarde, bien que la botanique sépare les liliacées des crucifères. Avérant le témoignage de la sensibilité, la chimie démontre que ces familles étrangères se rejoignent sur un autre plan : elles recèlent du soufre (K., W.). Ces regroupements, un philosophe primitif ou un poète aurait pu les opérer en s'inspirant de considérations étrangères à la chimie, ou à toute autre forme de science : la littérature ethnographique en révèle une quantité, dont la valeur empirique et esthétique n'est pas moindre. Or, ce n'est pas là, seulement, l'effet d'une frénésie associative, promise parfois au succès par le simple jeu des chances. Mieux inspiré que dans le passage précité où il avance cette interprétation, Simpson a montré que l'exigence d'organisation est un besoin commun à l'art et à la science et que, par voie de conséquence, « la taxinomie, qui est la mise en ordre par excellence, possède une éminente valeur esthétique » (*l. c.*, p. 4). Dès lors, on s'étonnera moins que le sens esthétique, réduit à ses seules ressources, puisse ouvrir la voie à la taxinomie, et même anticiper certains de ses résultats.

*
* *

Nous ne revenons pas, pour autant, à la thèse vulgaire (et d'ailleurs admissible, dans la perspective étroite où elle se place) selon laquelle la magie serait une forme timide et balbutiante de la science : car on se priverait de tout moyen de comprendre la pensée magique, si l'on prétendait la réduire à un moment, ou à une étape, de l'évolution technique et scientifique. Ombre plutôt anticipant son corps, elle est, en un sens, complète comme lui, aussi achevée et cohérente, dans son immatérialité, que l'être solide par elle seulement devancé. La pensée magique n'est pas un début, un commencement, une ébauche, la partie d'un tout non encore réalisé ; elle forme un système bien articulé ; indépendant, sous ce rapport, de cet autre système que constituera la science, sauf l'analogie formelle qui les rapproche et qui fait du premier une sorte d'expression métaphorique du second. Au lieu, donc, d'opposer magie et science, il vaudrait mieux les mettre en parallèle, comme deux modes de connaissance, inégaux quant aux résultats théoriques et pratiques (car, de ce point de vue, il est vrai que la science réussit mieux que la magie, bien que la magie préforme la science en ce sens qu'elle aussi réussit quelquefois), mais non par le genre d'opérations mentales qu'elles supposent toutes deux, et qui diffèrent moins en nature qu'en fonction des types de phénomènes auxquels elles s'appliquent.

Ces relations découlent, en effet, des conditions objectives où sont apparues la connaissance magique et la connaissance scientifique. L'histoire de cette dernière est assez courte pour que nous soyons bien informés à son sujet ; mais que l'origine de la science moderne remonte seulement à quelques siècles pose un problème auquel les ethnologues n'ont pas suffisamment réfléchi ; le nom de *paradoxe néolithique* lui conviendrait parfaitement.

C'est au néolithique que se confirme la maîtrise, par l'homme, des grands arts de la civilisation : poterie, tissage, agriculture, et domestication des animaux. Nul, aujourd'hui, ne songerait plus à expliquer ces immenses conquêtes par l'accumulation fortuite d'une série de trouvailles faites au hasard, ou révélées par le spectacle passivement enregistré de certains phénomènes naturels [1].

Chacune de ces techniques suppose des siècles d'observation active et méthodique, des hypothèses hardies et contrôlées, pour les rejeter ou pour les avérer au moyen d'expériences inlassablement répétées. Notant la rapidité avec laquelle des plantes originaires du Nouveau Monde ont été acclimatées aux Philippines, adoptées et nommées par les indigènes qui, dans bien des cas, semblent même avoir redécouvert leurs usages médicinaux, rigoureusement parallèles à ceux qui étaient traditionnels au Mexique, un biologiste interprète le phénomène de la façon suivante :

> « Les plantes dont les feuilles ou les tiges ont une saveur amère sont couramment employées aux Philippines contre les maux d'estomac. Toute plante introduite, offrant le même caractère, sera très vite essayée. C'est parce que la plupart des populations des Philippines font constamment des expériences sur les plantes, qu'elles apprennent vite à connaître, en fonction des catégories de leur propre culture, les emplois possibles des plantes importées. » (R. B. Fox, pp. 212-213.)

Pour transformer une herbe folle en plante cultivée, une bête sauvage en animal domestique, faire apparaître chez l'une ou chez l'autre des propriétés alimentaires ou technologiques qui, à l'origine, étaient complètement absentes ou pouvaient à peine être soupçonnées ; pour faire d'une argile instable, prompte à s'effriter, à se pulvériser ou à se fendre, une poterie solide et étanche

---

1. On a cherché à savoir ce qui se passerait si du minerai de cuivre était accidentellement mêlé à un foyer : des expériences multiples et variées ont établi qu'il ne se passerait rien du tout. Le procédé le plus simple auquel on soit parvenu pour obtenir du métal fondu consiste à chauffer intensément de la malachite finement pulvérisée dans une coupe de poterie, elle-même coiffée d'un pot renversé. Ce seul résultat emprisonne déjà le hasard dans l'enceinte du four de quelque potier spécialiste des terres vernissées. (Coghlan.)

(mais seulement à la condition d'avoir déterminé, entre une multitude de matières organiques et inorganiques, la plus propre à servir de dégraissant, ainsi que le combustible convenable, la température et le temps de cuisson, le degré d'oxydation efficace) ; pour élaborer les techniques, souvent longues et complexes, permettant de cultiver sans terre ou bien sans eau, de changer des graines ou racines toxiques en aliments, ou bien encore d'utiliser cette toxicité pour la chasse, la guerre, le rituel, il a fallu, n'en doutons pas, une attitude d'esprit véritablement scientifique, une curiosité assidue et toujours en éveil, un appétit de connaître pour le plaisir de connaître, car une petite fraction seulement des observations et des expériences (dont il faut bien supposer qu'elles étaient inspirées, d'abord et surtout, par le goût du savoir) pouvaient donner des résultats pratiques, et immédiatement utilisables. Encore laissons-nous de côté la métallurgie du bronze et du fer, celle des métaux précieux, et même le simple travail du cuivre natif par martelage qui a précédé la métallurgie de plusieurs millénaires, et qui tous exigent déjà une compétence technique très poussée.

L'homme du néolithique ou de la proto-histoire est donc l'héritier d'une longue tradition scientifique ; pourtant, si l'esprit qui l'inspirait, ainsi que tous ses devanciers, avait été exactement le même que celui des modernes, comment pourrions-nous comprendre qu'il se soit *arrêté,* et que plusieurs millénaires de stagnation s'intercalent, comme un palier, entre la révolution néolithique et la science contemporaine ? Le paradoxe n'admet qu'une solution : c'est qu'il existe deux modes distincts de pensée scientifique, l'un et l'autre fonction, non pas certes de stades inégaux du développement de l'esprit humain, mais des deux niveaux stratégiques où la nature se laisse attaquer par la connaissance scientifique : l'un approximativement ajusté à celui de la perception et de l'imagination, et l'autre décalé ; comme si les rapports nécessaires qui font l'objet de toute science — qu'elle soit néolithique ou moderne — pouvaient être atteints par deux voies différentes : l'une très proche de l'intuition sensible, l'autre plus éloignée.

Tout classement est supérieur au chaos ; et même un classement au niveau des propriétés sensibles est une étape vers un ordre rationnel. Si l'on demande de classer une collection de fruits variés en corps relativement plus lourds et relativement plus légers, il sera légitime de commencer par séparer les poires des pommes, bien que la forme, la couleur et la saveur soient sans rapport avec le poids et le volume ; mais parce que les plus grosses, parmi les pommes, sont plus faciles à distinguer des moins grosses que si les pommes demeurent mélangées avec des fruits d'aspect différent. On voit déjà par cet exemple que, même au niveau de la perception esthétique, le classement a sa vertu.

D'autre part, et bien qu'il n'y ait pas de connexion nécessaire entre les qualités sensibles et les propriétés, il existe au moins un rapport de fait dans un grand nombre de cas, et la généralisation de ce rapport, même infondée en raison, peut être pendant très longtemps une opération payante, théoriquement et pratiquement. Tous les sucs toxiques ne sont pas brûlants ou amers, et la réciproque n'est pas plus vraie ; pourtant, la nature est ainsi faite qu'il est plus rentable, pour la pensée et pour l'action, de procéder comme si une équivalence qui satisfait le sentiment esthétique correspondait aussi à une réalité objective. Sans qu'il nous appartienne ici de rechercher pourquoi, il est probable que des espèces dotées de quelque caractère remarquable : forme, couleur ou odeur, ouvrent à l'observateur ce qu'on pourrait appeler un « droit de suite » : celui de postuler que ces caractères visibles sont le signe de propriétés également singulières, mais cachées. Admettre que le rapport entre les deux soit lui-même sensible (qu'une graine en forme de dent préserve contre les morsures de serpent, qu'un suc jaune soit un spécifique des troubles biliaires, etc.) vaut, à titre provisoire, mieux que l'indifférence à toute connexion ; car le classement, même hétéroclite et arbitraire, sauvegarde la richesse et la diversité de l'inventaire ; en décidant qu'il faut tenir compte de tout, il facilite la constitution d'une « mémoire ».

Or, c'est un fait que des méthodes de cet ordre pouvaient conduire à certains résultats qui étaient indispensables, pour que l'homme pût attaquer la nature par un autre biais. Loin d'être, comme on l'a souvent prétendu, l'œuvre d'une « fonction fabulatrice » tournant le dos à la réalité, les mythes et les rites offrent pour valeur principale de préserver jusqu'à notre époque, sous une forme résiduelle, des modes d'observation et de réflexion qui furent (et demeurent sans doute) exactement adaptés à des découvertes d'un certain type : celles qu'autorisait la nature, à partir de l'organisation et de l'exploitation spéculatives du monde sensible en termes de sensible. Cette science du concret devait être, par essence, limitée à d'autres résultats que ceux promis aux sciences exactes et naturelles, mais elle ne fut pas moins scientifique, et ses résultats ne furent pas moins réels. Assurés dix mille ans avant les autres, ils sont toujours le substrat de notre civilisation.

*
* *

D'ailleurs, une forme d'activité subsiste parmi nous qui, sur le plan technique, permet assez bien de concevoir ce que, sur le plan de la spéculation, put être une science que nous préférons appeler « première » plutôt que primitive : c'est celle communément désignée par le terme de *bricolage*. Dans son sens ancien, le verbe bricoler s'applique au jeu de balle et de billard, à la chasse et à l'équitation, mais toujours pour évoquer un mouvement incident : celui de la balle qui rebondit, du chien qui divague, du cheval qui s'écarte de la ligne droite pour éviter un obstacle. Et, de nos jours, le bricoleur reste celui qui œuvre de ses mains, en utilisant des moyens détournés par comparaison avec ceux de l'homme de l'art. Or, le propre de la pensée mythique est de s'exprimer à l'aide d'un répertoire dont la composition est hétéroclite et qui, bien qu'étendu, reste tout de même limité ; pourtant, il faut qu'elle s'en serve, quelle que soit la tâche qu'elle s'assigne, car elle n'a rien d'autre sous la main. Elle apparaît ainsi comme une sorte de bricolage intellectuel, ce qui explique les relations qu'on observe entre les deux.

Comme le bricolage sur le plan technique, la réflexion mythique peut atteindre, sur le plan intellectuel, des résultats brillants et imprévus. Réciproquement, on a souvent noté le caractère mythopoétique du bricolage : que ce soit sur le plan de l'art, dit « brut » ou « naïf » ; dans l'architecture fantastique de la villa du facteur

Cheval, dans celle des décors de Georges Méliès ; ou encore celle, immortalisée par *les Grandes Espérances* de Dickens, mais sans nul doute d'abord inspirée par l'observation, du « château » suburbain de M. Wemmick, avec son pont-levis miniature, son canon saluant neuf heures, et son carré de salades et de concombres grâce auquel les occupants pourraient soutenir un siège, s'il le fallait...

La comparaison vaut d'être approfondie, car elle fait mieux accéder aux rapports réels entre les deux types de connaissance scientifique que nous avons distingués. Le bricoleur est apte à exécuter un grand nombre de tâches diversifiées ; mais, à la différence de l'ingénieur, il ne subordonne pas chacune d'elles à l'obtention de matières premières et d'outils conçus et procurés à la mesure de son projet : son univers instrumental est clos, et la règle de son jeu est de toujours s'arranger avec les « moyens du bord », c'est-à-dire un ensemble à chaque instant fini d'outils et de matériaux, hétéroclites au surplus, parce que la composition de l'ensemble n'est pas en rapport avec le projet du moment, ni d'ailleurs avec aucun projet particulier, mais est le résultat contingent de toutes les occasions qui se sont présentées de renouveler ou d'enrichir le stock, ou de l'entretenir avec les résidus de constructions et de destructions antérieures. L'ensemble des moyens du bricoleur n'est donc pas définissable par un projet (ce qui supposerait d'ailleurs, comme chez l'ingénieur, l'existence d'autant d'ensembles instrumentaux que de genres de projets, au moins en théorie) ; il se définit seulement par son instrumentalité, autrement dit, et pour employer le langage même du bricoleur, parce que les éléments sont recueillis ou conservés en vertu du principe que « ça peut toujours servir ». De tels éléments sont donc à demi particularisés : suffisamment pour que le bricoleur n'ait pas besoin de l'équipement et du savoir de tous les corps d'état ; mais pas assez pour que chaque élément soit astreint à un emploi précis et déterminé. Chaque élément représente un ensemble de relations, à la fois concrètes et virtuelles ; ce sont des opérateurs, mais utilisables en vue d'opérations quelconques au sein d'un type.

C'est de la même façon que les éléments de la

réflexion mythique se situent toujours à mi-chemin entre des percepts et des concepts. Il serait impossible d'extraire les premiers de la situation concrète où ils sont apparus, tandis que le recours aux seconds exigerait que la pensée puisse, provisoirement au moins, mettre ses projets entre parenthèses. Or, un intermédiaire existe entre l'image et le concept : c'est le signe, puisqu'on peut toujours le définir, de la façon inaugurée par Saussure à propos de cette catégorie particulière que forment les signes linguistiques, comme un lien entre une image et un concept, qui, dans l'union ainsi réalisée, jouent respectivement les rôles de signifiant et de signifié.

Comme l'image, le signe est un être concret, mais il ressemble au concept par son pouvoir référentiel : l'un et l'autre ne se rapportent pas exclusivement à eux-mêmes, ils peuvent remplacer autre chose que soi. Toutefois, le concept possède à cet égard une capacité illimitée, tandis que celle du signe est limitée. La différence et la ressemblance ressortent bien de l'exemple du bricoleur. Regardons-le à l'œuvre : excité par son projet, sa première démarche pratique est pourtant rétrospective : il doit se retourner vers un ensemble déjà constitué, formé d'outils et de matériaux ; en faire, ou en refaire, l'inventaire ; enfin et surtout, engager avec lui une sorte de dialogue, pour répertorier, avant de choisir entre elles, les réponses possibles que l'ensemble peut offrir au problème qu'il lui pose. Tous ces objets hétéroclites qui constituent son trésor[1], il les interroge pour comprendre ce que chacun d'eux pourrait « signifier », contribuant ainsi à définir un ensemble à réaliser, mais qui ne différera finalement de l'ensemble instrumental que par la disposition interne des parties. Ce cube de chêne peut être cale pour remédier à l'insuffisance d'une planche de sapin, ou bien socle, ce qui permettrait de mettre en valeur le grain et le poli du vieux bois. Dans un cas il sera étendue, dans l'autre matière. Mais ces possibilités demeurent toujours limitées par l'histoire particulière de chaque pièce, et par ce qui subsiste en elle de prédéterminé, dû à l'usage originel

1. « Trésor d'idées », disent admirablement de la magie Hubert et Mauss (2, p. 136).

pour lequel elle a été conçue, ou par les adaptations qu'elle a subies en vue d'autres emplois. Comme les unités constitutives du mythe, dont les combinaisons possibles sont limitées par le fait qu'elles sont empruntées à la langue où elles possèdent déjà un sens qui restreint la liberté de manœuvre, les éléments que collectionne et utilise le bricoleur sont « précontraints » (Lévi-Strauss 5, p. 35). D'autre part, la décision dépend de la possibilité de permuter un autre élément dans la fonction vacante, si bien que chaque choix entraînera une réorganisation complète de la structure, qui ne sera jamais telle que celle vaguement rêvée, ni que telle autre, qui aurait pu lui être préférée.

Sans doute, l'ingénieur aussi interroge, puisque l'existence d'un « interlocuteur » résulte pour lui de ce que ses moyens, son pouvoir, et ses connaissances, ne sont jamais illimités, et que, sous cette forme négative, il se heurte à une résistance avec laquelle il lui est indispensable de transiger. On pourrait être tenté de dire qu'il interroge l'univers, tandis que le bricoleur s'adresse à une collection de résidus d'ouvrages humains, c'est-à-dire à un sous-ensemble de la culture. La théorie de l'information montre d'ailleurs comment il est possible, et souvent utile, de ramener les démarches du physicien à une sorte de dialogue avec la nature, ce qui atténuerait la distinction que nous essayons de tracer. Pourtant, une différence subsistera toujours, même si l'on tient compte du fait que le savant ne dialogue jamais avec la nature pure, mais avec un certain état du rapport entre la nature et la culture, définissable par la période de l'histoire dans laquelle il vit, la civilisation qui est la sienne, les moyens matériels dont il dispose. Pas plus que le bricoleur, mis en présence d'une tâche donnée il ne peut faire n'importe quoi ; lui aussi devra commencer par inventorier un ensemble prédéterminé de connaissances théoriques et pratiques, de moyens techniques, qui restreignent les solutions possibles.

La différence n'est donc pas aussi absolue qu'on serait tenté de l'imaginer ; elle demeure réelle, cependant, dans la mesure où, par rapport à ces contraintes résumant un état de civilisation, l'ingénieur cherche toujours à s'ouvrir un passage et à se situer *au-delà*, tandis que le bricoleur, de gré ou de force, demeure *en deçà*, ce qui est une autre façon de dire que le premier opère au moyen de concepts, le second au moyen de signes. Sur l'axe de l'opposition entre nature et culture, les ensembles dont ils se servent sont perceptiblement décalés. En effet, une des façons au moins dont le signe s'oppose au concept tient à ce que le second se veut intégralement transparent à la réalité, tandis que le premier accepte, et même exige, qu'une certaine épaisseur d'humanité soit incorporée à cette réalité. Selon l'expression vigoureuse et difficilement traduisible de Peirce : « It addresses somebody. »

On pourrait donc dire que le savant et le bricoleur sont l'un et l'autre à l'affût de messages, mais, pour le bricoleur, il s'agit de messages en quelque sorte prétransmis et qu'il collectionne : comme ces codes commerciaux qui, condensant l'expérience passée de la profession, permettent de faire économiquement face à toutes les situations nouvelles (à la condition, toutefois, qu'elles appartiennent à la même classe que les anciennes) ; tandis que l'homme de science, qu'il soit ingénieur ou physicien, escompte toujours *l'autre message* qui pourrait être arraché à un interlocuteur, malgré sa réticence à se prononcer sur des questions dont les réponses n'ont pas été répétées à l'avance. Le concept apparaît ainsi comme l'opérateur de l'*ouverture* de l'ensemble avec lequel on travaille, la signification comme l'opérateur de sa *réorganisation :* elle ne l'étend ni le renouvelle, et se borne à obtenir le groupe de ses transformations.

L'image ne peut pas être idée, mais elle peut jouer le rôle de signe, ou, plus exactement, cohabiter avec l'idée dans un signe ; et, si l'idée n'est pas encore là, respecter sa place future et en faire apparaître négativement les contours. L'image est figée, liée de façon univoque à l'acte de conscience qui l'accompagne ; mais le signe et l'image devenue signifiante, s'ils sont encore sans compréhension, c'est-à-dire sans rapports simultanés et théoriquement illimités avec d'autres êtres du même type — ce qui est le privilège du concept —, sont déjà *permutables,* c'est-à-dire susceptibles d'entretenir des rapports successifs avec d'autres êtres, bien qu'en nombre limité, et, comme on l'a vu, à la condition de former toujours un système où une modification affectant un élément intéressera automatiquement tous les autres : sur ce plan, l'extension et la compréhension des logiciens existent, non comme deux aspects distincts et complémentaires, mais comme réalité solidaire. On comprend ainsi que la pensée mythique, bien qu'engluée dans les images, puisse être déjà généralisatrice, donc scientifique : elle aussi travaille à coups d'analogies et de rapprochements, même si, comme dans le cas du bricolage, ses créations se ramènent toujours à un arrangement nouveau d'éléments dont la nature n'est pas modifiée selon qu'ils figurent dans l'ensemble instrumental ou dans l'agencement final (qui, sauf par la disposition interne, forment toujours le même objet) : « on dirait que les univers mythologiques sont destinés à être démantelés à peine formés, pour que de nouveaux univers naissent de leurs fragments ». (Boas 1, p. 18.) Cette profonde remarque néglige cependant que, dans cette incessante reconstruction à l'aide des mêmes matériaux, ce sont toujours d'anciennes fins qui sont appelées à jouer le rôle de moyens : les signifiés se changent en signifiants, et inversement.

Cette formule, qui pourrait servir de définition au bricolage, explique que, pour la réflexion mythique, la totalité des moyens disponibles doive aussi être implicitement inventoriée ou conçue, pour que puisse se définir un résultat qui sera toujours un compromis entre la structure de l'ensemble instrumental et celle du projet. Une fois réalisé, celui-ci sera donc inévitablement décalé par rapport à l'intention initiale (d'ailleurs, simple schème), effet que les surréalistes ont nommé avec bonheur « hasard objectif ». Mais il y a plus : la poésie du bricolage lui vient aussi, et surtout, de ce qu'il ne se borne pas à accomplir ou exécuter ; il « parle », non seulement avec les choses, comme nous l'avons déjà montré, mais aussi au moyen des choses : racontant, par le choix qu'il opère entre des possibles limités, le caractère et la vie de son auteur. Sans jamais remplir son projet, le bricoleur y met toujours quelque chose de soi.

De ce point de vue aussi, la réflexion mythique apparaît comme une forme intellectuelle de bricolage. La science tout entière s'est construite sur la distinction du contingent et du nécessaire, qui est aussi celle de l'événement et de la structure. Les qualités qu'à sa naissance elle revendiquait pour siennes étaient précisément celles qui, ne faisant point partie de l'expérience vécue, demeuraient extérieu-

res et comme étrangères aux événements : c'est le sens de
la notion de qualités premières. Or, le propre de la pensée
mythique, comme du bricolage sur le plan pratique, est
d'élaborer des ensembles structurés, non pas directement
avec d'autres ensembles structurés [1], mais en utilisant des
résidus et des débris d'événements : « odds and ends »,
dirait l'anglais, ou, en français, des bribes et des morceaux, témoins fossiles de l'histoire d'un individu ou
d'une société. En un sens, le rapport entre diachronie et
synchronie est donc inversé : la pensée mythique, cette
bricoleuse, élabore des structures en agençant des événements, ou plutôt des résidus d'événements [2], alors que la
science, « en marche » du seul fait qu'elle s'instaure, crée,
sous forme d'événements, ses moyens et ses résultats,
grâce aux structures qu'elle fabrique sans trêve et qui sont
ses hypothèses et ses théories. Mais ne nous y trompons
pas : il ne s'agit pas de deux stades, ou de deux phases,
de l'évolution du savoir, car les deux démarches sont
également valides. Déjà, la physique et la chimie aspirent
à redevenir qualitatives, c'est-à-dire à rendre compte aussi
des qualités secondes qui, quand elles seront expliquées,
redeviendront des moyens d'explication ; et peut-être la
biologie marque-t-elle le pas en attendant cet accomplissement, pour pouvoir elle-même expliquer la vie. De son
côté, la pensée mythique n'est pas seulement la prisonnière
d'événements et d'expériences qu'elle dispose et redispose
inlassablement pour leur découvrir un sens ; elle est aussi
libératrice, par la protestation qu'elle élève contre le non-
sens, avec lequel la science s'était d'abord résignée à
transiger.

*
* *

Les considérations qui précèdent ont, à plusieurs
reprises, effleuré le problème de l'art, et peut-être
pourrait-on brièvement indiquer comment, dans cette

---

1. La pensée mythique édifie des ensembles structurés au moyen
d'un ensemble structuré, qui est le langage ; mais ce n'est pas au
niveau de la structure qu'elle s'en empare : elle bâtit ses palais
idéologiques avec les gravats d'un discours social ancien.
2. Le bricolage aussi opère avec des qualités « secondes » ; cf.
l'anglais « second hand », de seconde main, d'occasion.

perspective, l'art s'insère à mi-chemin entre la connaissance scientifique et la pensée mythique ou magique ; car tout le monde sait que l'artiste tient à la fois du savant et du bricoleur : avec des moyens artisanaux, il confectionne un objet matériel qui est en même temps objet de connaissance. Nous avons distingué le savant et le bricoleur par les fonctions inverses que, dans l'ordre instrumental et final, ils assignent à l'événement et à la structure, l'un faisant des événements (changer le monde) au moyen de structures, l'autre des structures au moyen d'événements (formule inexacte sous cette forme tranchée, mais que notre analyse doit permettre de nuancer). Regardons maintenant ce portrait de femme par Clouet, et interrogeons-nous sur les raisons de l'émotion esthétique très profonde que suscite inexplicablement, semble-t-il, la reproduction fil par fil, et dans un scrupuleux trompe-l'œil, d'une collerette de dentelle.

L'exemple de Clouet ne vient pas au hasard ; car on sait qu'il aimait peindre plus petit que nature : ses tableaux sont donc, comme les jardins japonais, les voitures en réduction, et les bateaux dans les bouteilles, ce qu'en langage de bricoleur on appelle des « modèles réduits ». Or, la question se pose, de savoir si le modèle réduit, qui est aussi le « chef-d'œuvre » du compagnon, n'offre pas, toujours et partout, le type même de l'œuvre d'art. Car il semble bien que tout modèle réduit ait vocation esthétique — et d'où tirerait-il cette vertu constante, sinon de ses dimensions mêmes ? — ; inversement, l'immense majorité des œuvres d'art sont aussi des modèles réduits. On pourrait croire que ce caractère tient d'abord à un souci d'économie, portant sur les matériaux et sur les moyens, et invoquer à l'appui de cette interprétation des œuvres incontestablement artistiques, bien que monumentales. Encore faut-il s'entendre sur les définitions : les peintures de la chapelle Sixtine sont un modèle réduit en dépit de leurs dimensions imposantes, puisque le thème qu'elles illustrent est celui de la fin des temps. Il en est de même avec le symbolisme cosmique des monuments religieux. D'autre part, on peut se demander si l'effet esthétique, disons d'une statue équestre plus grande que nature, provient de ce qu'elle agrandit un homme aux dimensions d'un rocher, et non de ce qu'elle ramène ce qui est d'abord, de loin, perçu comme un rocher aux proportions d'un homme. Enfin, même la « grandeur nature » suppose le modèle réduit, puisque la transposition graphique ou plastique implique toujours la renonciation à certaines dimensions de l'objet : en peinture, le volume ; les couleurs, les odeurs, les impressions tactiles, jusque dans la sculpture ; et, dans les deux cas, la dimension temporelle, puisque le tout de l'œuvre figurée est appréhendé dans l'instant.

Quelle vertu s'attache donc à la réduction, que celle-ci soit d'échelle, ou qu'elle affecte les propriétés ?

Elle résulte, semble-t-il, d'une sorte de renversement du procès de la connaissance : pour connaître l'objet réel dans sa totalité, nous avons toujours tendance à opérer depuis ses parties. La résistance qu'il nous oppose est surmontée en la divisant. La réduction d'échelle renverse cette situation : plus petite, la totalité de l'objet apparaît moins redoutable ; du fait d'être quantitativement diminuée, elle nous semble qualitativement simplifiée. Plus exactement, cette transposition quantitative accroît et diversifie notre pouvoir sur un homologue de la chose ; à travers lui, celle-ci peut être saisie, soupesée dans la main, appréhendée d'un seul coup d'œil. La poupée de l'enfant n'est plus un adversaire, un rival ou même un interlocuteur ; en elle et par elle, la personne se change en sujet. A l'inverse de ce qui se passe quand nous cherchons à connaître une chose ou un être en taille réelle, dans le modèle réduit *la connaissance du tout précède celle des parties*. Et même si c'est là une illusion, la raison du procédé est de créer ou d'entretenir cette illusion, qui gratifie l'intelligence et la sensibilité d'un plaisir qui, sur cette seule base, peut déjà être appelé esthétique.

Nous n'avons jusqu'ici envisagé que des considérations d'échelle, qui, comme on vient de le voir, impliquent une relation dialectique entre grandeur — c'est-à-dire quantité — et qualité. Mais le modèle réduit possède un attribut supplémentaire : il est construit, « man made », et, qui plus est, « fait à la main ». Il n'est donc pas une simple projection, un homologue passif de l'objet : il constitue une véritable expérience sur l'objet. Or, dans la mesure où le modèle est artificiel, il devient possible de comprendre comment il est fait, et cette appréhension du mode de fabrication apporte une dimension supplémentaire à son être ; de plus — nous l'avons vu à propos du bricolage, mais l'exemple des « manières » des peintres montre que c'est aussi vrai pour l'art —, le problème comporte toujours plusieurs solutions. Comme le choix d'une solution entraîne une modification du résultat auquel aurait conduit une autre solution, c'est donc le tableau général de ces permutations qui se trouve virtuellement donné, en même temps que la solution particulière offerte au regard du spectateur, transformé de ce fait — sans même qu'il le sache — en agent. Par la seule contemplation, le spectateur est, si l'on peut dire, envoyé en possession d'autres modalités possibles de la même œuvre, et dont il se sent confusément créateur à meilleur titre que le créateur lui-même, qui les a abandonnées en les excluant de sa création ; et ces modalités forment autant de perspectives supplémentaires, ouvertes sur l'œuvre actualisée. Autrement dit, la vertu intrinsèque du modèle réduit est qu'il compense la renonciation à des dimensions sensibles par l'acquisition de dimensions intelligibles.

Revenons maintenant à la collerette de dentelle, dans le tableau de Clouet. Tout ce qu'on vient de dire s'y applique, car, pour la représenter sous forme de projection dans un espace de propriétés dont les dimensions sensibles sont plus petites, et moins nombreuses, que celles de l'objet, il a fallu procéder de façon symétrique et inverse que n'eût fait la science, si elle s'était proposé, comme c'est sa fonction, de produire — au lieu de reproduire — non seulement un nouveau point de dentelle à la place d'un point déjà connu, mais aussi une dentelle véritable au lieu d'une dentelle figurée. La science eût, en effet, travaillé à l'échelle réelle, mais par le moyen de l'invention d'un métier, tandis que l'art travaille à échelle réduite, avec pour fin une image homologue de l'objet. La première démarche est de l'ordre de la métonymie, elle remplace un être par un autre être, un effet par sa cause, tandis que la seconde est de l'ordre de la métaphore.

Ce n'est pas tout. Car, s'il est vrai que la relation de priorité entre structure et événement se manifeste de façon symétrique et inverse dans la science et dans le bricolage, il est clair que, de ce point de vue aussi, l'art occupe une position intermédiaire. Même si la figuration d'une collerette de dentelle en modèle réduit implique, comme nous l'avons montré, une connaissance interne de sa morphologie et de sa technique de fabrication (et, s'il s'était agi d'une représentation humaine ou animale, nous aurions dit : de l'anatomie et des postures), elle ne se ramène pas à un diagramme ou à une planche de technologie : elle accomplit la synthèse de ces propriétés intrinsèques et de celles qui relèvent d'un contexte spatial et temporel. Le résultat final est la collerette de dentelle, telle qu'elle est absolument, mais aussi telle qu'au même instant son apparence est affectée par la perspective où elle se présente, mettant en évidence certaines parties et en cachant d'autres, dont l'existence continue pourtant d'influer sur le reste : par le contraste entre sa blancheur et les couleurs des autres pièces du vêtement, le reflet du cou nacré qu'elle entoure et celui du ciel d'un jour et d'un moment ; telle, aussi, par ce qu'elle signifie comme parure banale ou d'apparat, portée, neuve ou usée, fraîchement repassée ou froissée, par une femme du commun ou par une reine, dont la physionomie confirme, infirme, ou qualifie sa condition, dans un milieu, une société, une région du monde, une période de l'histoire... Toujours à mi-chemin entre le schème et l'anecdote, le génie du peintre consiste à unir une connaissance interne et externe, un être et un devenir ; à produire, avec son pinceau, un objet qui n'existe pas comme objet et qu'il sait pourtant créer sur sa toile : synthèse exactement équilibrée d'une ou de plusieurs structures artificielles et naturelles, et d'un ou plusieurs événements, naturels et sociaux. L'émotion esthétique provient de cette union instituée au sein d'une chose créée par l'homme, donc aussi virtuellement par le spectateur qui en découvre la possibilité à travers l'œuvre d'art, entre l'ordre de la structure et l'ordre de l'événement.

Cette analyse appelle plusieurs remarques. En premier lieu, elle permet de mieux comprendre pourquoi les mythes nous apparaissent simultanément comme des systèmes de relations abstraites et comme des objets de contemplation esthétique : en effet, l'acte créateur qui engendre le mythe est symétrique et inverse de celui qu'on trouve à l'origine de l'œuvre d'art. Dans ce dernier cas, on part d'un ensemble formé d'un ou de plusieurs objets et d'un ou de plusieurs événements, auquel la création esthétique confère un caractère de totalité par la mise en évidence d'une structure commune. Le mythe suit le même parcours, mais dans l'autre sens : il utilise une structure pour produire un objet absolu offrant l'aspect d'un ensemble d'événements (puisque tout mythe raconte une histoire). L'art procède donc à partir d'un ensemble : (objet + événement) et va à la *découverte* de sa structure ; le mythe part d'une structure, au moyen de laquelle il entreprend la *construction* d'un ensemble : (objet + événement).

Si cette première remarque nous incite à généraliser notre interprétation, la seconde conduirait plutôt à la restreindre. Est-il vrai que toute œuvre d'art consiste dans une intégration de la structure et de l'événement ? On ne peut dire rien de tel, semble-t-il, de cette massue haida en bois de cèdre, servant à assommer le poisson, que je regarde, posée sur un rayon de ma bibliothèque, pendant que j'écris ces lignes. L'artiste, qui l'a sculptée en forme de monstre marin, a souhaité que le corps de l'ustensile se confonde avec le corps de l'animal, le manche avec la queue, et que les proportions anatomiques, prêtées à une créature fabuleuse, soient telles que l'objet puisse *être* l'animal cruel, tuant d'impuissantes victimes, en même temps qu'une arme de pêche bien équilibrée qu'un homme manie avec aisance, et dont il obtient des résultats efficaces. Tout paraît donc structural dans cet ustensile qui est aussi une merveilleuse œuvre d'art : aussi bien son symbolisme mythique que sa fonction pratique. Plus exactement, l'objet, sa fonction, et son symbole, semblent repliés l'un sur l'autre et former un système clos où l'événement n'a aucune chance de s'introduire. La position, l'aspect, l'expression du monstre ne doivent rien aux circonstances historiques dans lesquelles l'artiste a pu l'apercevoir « en chair et en os », le rêver, ou en concevoir l'idée. On dirait plutôt que son être immuable est définitivement fixé dans une matière ligneuse dont le grain très fin permet de traduire tous ses aspects, et dans un emploi auquel sa forme empirique semble le prédestiner. Or, tout ce qui vient d'être dit d'un objet particulier vaut aussi pour d'autres produits de l'art primitif : une statue africaine, un masque mélanésien... N'aurions-nous donc défini qu'une forme historique et locale de la création esthétique, en croyant atteindre non seulement ses propriétés fondamentales, mais celles par lesquelles son rapport intelligible s'établit avec d'autres modes de création ?

Pour surmonter cette difficulté, il suffit, croyons-nous, d'élargir notre interprétation. Ce qu'à propos d'un tableau de Clouet nous avions défini provisoirement comme un événement ou un ensemble d'événements nous apparaît maintenant sous un angle plus général : l'événement n'est qu'un mode de la contingence, dont l'intégration (perçue comme nécessaire) à une structure engendre l'émotion esthétique, et cela quel que soit le type d'art considéré. Selon le style, le lieu, et l'époque, cette contingence se manifeste sous trois aspects différents, ou à trois moments distincts de la création artistique (et qui peuvent d'ailleurs se cumuler) : elle se situe au niveau de l'occasion, de l'exécution, ou de la destination. Dans le premier cas seulement la contingence prend forme d'événement, c'est-à-dire une contingence extérieure et antérieure à l'acte créateur. L'artiste appréhende celle-ci du dehors : une attitude, une expression, un éclairage, une situation, dont il saisit le rapport sensible et intelligible à la structure de l'objet que viennent affecter ces modalités, et qu'il incorpore à son ouvrage. Mais il se peut aussi que la contingence se manifeste à titre intrinsèque, au cours de l'exécution : dans la taille ou la forme du morceau de bois dont le sculpteur dispose, dans l'orientation des fibres, la qualité du grain, dans l'imperfection des outils dont il se sert, dans les résistances qu'oppose la matière, ou le projet, au travail en voie d'accomplissement, dans les incidents imprévisibles qui surgiront en cours d'opération. Enfin, la contingence peut être extrinsèque, comme dans le premier cas, mais postérieure (et non plus antérieure) à l'acte de création : c'est ce qui se produit chaque fois que l'ouvrage est destiné à un usage déterminé, puisque ce sera en fonction des modalités et des phases virtuelles de son emploi futur (et donc en se mettant consciemment ou inconsciemment à la place de l'utilisateur) que l'artiste élaborera son œuvre.

Selon les cas par conséquent, le procès de la création artistique consistera, dans le cadre immuable d'une confrontation de la structure et de l'accident, à chercher le dialogue soit avec le *modèle,* soit avec la *matière,* soit avec l'*usager,* compte tenu de celui ou de celle dont l'artiste au travail anticipe surtout le message. En gros, chaque éventualité correspond à un type d'art facile à repérer : la première, aux arts plastiques de l'Occident ; la seconde, aux arts dits primitifs ou de haute époque ; la troisième aux arts appliqués. Mais, en prenant ces attributions au pied de la lettre, on simplifierait à l'excès. Toute forme d'art comporte les trois aspects, et elle se distingue seulement des autres par leur dosage relatif. Il est bien certain, par exemple, que même le peintre le plus académique se heurte à des problèmes d'exécution, et que tous les arts dits primitifs ont doublement le caractère appliqué : d'abord, parce que beaucoup de leurs productions sont des objets techniques ; et ensuite, parce que même celles de leurs créations qui semblent le mieux à l'abri des préoccupations pratiques ont une destination précise. On sait enfin que, même chez nous, des ustensiles se prêtent à une contemplation désintéressée.

Ces réserves faites, on peut aisément vérifier que les trois aspects sont fonctionnellement liés, et que la prédominance de l'un restreint ou supprime la place laissée aux autres. La peinture dite savante est ou se croit libérée, sous le double rapport de l'exécution et de la destination. Elle atteste, dans ses meilleurs exemples, une complète maîtrise des difficultés techniques (dont on peut considérer, d'ailleurs, qu'elles sont définitivement surmontées depuis Van der Weyden, après qui les problèmes que se sont posés les peintres ne relèvent plus guère que de la physique amusante). Tout se passe à la limite comme si, avec sa toile, ses couleurs et ses pinceaux, le peintre pouvait faire exactement ce qu'il lui plaît. D'autre part, le peintre tend à faire de son œuvre un objet qui soit indépendant de toute contingence, et qui vaille en soi et pour soi ; c'est d'ailleurs ce qu'implique la formule du tableau « de chevalet ». Affranchie de la contingence au double point de vue de l'exécution et de la destination, la peinture savante peut donc la reporter entièrement sur l'occa-

sion ; et, si notre interprétation est exacte, elle n'est
même pas libre de s'en dispenser. Elle se définit donc
comme peinture « de genre », à condition d'élargir
considérablement le sens de cette locution. Car, dans la
perspective très générale où nous nous plaçons ici,
l'effort du portraitiste — fût-il Rembrandt — pour
capter sur sa toile l'expression la plus révélatrice et
jusqu'aux pensées secrètes de son modèle fait partie du
même genre que celui d'un Detaille, dont les composi-
tions respectent l'heure et l'ordre de la bataille, le
nombre et la disposition des boutons à quoi se reconnaissent les uniformes de chaque arme. Si l'on nous
passe un tour irrespectueux dans l'un et l'autre cas,
« l'occasion fait le larron ». Avec les arts appliqués, les
proportions respectives des trois aspects se renversent ;
ces arts accordent la prédominance à la destination et à
l'exécution, dont les contingences sont approximativement équilibrées dans les spécimens que nous jugeons
les plus « purs », excluant du même coup l'occasion,
comme on le voit au fait qu'une coupe, un gobelet,
une pièce de vannerie ou un tissu, nous apparaissent
parfaits quand leur valeur pratique s'affirme intemporelle : correspondant pleinement à la fonction, pour des
hommes différents par l'époque ou par la civilisation.
Si les difficultés d'exécution sont entièrement maîtrisées
(comme c'est le cas quand l'exécution est confiée à des
machines), la destination peut se faire de plus en plus
précise et particulière, et l'art appliqué se transforme
en art industriel ; nous l'appelons paysan ou rustique
dans le cas inverse. Enfin, l'art primitif se situe à
l'opposé de l'art savant ou académique : ce dernier
intériorise l'exécution (dont il est ou se croit maître) et
la destination (puisque « l'art pour l'art » est à lui-
même sa propre fin). Par contrecoup, il est poussé à
extérioriser l'occasion (qu'il demande au modèle de lui
offrir) : celle-ci devient ainsi une partie du signifié. En
revanche, l'art primitif intériorise l'occasion (puisque
les êtres surnaturels qu'il se plaît à représenter ont une
réalité indépendante des circonstances, et intemporelle)
et il extériorise l'exécution et la destination, qui deviennent donc une partie du signifiant.

Nous retrouvons ainsi, sur un autre plan, ce dialogue
avec la matière et les moyens d'exécution, par quoi

nous avions défini le bricolage. Pour la philosophie de l'art, le problème essentiel est de savoir si l'artiste leur reconnaît ou non la qualité d'interlocuteur. Sans doute la leur reconnaît-on toujours, mais au minimum dans l'art trop savant, et au maximum dans l'art brut ou naïf qui confine au bricolage, et au détriment de la structure dans les deux cas. Pourtant, nulle forme d'art ne mériterait ce nom si elle se laissait capter tout entière par les contingences extrinsèques, que ce soit celle de l'occasion ou celle de la destination ; car l'œuvre tomberait alors au rang d'icône (supplémentaire au modèle) ou d'instrument (complémentaire à la matière ouvrée). Même l'art le plus savant, s'il nous émeut, n'atteint ce résultat qu'à la condition d'arrêter à temps cette dissipation de la contingence au profit du prétexte, et de l'incorporer à l'œuvre, conférant à celle-ci la dignité d'un objet absolu. Si les arts archaïques, les arts primitifs, et les périodes « primitives » des arts savants, sont les seuls qui ne vieillissent pas, ils le doivent à cette consécration de l'accident au service de l'exécution, donc à l'emploi, qu'ils cherchent à rendre intégral, du donné brut comme matière empirique d'une signification [1].

Il faut enfin ajouter que l'équilibre entre structure et événement, nécessité et contingence, intériorité et extériorité, est un équilibre précaire, constamment menacé par les tractions qui s'exercent dans un sens ou dans l'autre, selon les fluctuations de la mode, du style, et des conditions sociales générales. De ce point de vue, l'impressionnisme et le cubisme apparaissent moins

1. En poursuivant cette analyse, on pourrait définir la peinture non figurative par deux caractères. L'un, qui lui est commun avec la peinture de chevalet, consiste dans un rejet total de la contingence de destination : le tableau n'est pas fait pour un emploi particulier. L'autre caractère, qui est propre à la peinture non figurative, consiste dans une exploitation méthodique de la contingence d'exécution, dont on prétend faire le prétexte ou l'occasion externe du tableau. La peinture non figurative adopte des « manières » en guise de « sujets » ; elle prétend donner une représentation concrète des conditions formelles de toute peinture. Il en résulte paradoxalement que la peinture non figurative ne crée pas, comme elle croit, des œuvres aussi réelles — sinon plus — que les objets du monde physique, mais des imitations réalistes de modèles non existants. C'est une école de peinture académique, où chaque artiste s'évertue à représenter la manière dont il exécuterait ses tableaux si d'aventure il en peignait.

comme deux étapes successives du développement de la peinture que comme deux entreprises complices, bien qu'elles ne soient pas nées au même instant, agissant de connivence pour prolonger, par des déformations complémentaires, un mode d'expression dont l'existence même (on s'en aperçoit mieux aujourd'hui) était gravement menacée. La vogue intermittente des « collages », nés au moment où l'artisanat expirait, pourrait n'être, de son côté, qu'une transposition du bricolage sur le terrain des fins contemplatives. Enfin, l'accent sur l'aspect événementiel peut aussi se dissocier selon les moments, en soulignant davantage, aux dépens de la structure (il faut entendre : la structure de même niveau, car il n'est pas exclu que l'aspect structural se rétablisse ailleurs et sur un nouveau plan), tantôt la temporalité sociale (comme à la fin du XVIIIᵉ siècle chez Greuze, ou avec le réalisme socialiste), tantôt la temporalité naturelle, et même météorologique (dans l'impressionnisme).

*
* *

Si, sur le plan spéculatif, la pensée mythique n'est pas sans analogie avec le bricolage sur le plan pratique, et si la création artistique se place à égale distance entre ces deux formes d'activité et la science, le jeu et le rite offrent entre eux des relations du même type.

Tout jeu se définit par l'ensemble de ses règles, qui rendent possible un nombre pratiquement illimité de parties ; mais le rite, qui se « joue » aussi, ressemble plutôt à une partie privilégiée, retenue entre tous les possibles parce qu'elle seule résulte dans un certain type d'équilibre entre les deux camps. La transposition est aisément vérifiable dans le cas des Gahuku-Gama de Nouvelle-Guinée, qui ont appris le football, mais qui jouent, plusieurs jours de suite, autant de parties qu'il est nécessaire pour que s'équilibrent exactement celles perdues et gagnées par chaque camp (Read, p. 429), ce qui est traiter un jeu comme un rite.

On peut en dire autant des jeux qui se déroulaient chez les indiens Fox, lors des cérémonies d'adoption dont le but était de remplacer un parent mort par un vivant, et de permettre ainsi le départ définitif de l'âme du défunt [1]. Les rites funéraires des Fox semblent en effet inspirés par le souci majeur de se débarrasser des morts, et d'empêcher que ceux-ci ne se vengent sur les vivants de l'amertume et des regrets qu'ils ressentent de ne plus se trouver parmi eux. La philosophie indigène adopte donc résolument le parti des vivants : « La mort est dure ; plus dur encore est le chagrin. »

L'origine de la mort remonte à la destruction, par les puissances surnaturelles, du plus jeune des deux frères mythiques qui jouent le rôle de héros culturels chez tous les Algonkin. Mais elle n'était pas encore définitive : c'est l'aîné qui l'a rendue telle en rejetant, malgré sa peine, la requête du fantôme qui voulait reprendre sa place parmi les vivants. Suivant cet exemple, les hommes devront se montrer fermes vis-à-vis des morts : les vivants feront comprendre à ceux-ci qu'ils n'ont rien perdu en mourant, car ils recevront régulièrement des offrandes de tabac et de nourriture ; en revanche, on attend d'eux qu'en compensation de cette mort dont ils rappellent aux vivants la réalité, et du chagrin qu'ils leur causent par leur décès, ils leur garantissent une longue existence, des vêtements, et de quoi manger : « Désormais, ce sont les morts qui apportent l'abondance, commente l'informateur indigène, ils [les Indiens] doivent les enjôler [''coax them''] à cette fin. » (Michelson *1*, pp. 369, 407.)

Or, les rites d'adoption, qui sont indispensables pour décider l'âme du mort à rejoindre définitivement l'au-delà où elle assumera son rôle d'esprit protecteur, s'accompagnent normalement de compétitions sportives, de jeux d'adresse ou de hasard, entre des camps constitués conformément à une division *ad hoc* en deux moitiés : Tokan d'un côté, Kicko de l'autre ; et il est dit expressément, à maintes reprises, que le jeu oppose les vivants et les morts, comme si, avant d'être débarrassés définitivement de lui, les vivants offraient au défunt la consolation d'une dernière partie. Mais, de cette asymétrie principielle entre les deux camps, il résulte automatiquement que l'issue est déterminée à l'avance :

« Voici ce qui se passe quand ils jouent à la balle. Si

---

1. Cf. plus bas, p. 240 n.

l'homme [le défunt] pour qui est célébré le rite d'adoption
était un Tokana, les Tokanagi gagnent la partie. Les
Kickoagi ne peuvent pas gagner. Et si la fête a lieu pour
une femme Kicko, les Kickoagi gagnent, et ce sont les
Tokanagi qui ne peuvent pas gagner. » (Michelson *1*,
p. 385.)

Et en effet, quelle est la réalité ? Dans le grand jeu
biologique et social qui se déroule perpétuellement entre
les vivants et les morts, il est clair que les seuls gagnants
sont les premiers. Mais — et toute la mythologie nord-
américaine est là pour le confirmer —, d'une façon
symbolique (que d'innombrables mythes dépeignent
comme réelle), gagner au jeu, c'est « tuer » l'adversaire.
En prescrivant toujours le triomphe du camp des morts,
on donne donc à ceux-ci l'illusion qu'ils sont les vrais
vivants, et que leurs adversaires sont morts puisqu'ils
les « tuent ». Sous couleur de jouer avec les morts, on
les joue, et on les lie. La structure formelle de ce qui,
au premier abord, pourrait apparaître comme une
compétition sportive est en tous points similaire à celle
d'un pur rituel, tel que le Mitawit ou Midewiwin des
mêmes populations algonkin, où les néophytes se font
symboliquement tuer par les morts dont les initiés *jouent*
le rôle, afin d'obtenir un supplément de vie réelle au
prix d'une mort simulée. Dans les deux cas, la mort est
usurpée, mais seulement pour être dupée.

Le jeu apparaît donc comme *disjonctif* : il aboutit à
la création d'un écart différentiel entre des joueurs
individuels, ou des camps, que rien ne désignait au
départ comme inégaux. Pourtant, à la fin de la partie,
ils se distingueront en gagnants et perdants. De façon
symétrique et inverse, le rituel est *conjonctif,* car il
institue une union (on peut dire ici une communion),
ou, en tout cas, une relation organique, entre deux
groupes (qui se confondent, à la limite, l'un avec le
personnage de l'officiant, l'autre avec la collectivité des
fidèles), et qui étaient dissociés au départ. Dans le cas
du jeu la symétrie est donc préordonnée ; et elle est
structurale, puisqu'elle découle du principe que les règles
sont les mêmes pour les deux camps. L'asymétrie de
elle, est engendrée ; elle découle inévitablement de la
contingence des événements, que ceux-ci relèvent de
l'intention, du hasard, ou du talent. Dans le cas du

rituel, c'est l'inverse : on pose une asymétrie préconçue et postulée entre profane et sacré, fidèles et officiant, morts et vivants, initiés et non-initiés, etc., et le « jeu » consiste à faire passer tous les participants du côté de la partie gagnante, au moyen d'événements dont la nature et l'ordonnance ont le caractère véritablement structural. Comme la science (bien qu'ici encore, soit sur le plan spéculatif, soit sur le plan pratique), le jeu produit des événements à partir d'une structure : on comprend donc que les jeux de compétition prospèrent dans nos sociétés industrielles ; tandis que les rites et les mythes, à la manière du bricolage (que ces mêmes sociétés industrielles ne tolèrent plus, sinon comme « hobby » ou passe-temps), décomposent et recomposent des ensembles événementiels (sur le plan psychique, socio-historique, ou technique) et s'en servent comme autant de pièces indestructibles, en vue d'arrangements structuraux tenant alternativement lieu de fins et de moyens.

CHAPITRE II

LA LOGIQUE
DES CLASSIFICATIONS TOTÉMIQUES

Il y a, sans doute, quelque chose de paradoxal dans l'idée d'une logique dont les termes consistent en bribes et en morceaux, vestiges de procès psychologiques ou historiques, et comme tels, dépourvus de nécessité. Qui dit logique dit pourtant instauration de relations nécessaires ; mais comment de telles relations s'établiraient-elles entre des termes que rien ne destine à remplir cette fonction ? Des propositions ne peuvent s'enchaîner de façon rigoureuse que si leurs termes ont été préalablement définis sans équivoque. Dans les pages qui précèdent, ne s'est-on pas assigné l'impossible tâche de découvrir les conditions d'une nécessité *a posteriori* ?

Mais, en premier lieu, ces bribes et ces morceaux n'offrent ce caractère qu'aux yeux de l'histoire qui les a produits, et non du point de vue de la logique à quoi ils servent. C'est par rapport au contenu seulement qu'on peut les dire hétéroclites ; car, pour ce qui est de la forme, il existe entre eux une analogie, que l'exemple du bricolage a permis de définir : cette analogie consiste dans l'incorporation, à leur forme même, d'une certaine dose de contenu, qui est approximativement égale pour tous. Les images signifiantes du mythe, les matériaux du bricoleur, sont des éléments définissables par un double critère : *ils ont servi,* comme mots d'un discours que la réflexion mythique « démonte », à la façon du bricoleur soignant les pignons d'un vieux réveil démonté ; et *ils peuvent encore servir* au même usage, ou à un usage différent pour peu qu'on les détourne de leur première fonction.

En second lieu, ni les images du mythe, ni les matériaux du bricoleur, ne proviennent du devenir pur. Cette rigueur, qui paraît leur faire défaut quand nous les observons au moment de leur nouvel emploi, ils l'ont possédée naguère, quand ils faisaient partie d'autres ensembles cohérents ; et qui plus est, ils la possèdent toujours, dans la mesure où ils ne sont pas des matériaux bruts, mais des produits déjà ouvrés : termes du langage, ou, dans le cas du bricolage, termes d'un système technologique, donc expressions condensées de rapports nécessaires dont, de façons diverses, les contraintes répercuteront l'écho sur chacun de leurs paliers d'utilisation. Leur nécessité n'est pas simple et univoque ; elle existe pourtant, comme l'invariance, d'ordre sémantique ou esthétique, qui caractérise le groupe des transformations auxquelles ils se prêtent, et dont nous avons vu qu'elles n'étaient pas illimitées.

Cette logique opère un peu à la façon du kaléidoscope : instrument qui contient aussi des bribes et des morceaux, au moyen desquels se réalisent des arrangements structuraux. Les fragments sont issus d'un procès de cassure et de destruction, en lui-même contingent, mais sous réserve que ses produits offrent entre eux certaines homologies : de taille, de vivacité de coloris, de transparence. Ils n'ont plus d'être propre, par rapport aux objets manufacturés qui parlaient un « discours » dont ils sont devenus les indéfinissables débris ; mais, sous un autre rapport, ils doivent en avoir suffisamment pour participer utilement à la formation d'un être d'un nouveau type : cet être consiste en arrangements où, par le jeu des miroirs, des reflets équivalent à des objets, c'est-à-dire où des signes prennent rang de choses signifiées ; ces arrangements actualisent des possibles, dont le nombre, même très élevé, n'est tout de même pas illimité puisqu'il est fonction des dispositions et des équilibres réalisables entre des corps dont le nombre est lui-même fini ; enfin et surtout, ces arrangements, engendrés par la rencontre d'événements contingents (la giration de l'instrument par l'observateur) et d'une loi (celle présidant à la construction du kaléidoscope, qui correspond à l'élément invariant des contraintes dont nous parlions tout à l'heure), projettent des modèles d'intelligibilité en quelque sorte provisionnels, puisque chaque arrangement est exprimable sous forme de relations rigoureuses entre ses parties, et que ces relations n'ont d'autre contenu que l'arrangement lui-même, auquel, dans l'expérience de l'observateur, ne correspond aucun objet (bien qu'il se puisse que, par ce biais, certaines structures objectives soient révélées avant leur support empirique, comme, par exemple, celles des cristaux de neige ou de certains types de radiolaires et de diatomées, à l'observateur qui n'en aurait encore jamais vu).

*
* *

Nous concevons donc qu'une telle logique concrète soit possible. Il reste, maintenant, à définir ses caractères et la manière dont ils se manifestent au cours de l'observation ethnographique. Celle-ci les saisit sous un double aspect, affectif et intellectuel.

Les êtres que la pensée indigène charge de signification sont perçus comme offrant avec l'homme une certaine parenté. Les Ojibwa croient en un univers d'êtres surnaturels :

> « ... mais, en appelant ces êtres surnaturels, on fausse un peu la pensée des Indiens. Autant que l'homme même, ils appartiennent à l'ordre naturel de l'univers, car ils ressemblent à l'homme en ce qu'ils sont doués d'intelligence et d'émotion. Comme l'homme aussi, ils sont mâles ou femelles, et certains peuvent avoir une famille. Certains sont attachés à des lieux précis, d'autres se déplacent librement ; ils ont, vis-à-vis des Indiens, des dispositions amicales ou hostiles ». (Jenness 2, p. 29.)

D'autres observations soulignent que ce sentiment d'identification est plus profond que la notion des différences :

> « Le sentiment d'unité qu'éprouve l'Hawaiien envers l'aspect vivant des phénomènes indigènes, c'est-à-dire envers les esprits, les dieux et les personnes en tant qu'âmes, ne peut être correctement décrit comme un rapport, et moins encore à l'aide de termes tels que sympathie, empathie, anormal, supra-normal, ou névrotique ; ou encore, mystique ou magique. Il n'est pas "extra-sensoriel", car il est en partie de l'ordre de la

sensibilité, et en partie étranger à celle-ci. Il relève de la conscience normale... » (Handy et Pukui, p. 117.)

Les indigènes eux-mêmes ont parfois le sentiment aigu du caractère « concret » de leur savoir, et ils l'opposent vigoureusement à celui des Blancs :

> « Nous savons ce que les animaux font, quels sont les besoins du castor, de l'ours, du saumon et des autres créatures, parce que, jadis, les hommes se mariaient avec eux, et qu'ils ont acquis ce savoir de leurs épouses animales... Les Blancs ont vécu peu de temps dans ce pays, et ils ne connaissent pas grand-chose au sujet des animaux ; nous, nous sommes ici depuis des milliers d'années et il y a longtemps que les animaux eux-mêmes nous ont instruits. Les Blancs notent tout dans un livre, pour ne pas oublier ; mais nos ancêtres ont épousé les animaux, ils ont appris tous leurs usages, et ils ont fait passer ces connaissances de génération en génération. » (Jenness 3, p. 540.)

Ce savoir désintéressé et attentif, affectueux et tendre, acquis et transmis dans un climat conjugal et filial, est ici décrit avec une si noble simplicité qu'il paraît superflu d'évoquer à ce sujet les hypothèses bizarres inspirées à des philosophes par une vue trop théorique du développement des connaissances humaines. Rien, ici, n'appelle l'intervention d'un prétendu « principe de participation », ni même d'un mysticisme empâté de métaphysique, que nous ne percevons plus qu'à travers le verre déformant des religions instituées.

Les conditions pratiques de cette connaissance concrète, ses moyens et ses méthodes, les valeurs affectives qui l'imprègnent, tout cela se trouve et peut être observé tout près de nous, chez ceux de nos contemporains que leurs goûts et leur métier placent, vis-à-vis des animaux, dans une situation qui, *mutatis mutandis,* est aussi proche que notre civilisation le tolère de celle qui fut habituelle à tous les peuples chasseurs : à savoir les gens du cirque et les employés des jardins zoologiques. Rien de plus instructif à cet égard, après les témoignages indigènes que nous venons de citer, que le récit, par le directeur des jardins zoologiques de Zürich, de son premier tête-à-tête — si l'on peut dire — avec un dauphin. Non sans noter « un regard exagérément humain, le bizarre orifice respiratoire, la texture lisse et la consistance cireuse de la peau, les quatre rangées de dents pointues dans la bouche en forme de bec », l'auteur décrit ainsi son émotion :

> « *Flippy* n'avait rien d'un poisson ; et quand, à moins d'un mètre, il fixait sur vous son regard pétillant, comment ne pas se demander si c'était vraiment un animal ? Si imprévue, si étrange, si complètement mystérieuse était cette créature, qu'on était tenté de voir en elle un être ensorcelé. Hélas, le cerveau du zoologiste ne pouvait la dissocier de la certitude glacée, presque douloureuse en cette circonstance, qu'en termes scientifiques, il n'y avait rien là que, *Tursiops truncatus...* » (Hediger, p. 138.)

De tels propos, sous la plume d'un homme de science, suffiraient à montrer s'il en était besoin que le savoir théorique n'est pas incompatible avec le sentiment, que la connaissance peut être à la fois objective et subjective, enfin que les rapports concrets entre l'homme et les êtres vivants colorent parfois de leurs nuances affectives (elles-mêmes émanation de cette identification primitive, où Rousseau a vu profondément la condition solidaire de toute pensée et de toute société) l'univers entier de la connaissance scientifique, surtout dans des civilisations dont la science est intégralement « naturelle ». Mais, si la taxinomie et l'amitié tendre peuvent faire bon ménage dans la conscience du zoologiste, il n'y a pas lieu d'invoquer des principes séparés, pour expliquer la rencontre de ces deux attitudes dans la pensée des peuples dits primitifs.

*
* *

Après Griaule, Dieterlen et Zahan ont établi l'étendue et le caractère systématique des classifications indigènes au Soudan. Les Dogon répartissent les végétaux en 22 familles principales, dont certaines sont subdivisées en 11 sous-groupes. Les 22 familles, énumérées dans l'ordre convenable, se répartissent en deux séries composées, l'une des familles de rang impair, l'autre des familles de rang pair. Dans la première, qui symbolise les naissances uniques, les plantes dites mâles et femelles sont respectivement associées à la saison des pluies et à la saison sèche ; dans la seconde, qui symbolise les naissances gémellaires, la même relation existe, mais inversée. Chaque famille est aussi répartie dans l'une des trois catégories : arbre, arbuste, herbe [1] ; enfin, chaque famille est en correspondance avec une partie du corps, une technique, une classe sociale, une institution. (Dieterlen *1, 2*.)

Des faits de ce genre ont surpris, quand on les a ramenés d'Afrique pour la première fois. Pourtant, des formes de classification très analogues ont été décrites depuis fort longtemps en Amérique, et ce sont elles qui ont inspiré à Durkheim et Mauss un célèbre essai. Tout en y renvoyant le lecteur, on ajoutera quelques exemples à ceux qui y sont déjà rassemblés.

Les indiens Navaho, qui se proclament eux-mêmes « grands classificateurs », divisent les êtres vivants en deux catégories, selon qu'ils sont ou non doués de la parole. Les êtres sans parole comprennent les animaux et les plantes. Les animaux se répartissent en trois groupes : « courants », « volants » ou « rampants » ; chaque groupe est, à son tour, recoupé par une double division : celle entre « voyageurs sur terre » et « voyageurs sur eau » d'une part, et d'autre part, celle entre « voyageurs de jour » et « voyageurs de nuit ». Le découpage des « espèces » obtenu par cette méthode n'est pas toujours le même que celui de la zoologie. Il arrive ainsi que des oiseaux groupés en paires sur la base d'une opposition : mâle/femelle appartiennent en fait au même sexe, mais à des genres différents ; car l'association est fondée, d'une part, sur leur taille relative, d'autre part sur leur place dans la classification des couleurs, et sur la fonction qui leur est assignée dans la magie et le rituel [2]. (Reichard *1, 2*.) Mais la

---

1. Chez les Peul : plantes à tronc vertical, plantes grimpantes, plantes rampantes, respectivement subdivisées en végétaux à épines ou sans épines, à écorce ou sans écorce, à fruits ou sans fruits. (Hampaté Ba et Dieterlen, p. 23.) Pour une classification tripartite du même type aux Philippines (« bois », « liane », « herbe »), cf. Conklin 1, pp. 92-94 ; et au Brésil, chez les Bororo (« arbres » = terre ; « lianes » = air ; « herbes des marais » = eau), cf. Colbacchini, p. 202.

2. A la différence des Canela du Brésil qui, « dans tous les cas contrôlés, se sont montrés informés du dimorphisme sexuel ». (Vanzolini, p. 170.)

taxinomie indigène est souvent suffisamment précise et
dénuée d'équivoque pour permettre certaines identifications ; ainsi celle, faite seulement il y a quelques années,
de la « Grosse Mouche » évoquée dans les mythes, avec
une tachnidée, *Hystricia pollinosa*.

Les plantes sont nommées en fonction de trois
caractères : le sexe supposé, les vertus médicinales, et
l'aspect visuel ou tactile (épineux, gluant, etc.). Une
seconde tripartition selon la taille (grande, moyenne,
petite) recoupe chacun des caractères précédents. Cette
taxinomie est homogène dans toute la réserve, soit
environ 7 000 000 d'hectares, et en dépit de la dispersion
sur un aussi vaste territoire de ses 60 000 occupants.
(Reichard, Wyman et Harris, Vestal, Elmore.)

Chaque animal ou plante est en correspondance avec
un élément naturel, lui-même variable selon les rites
dont on connaît l'extrême complexité chez les Navaho.
Ainsi, dans le « rituel du silex taillé » (« Flint-Chant »)
on relève les correspondances suivantes : grue-ciel ;
« oiseau rouge »-soleil ; aigle-montagne ; épervier-
rocher ; « oiseau bleu »-arbre ; oiseau-mouche -plante ;
un coléoptère (« corn-beetle »)-terre ; héron-eau (Haile).

Comme les Zuni qui ont particulièrement retenu
l'attention de Durkheim et de Mauss, les Hopi classent
les êtres et les phénomènes naturels au moyen d'un
vaste système de correspondances. En rassemblant les
informations éparses chez divers auteurs, on obtient le
tableau suivant qui, sans nul doute, n'est qu'un modeste
fragment d'un système total dont beaucoup d'éléments
manquent (ci-contre).

De telles correspondances sont aussi reconnues par
des populations dont la structure sociale est beaucoup
plus lâche que celle des Pueblo : l'Eskimo sculpteur de
saumons utilise, pour figurer chaque espèce, le bois
dont la couleur ressemble davantage à celle de la chair :
« Tous les bois sont du saumon. » (Rasmussen, p. 198.)

Nous nous sommes limité à quelques exemples parmi
d'autres, qui seraient encore plus nombreux si les
préjugés fondés sur la simplicité et la grossièreté « primitives » n'avaient, dans beaucoup de cas, détourné
les ethnologues de s'informer sur des systèmes de
classifications conscients, complexes et cohérents, dont
l'existence leur eût semblé incompatible avec un très

	NORD-OUEST	SUD-OUEST	SUD-EST	NORD-EST	ZENITH	NADIR
COULEURS	jaune	bleu, vert	rouge	blanc	noir	multicolore
ANIMAUX	puma	ours	chat sauvage	loup	vautour	serpent
OISEAUX	oriol	« blue-bird » (Sialia)	perroquet	pie	hirondelle	fauvette
ARBRES	pin de Douglas	pin blanc	saule rouge	tremble		
BUISSONS	« green rabbit-brush » (Chrysothamnus)	« sage-brush » (Artemisia)	« cliff-rose » (Cowania stansburiana)	« gray rabbit-brush » (Chrysothamnus)		
FLEURS	« mariposa lily » (Calochortus)	pied d'alouette (Delphinium)	(Castilleja)	(Anogra)		
MAÏS	jaune	bleu	rouge	blanc	pourpre	
HARICOTS	haricot vert (Phaseolus vulg.)	haricot beurre (Phas. vulg.)	petit haricot	lima (Phaseolus lunatus)	divers	sucré

les haricots étant de plus subdivisés en :

	NORD-OUEST	SUD-OUEST	SUD-EST	NORD-EST	ZENITH	NADIR
	clair	clair	blanc	blanc	bleu	
	noir	jaune	noir	gris	rouge	
	rouge	brun	tacheté	jaune	rose	
				rouge	etc.	
				noir		

bas niveau économique et technique, d'où ils concluaient trop hâtivement à un niveau intellectuel équivalent. Nous commençons seulement à soupçonner que d'anciennes observations dues à des enquêteurs aussi rares que perspicaces — ainsi Cushing — ne relèvent pas de cas exceptionnels, mais qu'elles dénotent des formes de savoir et de réflexion extrêmement répandues dans les sociétés dites primitives. De ce fait, l'image traditionnelle que nous nous faisions de cette primitivité doit changer. Jamais et nulle part, le « sauvage » n'a sans doute été cet être à peine sorti de la condition animale, encore livré à l'empire de ses besoins et de ses instincts, qu'on s'est trop souvent plu à imaginer, et, pas davantage, cette conscience dominée par l'affectivité et noyée dans la confusion et la participation. Les exemples que nous avons cités, les autres qu'on aurait pu leur joindre, témoignent en faveur d'une pensée rompue à tous les exercices de la spéculation, proche de celle des naturalistes et des hermétiques de l'antiquité et du moyen âge : Galien, Pline, Hermès Trismégiste, Albert le Grand... De ce point de vue, les classifications « totémiques » sont probablement moins loin qu'il ne semble de l'emblématisme végétal des Grecs et des Romains, s'exprimant par le moyen de couronnes d'olivier, de chêne, de laurier, d'ache, etc. ; ou de celui qui se pratiquait encore dans l'Église médiévale où, selon la fête, on jonchait le chœur de foin, de jonc, de lierre, ou de sable.

Les herboristeries astrologiques distinguaient 7 plantes planétaires, 12 herbes associées aux signes du zodiaque, 36 plantes attribuées aux décans et aux horoscopes. Les premières, pour être efficaces, devaient être cueillies un certain jour et à une certaine heure, qui étaient précisés pour chacune : dimanche, pour le coudrier et l'olivier ; lundi pour la rue, le trèfle, la pivoine, la chicorée ; mardi, pour la verveine ; mercredi pour la pervenche ; jeudi, pour la verveine, la pervenche, la pivoine, le cytise et la quintefeuille si on les destine à des usages médicinaux ; le vendredi pour la chicorée, la mandragore et la verveine servant aux incantations ; samedi, pour la cruciata et le plantain. On trouve même chez Théophraste un système de correspondances entre les plantes et les oiseaux, où la pivoine est associée au pic, la centauride au triorchis et au faucon, l'ellébore noir à l'aigle. (Delatte.)

Tout cela, que nous attribuons volontiers à une philosophie naturelle longuement élaborée par des spécialistes, eux-mêmes héritiers d'une tradition millénaire, se retrouve très exactement dans les sociétés exotiques. Les indiens Omaha voient une des différences majeures entre les Blancs et eux dans le fait que « les Indiens ne cueillent pas les fleurs », il faut entendre : par plaisir ; en effet, « les plantes ont des emplois sacrés connus seulement de leurs maîtres secrets ». Même la saponaire (« soapweed ») que chacun utilise au bain de vapeur, pour soigner les maux de dents, d'oreilles ou les rhumatismes, était cueillie comme si c'était une racine sacrée :

> « ... dans le trou fait par la racine, on déposait une pincée de tabac, parfois aussi un couteau et des pièces de monnaie, et le cueilleur faisait une courte prière : j'ai pris ce que tu m'as donné, et je te laisse ceci. Je souhaite avoir une vie longue, et que nul mal n'atteigne les miens et moi ». (Fortune *1*, p. 175.)

Quand un sorcier-guérisseur de l'Est canadien ramasse des racines, des feuilles, ou des écorces médicinales, il ne manque pas de se concilier l'âme de la plante en déposant au pied une menue offrande de tabac ; car il est convaincu que, sans le concours de l'âme, le « corps » de la plante n'aurait, à lui seul, aucune efficacité. (Jenness *1*, p. 60.)

Les Peul du Soudan classent les végétaux en séries, chacune en relation avec un jour de la semaine et avec l'une des huit directions :

> « Le végétal... doit être collecté en fonction de ces diverses classifications... Écorce, racine, feuilles ou fruits doivent être prélevés en rapport avec le jour du mois lunaire auquel correspond le végétal, en invoquant le *lâre*, ''esprit gardien'' des troupeaux qui est en rapport avec la séquence du mois, et en fonction de la position du soleil. Ainsi, le *silatigi*, en donnant ses instructions, dira-t-il par exemple : ''Pour faire telle chose, tu prendras la feuille d'un épineux grimpant et sans écorce, tel jour, lorsque le soleil se trouvera dans telle position, en

regardant telle direction cardinale, en invoquant tel *lâre*". » (Hampaté Ba et Dieterlen, p. 23.)

*
* *

Les classifications indigènes ne sont pas seulement méthodiques et fondées sur un savoir théorique solidement charpenté. Il arrive aussi qu'elles soient comparables, d'un point de vue formel, à celles que la zoologie et la botanique continuent d'utiliser.

Les indiens Aymara du plateau bolivien, peut-être descendants des Colla légendaires auxquels serait due la grande civilisation de Tiahuanaco, sont d'habiles expérimentateurs en matière de conservation des produits alimentaires — à tel point qu'en imitant directement leurs techniques de déshydratation, l'armée américaine a pu, pendant la dernière guerre, réduire au volume de boîtes à chaussures des rations de purée de pomme de terre suffisantes pour cent repas. Ils furent aussi des agronomes et des botanistes, qui ont développé, plus loin peut-être qu'on ne le fit jamais, la culture et la taxinomie du genre *Solanum,* dont l'importance pour ces Indiens s'explique en raison de leur établissement à une altitude supérieure à 4 000 m, où le maïs ne parvient pas à maturité.

Les variétés encore distinguées par le vocabulaire indigène dépassent 250, et elles furent certainement plus nombreuses dans le passé. Cette taxinomie opère au moyen d'un terme descriptif de variété, auquel s'ajoute un adjectif modificateur pour chaque sous-variété. Ainsi, la variété *immilla,* « jeune fille », est subdivisée soit d'après la couleur : noire, bleue, blanche, rouge, sanguine... ; soit d'après d'autres caractères : herbeuse, insipide, ovoïde, etc. Il existe environ 22 variétés principales ainsi subdivisées, avec, en plus, une dichotomie générale qui distingue les variétés et sous-variétés selon qu'elles sont immédiatement comestibles après cuisson, ou seulement après une série de congélations et de fermentations alternées. Presque toujours, une taxinomie binomiale s'inspire de critères tels que la forme (plate, épaisse, en spirale, en raquette de cactus, en motte, en œuf, en langue de bœuf, etc.), la texture (farineuse, élastique, gluante, etc.) ; le « sexe » (fille ou garçon). (La Barre.)

C'est un biologiste professionnel qui souligne combien d'erreurs et de confusions auraient pu être évitées, et dont certaines furent rectifiées seulement à une époque récente, si les anciens voyageurs avaient fait confiance aux taxinomies indigènes au lieu d'en improviser d'autres de toutes pièces avec pour résultat l'attribution, par 11 auteurs, du même nom scientifique *Canis azarae* à 3 genres distincts, 8 espèces, et 9 sous-espèces différentes, ou encore l'imposition de plusieurs noms à la même variété de la même espèce. Au contraire, les Guarani d'Argentine et du Paraguay opéraient méthodiquement par termes simples, binômes et trinômes, distinguant ainsi, par exemple entre les félins, les formes de grande taille, celles de petite taille, et les tailles intermédiaires : le *dyagua eté* est le grand félin par excellence, le *mbarakadya eté,* par excellence aussi, le petit chat sauvage. Le *mini* (petit) parmi les *dyagua* (grand) correspond au *guasu* (grand) parmi les *chivi,* félins de taille intermédiaire :

> « D'une façon générale, on peut dire que les dénominations garani forment un système bien conçu et — *cum grano salis* — qu'elles offrent une certaine ressemblance avec notre nomenclature scientifique. Ces Indiens primitifs n'abandonnaient pas au hasard la dénomination des choses de la nature, mais ils réunissaient des conseils de tribu pour arrêter les termes qui correspondaient le mieux aux caractères des espèces, classant avec beaucoup d'exactitude les groupes et les sous-groupes... Garder le souvenir des termes indigènes de la faune d'un pays n'est pas seulement un acte de piété et d'honnêteté, c'est aussi un devoir scientifique. » (Dennler, pp. 234 et 244.)

Dans une grande partie de la péninsule du cap York, en Australie septentrionale, la nourriture est distinguée en « végétale » et « animale » au moyen de 2 morphèmes spéciaux. Les Wik Munkan, tribu établie dans la vallée et l'estuaire de l'Archer sur la côte ouest, raffinent sur cette division en préfixant le terme *mai* à chaque nom de plante, ou de nourriture qui en dérive, et le terme *min* à chaque nom d'animal, de pièce de viande, ou de nourriture d'origine animale. De même, *yukk*

sert de préfixe pour tout nom d'arbre ou terme désignant
un bâton, un morceau de bois, ou un objet manufacturé
en bois ; le préfixe *koi,* pour toutes les sortes de fibres
et cordages ; *wakk* pour les herbes, *tukk* pour les
serpents, *kämpän* et *wank* pour les paniers, selon qu'ils
sont tressés en paille ou en cordelette. Enfin, le même
type de construction nominale avec le préfixe *ark* permet
de distinguer les formes du paysage et leur association
à tel ou tel type de flore ou de faune : *ark tomp,* plage ;
ark tomp nintän, zone de dunes en arrière des plages ;
ark pint'l, plaine côtière à marécages salés, etc. :

> « Les indigènes ont un sens aigu des arbres caractéristi-
> ques, des buissons et des herbes propres à chaque
> ''association végétale'', en prenant cette expression dans
> son sens écologique. Ils sont capables d'énumérer, dans
> les plus grands détails et sans hésitation aucune, les
> arbres propres à chaque association, le genre de fibre et
> de résine, les herbes, les matières premières qu'ils s'y
> procurent, ainsi que les mammifères et oiseaux qui
> fréquentent chaque type d'habitat. En vérité, leurs
> connaissances sont si précises et si détaillées qu'ils savent
> nommer aussi les types transitionnels... Pour chaque
> association, mes informateurs décrivaient sans hésiter
> l'évolution saisonnière de la faune et des ressources
> alimentaires. »

En matière zoologique et botanique, la taxinomie
indigène permet de différencier les genres, les espèces et
les variétés : *mai' watti'yi (Dioscorea transversa) — mai'
kä'arra (Dioscorea sativa* var. *rotunda,* Bail.*) ; yukk
putta (Eucalyptus papuana) — yukk pont (E. tetro-
donta) ; tukk pol (Python spilotes) — tukk oingorpän
(P. amethystinus) ; min pänk (Macropus agilis) — min
ko'impia (M. rufus) — min lo'along (M. giganteus),*
etc. Il n'est donc pas excessif de dire, comme le fait
l'auteur de ces observations, que la distribution des
plantes et des animaux, ainsi que des nourritures et
matières premières qui en dérivent, offre une certaine
ressemblance avec une classification linnéenne simple.
(Thomson, pp. 165-167.)

*
* *

Devant tant de précision et de minutie, on se prend à
déplorer que tout ethnologue ne soit pas aussi un

minéralogiste, un botaniste et un zoologiste, et même un astronome... Car ce n'est pas seulement aux Australiens et aux Soudanais, mais à tous les peuples indigènes ou presque, que s'applique la remarque de Reichard au sujet des Navaho :

> « Comme ils estiment toutes les choses de l'univers essentielles à leur bien-être, la classification naturelle devient un problème capital des études religieuses, et elle demande la plus grande attention du point de vue de la taxinomie. Il nous faudrait une liste, avec les termes anglais, scientifiques (latins) et navaho, de toutes les plantes, de tous les animaux (surtout les oiseaux, les rongeurs, les insectes et les vers), des minerais et des roches, des coquillages, des étoiles... » (Reichard *1*, p. 7.)

En effet, on découvre chaque jour davantage que, pour interpréter correctement les mythes et les rites, et même pour les interpréter d'un point de vue structural (qu'on aurait tort de confondre avec une simple analyse formelle), l'identification précise des plantes et des animaux dont il est fait mention, ou qui sont directement utilisés sous forme de fragments ou de dépouilles, est indispensable. Donnons-en rapidement deux exemples, l'un emprunté à la botanique, l'autre à la zoologie.

Dans toute l'Amérique du Nord ou presque, la plante appelée sauge (« sage », « sage-brush ») joue un rôle capital dans les rituels les plus divers, soit seule, soit associée et opposée à d'autres plantes : *Solidago, Chrysothamnus, Gutierrezia*. Tout cela demeure anecdotique et arbitraire, tant qu'on ne s'est pas enquis de la nature précise de la « sauge » américaine, laquelle n'est pas une labiée, mais une composée. En fait, le terme vernaculaire recouvre plusieurs variétés d'armoises *(Artemisia)* (d'ailleurs, méticuleusement distinguées par les nomenclatures indigènes et affectées chacune à des fonctions rituelles différentes). Cette identification, complétée par une enquête portant sur la pharmacopée populaire, démontre qu'en Amérique septentrionale, comme dans l'Ancien Monde, les armoises sont des plantes à connotation féminine, lunaire et nocturne, principalement utilisées pour le traitement de la dysmé-

norrhée et des accouchements difficiles [1]. Une recherche
similaire, portant sur l'autre groupe végétal, révèle qu'il
s'agit d'espèces synonymes, ou assimilées par la pensée
indigène en raison de leurs fleurs jaunes et de leur
emploi tinctorial et médicinal (pour soigner les troubles
des voies urinaires, c'est-à-dire de l'appareil génital
masculin). On a donc un ensemble, symétrique et inverse
du précédent, à connotation mâle, solaire, diurne. Il en
résulte d'abord que le caractère sacré appartient à la
paire signifiante, plutôt qu'à chaque plante ou type de
plante considéré isolément. D'autre part, ce système,
qui ressort de façon explicite de l'analyse de certains
rituels, tel celui de la chasse aux aigles des Hidatsa
(mais seulement grâce à l'exceptionnelle perspicacité de
l'observateur G. L. Wilson, pp. 150-151), est généralisa-
ble à d'autres cas où il n'avait pas été mis en évidence :
ainsi, chez les indiens Hopi, la confection des « bâtons
de prière », par adjonction aux plumes qui en forment
le principal élément, de brindilles de *Gutierrezia eutha-
miae* et de *Artemisia frigida,* ainsi que, chez ces mêmes
Indiens, la qualification des points cardinaux par des
associations différentes d'*Artemisia* et de *Chrysothamnus* (cf. p. ex. Voth *1, passim* ; *2,* p. 75 sq. ; *5,* p. 130).

On entrevoit donc le moyen de poser, parfois même
de résoudre, divers problèmes jusqu'à présent négligés,
comme celui de la dichotomie, chez les Navaho, du
pôle « féminin » en *Chrysothamnus* (pourtant mâle,
dans l'opposition principale) et *Pentstémon,* une scrofu-
larinée (Vestal), interprétable par le schéma suivant :

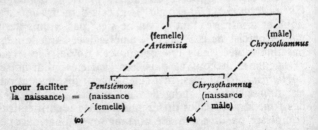

1. Dans l'ancien Mexique aussi, *Artemisia* semble avoir eu une
connotation féminine, puisque les femmes s'en paraient pour danser
aux fêtes de juin en l'honneur de la déesse Huixtociuatl. (Reko,
pp. 39, 75 ; Anderson et Dibble, pp. 88-89.) Pour tout ce qui touche
à l'ethnobotanique nahuatl, cf. Paso y Troncoso.

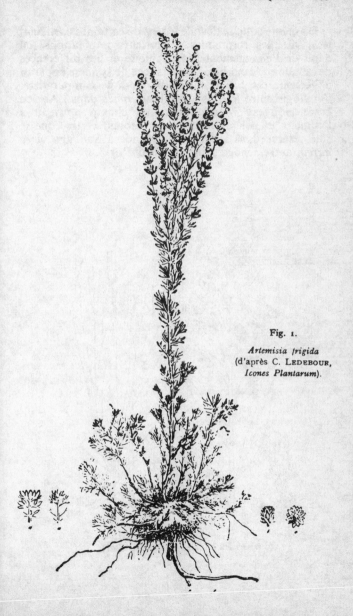

Fig. 1.

Artemisia frigida
(d'après C. LEDEBOUR,
Icones Plantarum).

Du même coup se dévoile le sens de certaines particularités rituelles communes à plusieurs populations, en dépit de l'éloignement géographique et des différences de langue et de culture. Une ébauche de système apparaît à l'échelle du continent. Enfin, pour le comparatiste, l'analogie entre les positions d'*Artemisia* dans l'Ancien et le Nouveau Monde ouvre un champ nouveau à l'enquête et à la réflexion, non moins, certes, que le rôle réservé dans le Nouveau Monde à *Solidago virga aurea*, autrement dit, un « rameau d'or ».

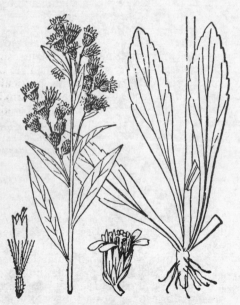

Fig. 2. — *Solidago virga aurea*
(d'après *Bull. Torrey Botanical Club*).

Le second exemple se rapporte à des rites déjà évoqués au paragraphe précédent : ceux de la chasse aux aigles chez les Hidatsa qui, comme beaucoup d'autres populations américaines, attribuent à cette occupation un caractère éminemment sacré. Or, selon les Hidatsa, la chasse aux aigles fut enseignée aux hommes par des animaux surnaturels qui en inventèrent d'abord la technique et les procédés, et que les mythes désignent assez vaguement comme des « ours ».

Les informateurs semblent hésiter entre le petit ours noir et le glouton ou carcajou (angl. « wolverine » : *Gulo luscus*). Sans ignorer le problème, les spécialistes des Hidatsa : Wilson, Densmore, Bowers, Beckwith, n'y ont pas attaché une importance primordiale ; après tout, il s'agit d'animaux mythiques, dont on pourrait croire l'identification inutile, sinon même impossible. Et pourtant, de cette identification dépend toute l'interprétation du rituel. Par rapport à la chasse aux aigles, il n'y a rien à tirer des ours ; pour les carcajous — adaptation canadienne d'un mot indien qui signifie « mauvais caractère » — c'est une autre affaire, car ils occupent dans le folklore une place très particulière ; animal décepteur dans la mythologie des Algonkin du Nord-Est, le carcajou est un animal haï et redouté, aussi bien par les Eskimo de la baie d'Hudson que par les Athapaskan occidentaux et par les tribus côtières de l'Alaska et de la Colombie britannique. En rassemblant les informations relatives à toutes ces populations, on obtient la même explication que celle recueillie indépendamment par un géographe contemporain de la bouche des trappeurs : « Le glouton est à peu près le seul membre de la famille des belettes qui ne puisse pas être pris au piège. Il s'amuse à voler non seulement les captures, mais même les pièges du chasseur. Ce dernier ne s'en débarrasse qu'au fusil. » (Brouillette, p. 155.) Or, les Hidatsa chassent l'aigle en se dissimulant dans des fosses ; l'aigle est attiré par un appât placé au-dessus, et quand l'oiseau se pose pour s'en saisir, le chasseur l'attrape avec ses mains nues. Cette technique offre donc un caractère paradoxal : l'homme *est* le piège, mais pour remplir ce rôle, il doit descendre dans une fosse, c'est-à-dire assumer la position de l'animal pris au piège ; il est à la fois chasseur et gibier. De tous les animaux, le carcajou est le seul qui sache surmonter cette situation contradictoire : non seulement il ne craint rien des pièges qu'on lui prépare, mais il rivalise avec le piégeur en lui volant ses captures, et ses pièges même à l'occasion.

Si ce début d'interprétation est exact, il s'ensuit que l'importance rituelle de la chasse aux aigles chez les Hidatsa tient, au moins en partie, à l'emploi de fosses, c'est-à-dire à l'adoption, par le chasseur, d'une position singulièrement *basse* (au propre, et, comme on vient de le voir, au figuré aussi), pour capturer un gibier dont la position est la plus *haute,* objectivement parlant (l'aigle vole haut) et aussi du point de vue mythique (où l'aigle est mis au sommet de la hiérarchie des oiseaux).

L'analyse du rituel vérifie, dans tous ses détails, cette hypothèse d'un dualisme d'une proie céleste et d'un chasseur chthonien, qui évoque aussi l'opposition la plus forte concevable, dans le domaine de la chasse, sous le rapport du haut et du bas. L'extraordinaire complication des rites qui précèdent, accompagnent et concluent la chasse aux aigles est donc la contrepartie de la position exceptionnelle occupée par celle-ci au sein d'une typologie mythique, qui fait d'elle l'expression concrète d'un *écart maximum* entre le chasseur et son gibier.

Du même coup, certains points obscurs du rituel s'éclairent, notamment la portée et la signification des mythes racontés pendant les expéditions de chasse, qui se réfèrent à des héros culturels capables de se transformer en flèches, et maîtres de la chasse à l'arc : doublement impropres, pour cette raison, à jouer le rôle d'appât pour la chasse aux aigles, sous leur apparence animale de chat sauvage et de raton laveur. En effet, la chasse à l'arc intéresse la région de l'espace située immédiatement au-dessus du sol, c'est-à-dire le ciel atmosphérique ou moyen : le chasseur et le gibier y sont conjoints dans l'espace intermédiaire, tandis que la chasse aux aigles les disjoint en leur assignant des emplacements opposés : le chasseur sous la terre, le gibier près du ciel empyrée.

Un autre aspect singulier de la chasse aux aigles est que les femmes y exercent une influence bénéfique pendant leurs règles, contrairement à des croyances pratiquement universelles chez les peuples chasseurs, y compris les Hidatsa eux-mêmes pour toute autre chasse que celle aux aigles. Ce détail aussi s'éclaire, à la lumière de ce qui vient d'être dit, si l'on tient compte que, dans la chasse aux aigles conçue comme la réduction d'un écart maximum entre chasseur et gibier, la médiation s'opère, sur le plan technique, par l'intermédiaire de l'appât, morceau de viande ou petite pièce de gibier, donc corps sanguinolent promis à une rapide putréfaction. Une chasse primaire (celle qui procure l'appât) conditionne une chasse secondaire ; l'une est sanglante (au moyen de l'arc et des flèches), l'autre non sanglante (les aigles seront étranglés sans effusion de sang) ; l'une, qui consiste dans une conjonction prochaine du chasseur et du gibier, fournit le terme médiateur d'une conjonction si lointaine qu'elle se présente d'abord comme une disjonction insurmontable, sauf, précisément, par le sang.

Dans un tel système, les règles féminines acquièrent une triple détermination positive : d'un point de vue strictement formel, une chasse étant l'inverse de l'autre, le rôle qu'on attribue aux règles est également inversé : maléfiques dans un cas (par excès de similarité), elles deviennent bénéfiques dans l'autre cas (où leur sens métaphorique se double d'un sens métonymique, puisqu'elles évoquent l'appât comme sang et corruption organique, et puisque l'appât est une partie du système). Du point de vue technique, en effet, le corps sanglant, bientôt charogne, contigu pendant des heures ou même des jours au chasseur vivant, est le moyen de la prise, et il est significatif que le même terme indigène désigne l'étreinte amoureuse, et celle de l'appât par l'oiseau. Enfin, sur le plan sémantique, la souillure, au moins dans la pensée des Indiens de l'Amérique du Nord, consiste en une conjonction trop étroite de deux termes qui étaient destinés à rester chacun à l'état « pur ». Si, dans la chasse prochaine, les règles féminines risquent toujours d'introduire un excès de conjonction, entraînant par redondance la saturation de la relation primitive et neutralisant sa vertu dynamique, dans la chasse lointaine c'est l'inverse : la conjonction est déficiente, et le seul moyen de remédier à sa faiblesse consiste à y admettre de la souillure, qui apparaîtra comme *périodicité* sur l'axe des successions, ou comme *corruption* sur l'axe des simultanéités.

Comme ces deux axes correspondent, l'un à une mythologie de l'agriculture, l'autre à une mythologie de la chasse, on accède par cette interprétation à un système de référence global, permettant d'apercevoir des homologies entre des thèmes dont les développements n'offrent, à première vue, pas de rapport. Or, dans le cas de la chasse aux aigles, ce résultat est très important, parce qu'elle existe, avec des formes diverses (mais toujours fortement imprégnée de rituel), sur presque toute l'étendue du continent américain, et chez des peuples de cultures différentes, les uns chasseurs, les autres agriculteurs. La fonction modeste, mais positive, attribuée à la souillure chez les Hidatsa, les Mandan et les Pawnee (avec, d'ailleurs, des variantes interprétables en fonction de l'organisation sociale de chaque tribu) peut dès lors être traitée comme un cas particulier d'un ensemble plus vaste, dont un autre cas particulier est illustré par le mythe pueblo de l'homme fiancé à une fille-aigle, mythe lié chez les Pueblo à un autre : celui de la fiancée-fantôme (« corpse girl », « ghost-wife ») où la souillure possède une fonction forte (fiancée-cadavre, au lieu de femme indisposée), mais négative (entraînant la mort du chasseur, au lieu de son succès), parce que, selon les indiens Pueblo (et comme l'expliquent les mythes), *il ne faut pas faire saigner* les lapins qui constituent l'*objet* par excellence de la chasse rituelle, tandis que, pour les Hidatsa, *il faut les faire saigner* pour qu'ils puissent servir de *moyen* à la chasse rituelle par excellence : la chasse aux aigles, lesquels ne doivent pas saigner. En effet, les Pueblo capturent les aigles, les élèvent, mais ne les tuent pas, et certains groupes s'abstiennent même complètement, de peur d'oublier de nourrir les oiseaux, et de les faire mourir de faim.

Pour revenir brièvement aux Hisatsa, d'autres problèmes se posent, qui tiennent au rôle mythique dévolu au carcajou, dans une région en bordure de l'aire majeure de diffusion, plus septentrionale, de cette espèce animale [1]. Nous évoquons ce point pour souligner que des

1. Aussi loin que remontent leurs traditions, les Hidatsa semblent

problèmes d'ordre historique et géographique, aussi bien que sémantique et structural, sont tous liés à l'identification précise d'un animal qui remplit une fonction mythique : *Gulo luscus*. Cette identification retentit profondément sur l'interprétation de mythes provenant de populations aussi éloignées de l'habitat du carcajou que les Pueblo, ou même, au cœur de l'Amérique tropicale, les Sherenté du Brésil central qui possèdent également le mythe de la fiancée-fantôme. Mais nous n'insinuons pas que tous ces mythes furent empruntés, en dépit des distances considérables, à une culture septentrionale : la question pourrait seulement se poser pour les Hidatsa, puisque le carcajou figure explicitement dans leurs mythes. Dans les autres cas, on se bornera à constater que des structures logiques analogues peuvent se construire au moyen de ressources lexicales différentes. Les éléments ne sont pas constants, mais seulement les relations.

*

* *

Cette dernière remarque amène à l'examen d'une autre difficulté. Il ne suffit pas d'identifier avec précision chaque animal, chaque plante, pierre, corps céleste ou phénomène naturel évoqués dans les mythes et le rituel — tâches multiples auxquelles l'ethnographe est rarement préparé — il faut aussi savoir quel rôle chaque culture leur attribue au sein d'un système de significations. Certes, il est utile d'illustrer la richesse

avoir vécu en divers points de l'État de North Dakota.

Quant au carcajou, « c'est une espèce circum-polaire des forêts septentrionales des deux continents. En Amérique du Nord, on le trouvait jadis depuis la limite de la forêt, au nord, jusqu'à la Nouvelle-Angleterre et l'État de New York au sud ; et dans les Montagnes Rocheuses jusqu'au Colorado. Enfin, dans la Sierra Nevada, jusqu'au mont Whitney en Californie. » (Nelsen, p. 428.) Le carcajou commun se rencontrait « depuis l'océan Arctique et la baie de Baffin au nord, et du Pacifique à l'Atlantique, jusqu'à la zone frontière du nord-est des États-Unis : Wisconsin, Michigan, Minnesota, North Dakota ; et, dans les Montagnes Rocheuses jusqu'aux États de Utah et de Colorado ». (Anthony, pp. III sq.) Des espèces vraisemblablement synonymes ont été signalées dans les montagnes de Californie et à Fort Union, N. Dakota (*id.*).

et la finesse de l'observation indigène et de décrire ses méthodes : attention prolongée et répétée, exercice assidu de tous les sens, ingéniosité que ne rebute pas l'analyse méthodique des déjections des animaux pour connaître leurs habitudes alimentaires, etc. De tous ces menus détails, patiemment accumulés au cours des siècles et fidèlement transmis d'une génération à l'autre, certains seulement sont retenus pour assigner à l'animal ou à la plante une fonction signifiante dans un système. Or, il faut savoir lesquels, car, d'une société à l'autre et pour la même espèce, ces rapports ne sont pas constants.

Les Iban ou Dayak de la mer, du sud de Bornéo, tirent des présages en interprétant le chat et le vol de plusieurs espèces d'oiseaux. Le chant précipité du geai crêté (*Platylophus galericulatus* Cuvier) évoque, disent-ils, le craquement des braises et il augure donc favorablement du succès de l'écobuage ; le cri d'alarme d'un trogon (*Harpactes diardi* Temminck), comparé aux râles d'un animal égorgé, présage une bonne chasse, tandis que le cri d'alarme de *Sasia abnormis* Temmink est censé détacher comme en les raclant les mauvais esprits qui hantent les cultures, parce qu'il ressemble au raclement d'un couteau. Un autre trogon (*Harpactes duvauceli* Temminck) présage par son « rire » le succès des expéditions commerciales, et par son camail rouge brillant, il évoque le prestige qui s'attache aux guerres victorieuses et aux voyages lointains.

Il est clair que les mêmes détails auraient pu recevoir des significations différentes, et que d'autres traits caractéristiques des mêmes oiseaux auraient pu être préférés à ceux-là. Le système divinatoire choisit seulement quelques traits distinctifs, leur prête une signification arbitraire, et se limite à sept oiseaux dont le choix surprend en raison de leur insignifiance. Mais, arbitraire au niveau des termes, le système devient cohérent quand on l'envisage dans son ensemble : il retient seulement des oiseaux aux mœurs desquels on peut aisément prêter un symbolisme anthropomorphique, et faciles à différencier les uns des autres au moyen de traits combinables entre eux pour forger des messages plus complexes (Freeman). Pourtant, compte tenu de la richesse et de la diversité du matériel brut dont quelques éléments seulement, parmi tant de possibles, sont mis en œuvre par le système, on ne saurait douter qu'un nombre considérable de systèmes du même type auraient offert une cohérence égale, et qu'aucun n'est prédestiné à être choisi par toutes les sociétés et toutes les civilisations. Les termes n'ont jamais de signification intrinsèque ; leur signification est « de position », fonction de l'histoire et du contexte culturel d'une part, et d'autre part, de la structure du système où ils sont appelés à figurer.

Cette attitude sélective se manifeste déjà au niveau du vocabulaire. En navaho, le dindon sauvage est l'oiseau qui « pique du bec », le pic, lui, « martèle ». Vers, larves et insectes sont groupés sous un terme générique qui exprime le grouillement, l'éruption, l'ébullition, l'effervescence. Les insectes sont donc pensés à l'état larvaire plutôt que sous forme de chrysalide ou d'adulte. Le nom de l'alouette se rapporte à son ergot allongé, au lieu que l'anglais retient plus volontiers les plumes protubérantes de sa tête (« hornedlark »). (Reichard *1*, pp. 10-11.)

Quand il entreprit d'étudier la façon dont les Hanunóo des îles Philippines classent les couleurs, Conklin fut d'abord déconcerté par des confusions et des contradictions apparentes ; pourtant, celles-ci disparaissaient dès que l'informateur était prié de définir, non plus des échantillons isolés, mais des oppositions internes à des paires contrastées. Il y avait donc un système cohérent, mais celui-ci ne pouvait ressortir dans les termes de notre propre système, qui utilise deux axes : celui de la valeur et celui du chromatisme. Toutes les équivoques furent levées quand on comprit que le système hanunóo comporte également deux axes, mais autrement définis : il distingue les couleurs, d'une part en relativement claires et relativement foncées, d'autre part selon qu'elles sont habituelles aux plantes fraîches ou aux plantes desséchées ; les indigènes rapprochent ainsi du vert la couleur marron et luisante d'une section de bambou qui vient d'être coupé, alors que nous-mêmes la rapprocherions du rouge si nous devions la classer dans les termes de l'opposition simple entre les couleurs rouge et verte qu'on rencontre en hanunóo. (Conklin *2*.)

De la même façon, des animaux très voisins peuvent

apparaître fréquemment dans le folklore, bien qu'avec des significations différentes. Le pic et ses congénères sont dans ce cas. Si le grimpereau éveille l'intérêt des Australiens c'est, comme l'a montré Radcliffe-Brown (2), parce qu'il hante le creux des arbres ; mais les Indiens des prairies de l'Amérique du Nord prêtent attention à un tout autre détail : le pic à tête rouge est censé être protégé des oiseaux de proie parce qu'on ne trouve jamais ses vestiges. (Schoolcraft.) Un peu plus au sud, les Pawnee du haut Missouri établissent une relation (comme les anciens Romains, semble-t-il) entre le pic et la tempête et l'orage (Fleetcher 2), tandis que les Osage associent cet oiseau au soleil et aux étoiles (La Flesche). Mais, pour les Iban de Bornéo dont il a été question tout à l'heure, une variété de pic (*Blythipicus rubiginosus* Swainson) reçoit un rôle symbolique en raison de son chant « triomphal » et du caractère d'avertissement solennel attribué à son cri. Sans doute ne s'agit-il pas exactement des mêmes oiseaux, mais l'exemple permet de mieux comprendre comment des populations différentes pourraient utiliser dans leur symbolisme le même animal, en se fondant sur des caractères sans rapports entre eux : habitat, association météorologique, cri, etc. ; l'animal vivant ou l'animal mort. Encore chaque détail serait-il interprétable de différentes façons. Les Indiens du sud-ouest des États-Unis, qui vivent de l'agriculture, considèrent le corbeau surtout comme un pilleur de jardins ; tandis que les Indiens de la côte nord-ouest du Pacifique, qui sont exclusivement pêcheurs et chasseurs, voient dans le même oiseau un mangeur de charogne et partant, d'excrément. La charge sémantique de *Corvus* est différente dans les deux cas : soit végétale, soit animale ; et de rivalité avec l'homme dans la similarité, ou d'antagonisme dans une conduite inversée.

L'abeille est un animal totémique, aussi bien en Afrique qu'en Australie. Mais, chez les Nuer, il s'agit d'un totem secondaire associé au python, parce que les deux espèces ont le corps pareillement marqué. Celui qui a le python pour totem s'abstient donc de tuer les abeilles et de manger leur miel. Une association du même type existe entre fourmi rouge et cobra, parce que le nom de celui-ci signifie proprement « le brun ». (Evans-Pritchard 2, p. 68.)

Infiniment plus complexe est la position sémantique de

l'abeille chez ces tribus australiennes du Kimberley dont les langues comportent des classes nominales. Ainsi, les Ngarinyin reconnaissent trois dichotomies successives : d'abord, des choses et des êtres en animés ou inanimés ; puis, des êtres animés en rationnels et irrationnels ; enfin, des êtres rationnels en mâles et femelles. Dans les langues à six classes, la classe réservée aux objets manufacturés comprend aussi bien le miel que les pirogues, puisque l'un est « fabriqué » par les abeilles comme les autres le sont par des hommes. Il est donc compréhensible que les langues qui ont perdu des classes en viennent à grouper ensemble les animaux et les objets manufacturés. (Capell.)

Il existe des cas où l'on peut hasarder sur la logique des classifications des hypothèses vraisemblables, ou dont on sait qu'elles recoupent les interprétations indigènes. Les nations iroquois étaient organisées en clans dont le nombre et les dénominations variaient sensiblement de l'une à l'autre. Pourtant, on dégage sans trop de peine un « maître plan » qui repose sur une tripartition fondamentale en clans de l'eau (tortue, castor, anguille, bécassine, héron), clans de la terre (loup, cerf, ours) et clans de l'air (épervier, ? balle) ; mais même ainsi, on tranche arbitrairement le cas des oiseaux aquatiques, qui, comme oiseaux, pourraient appartenir à l'air plutôt qu'à l'eau, et il n'est pas certain qu'une recherche portant sur la vie économique, les techniques, les représentations mythiques et les pratiques rituelles fournirait un contexte ethnographique suffisamment riche pour décider.

L'ethnographie des Algonkin centraux, et celle de leurs voisins Winnebago, suggèrent une classification en cinq catégories correspondant respectivement à la terre, à l'eau, au monde subaquatique, au ciel atmosphérique et au ciel empyrée [1]. Les difficultés commencent quand on veut assigner une place à chaque clan. Les Menomini en comptaient une cinquantaine, qu'on serait tenté de

1. « Chez les Winnebago et d'autres tribus sioux comme chez les Algonkin centraux, on trouve une classification en cinq groupes : animaux terrestres, animaux célestes, animaux du ciel empyrée, animaux aquatiques et animaux subaquatiques. Chez les Winnebago, l'oiseau-tonnerre appartient au ciel empyrée ; l'aigle, l'épervier, le pigeon au ciel atmosphérique ; l'ours et le loup à la terre ; les poissons à l'eau ; et le génie des eaux au monde subaquatique. » (Radin *1*, p. 186.)

répartir en quadrupèdes de la terre ferme (loup, chien, cerf), quadrupèdes hantant les lieux humides (orignal, élan, martre, castor, pécan), oiseaux « terrestres » (aigles, éperviers, corbeau, corneille), oiseaux aquatiques (grue, héron, canard, poule d'eau), enfin les animaux chthoniens. Mais cette catégorie est particulièrement rebelle, puisque beaucoup des animaux à classer (ours, tortue, porc-épic) pourraient aussi être placés ailleurs. Les difficultés seraient plus grandes encore pour tous les termes restants.

L'Australie offre des problèmes du même type. Après Frazer, Durkheim et Mauss ont médité sur les classifications totales de certaines tribus comme les Wotjobaluk, qui inhument leurs morts en les orientant dans une direction particulière à chaque clan :

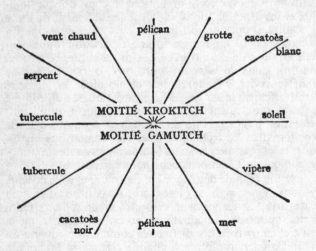

Outre que les informations sont sans doute fragmentaires, on ne peut que noter des ébauches d'organisation, qui n'offrent d'ailleurs ce caractère que pour l'observateur, puisque le contexte ethnographique — qui seul permettrait de les interpréter — fait presque entièrement défaut : le cacatoès blanc, « diurne », est voisin du soleil, et le cacatoès noir, qui lui est opposé presque diamétralement, est lui-même voisin des tubercules, végétaux « chthoniens »,

tout en étant sur le même axe que la grotte, elle aussi
« chthonienne ». Les serpents sont sur un axe, les êtres
« marins » : pélican, mer, vent chaud, semblent aussi
axialement groupés. Mais ce vent est-il de terre ou de
mer ? Nous l'ignorons, et comme cela arrive si souvent,
la réponse à un problème ethnographique se trouve entre
les mains du géographe et du météorologiste, quand ce
n'est pas entre celles du botaniste, du zoologiste ou du
géologue...

La vérité est que *le principe d'une classification ne se
postule jamais* : seule l'enquête ethnographique, c'est-à-
dire l'expérience, peut le dégager *a posteriori* [1]. L'exemple
des Osage, qui sont des Sioux méridionaux, est révélateur
parce que leurs classifications offrent un caractère systématique, au moins en apparence. Les Osage répartissent
les êtres et les choses en trois catégories, respectivement
associées au ciel (soleil, étoile, grue, corps célestes, nuit,
constellation des Pléiades, etc.), à l'eau (moule, tortue,
Typha latifolia (un jonc), brouillard, poissons, etc.), et à
la terre ferme (ours, noir et blanc ; puma, porc-épic, cerf,
aigle, etc.). La position de l'aigle serait incompréhensible,
si l'on ne connaissait le cheminement de la pensée osage
qui associe l'aigle à l'éclair, l'éclair au feu, le feu au
charbon, et le charbon à la terre : c'est donc comme l'un
des « maîtres du charbon » que l'aigle est un animal
« terrien ». De même, et sans que rien puisse le suggérer
à l'avance, le pélican joue un rôle symbolique en raison
de l'âge avancé auquel il parvient, le métal à cause de sa
dureté. Un animal dépourvu d'utilité pratique est souvent
invoqué dans les rites : la tortue à queue en dents de scie.
Son importance serait à jamais inintelligible, si l'on ne
savait par ailleurs que le chiffre 13 possède pour les Osage
une valeur mystique. Le soleil levant répand 13 rayons,
qui se répartissent en un groupe de 6 et un groupe de 7,
correspondant respectivement au côté gauche et au côté
droit, à la terre et au ciel, à l'été et à l'hiver. Or, les
indentations de la queue de cette espèce de tortue sont
réputées être au nombre de 6 ou de 7 selon les cas, la
poitrine de l'animal représente donc la voûte céleste, et la
ligne grise qui la traverse, la voie Lactée. Il ne serait pas

1. Nous reprenons ici quelques pages d'un texte destiné aux
Mélanges Alexandre Koyré.

moins difficile de prédire la fonction pan-symbolique attribuée au cerf, dont le corps est une véritable *imago-mundi* : ses poils représentent l'herbe, ses jambons les collines, ses flancs les plaines, son échine le relief, son cou les vallées, ses bois le réseau hydrographique tout entier... (La Flesche, *passim*.)

Quelques interprétations osage sont donc restituables ; la raison en est qu'on dispose à leur sujet d'une énorme documentation rassemblée par La Flesche, qui était lui-même fils d'un chef omaha et particulièrement respectueux de tous les détours de la pensée indigène. Mais les difficultés sont insurmontables dans le cas d'une tribu presque éteinte comme les Creek, jadis divisés en plus de cinquante clans totémiques et matrilinéaires, nommés surtout d'après des animaux, mais aussi d'après quelques plantes, phénomènes météorologiques (rosée, vent), géologiques (sel) ou anatomiques (poils pubiens). Ces clans étaient groupés en phratries, et les villages étaient aussi divisés en deux groupes, correspondant peut-être aux animaux terrestres et animaux aériens, bien que cela ne ressorte pas de leur désignation comme « gens d'un autre langage » et « blancs », ou comme « rouges » et « blancs ». Mais pourquoi les totems sont-ils distingués en « oncles » et en « neveux » (de même que les Hopi distinguent les totems en « frères de mère » d'une part, « père », « mère » ou « grand-mère » d'autre part [1]) ; pourquoi surtout, compte tenu de cette division, est-ce parfois l'animal le moins « important » qui occupe la position majeure, le loup étant, par exemple, l'« oncle » de l'ours, et le chat sauvage, celui du grand félin appelé « panthère » dans le sud des États-Unis ? Pourquoi le clan de l'alligator est-il associé à celui du dindon (sinon, comme il se pourrait, en leur qualité de pondeurs d'œufs) et celui du raton laveur au clan de la pomme de terre ? Dans la pensée des Creek le côté des « blancs » est celui de la paix, mais l'enquêteur obtient des explications d'un

---

1. On a suggéré une interprétation d'une distinction analogue dans une tribu africaine : « Dieu est le père des esprits de l'air les plus importants, et les esprits mineurs sont dits être les enfants de ses fils, donc de sa lignée. Des esprits totémiques, on dit souvent qu'ils sont les enfants de ses filles, donc étrangers à sa lignée, ce qui, pour les Nuer, est une façon de les placer plus bas encore dans la hiérarchie des forces spirituelles. » (Evans-Pritchard 2, p. 119.)

vague désespérant : le vent (nom d'un clan « blanc ») apporte le beau temps, c'est-à-dire le temps « paisible » ; l'ours et le loup sont des animaux toujours attentifs, et donc portés aux œuvres pacifiques, etc. (Swanton *1*.)

Les difficultés illustrées par ces exemples sont de deux types, extrinsèques ou intrinsèques. Les premières résultent de l'ignorance où nous sommes au sujet des observations — réelles ou imaginaires —, des faits, ou des principes, qui inspirent les classifications. Les indiens Tlingit disent que le ver de bois est « propre et malin », et que la loutre terrestre « a horreur de l'odeur des déjections humaines ». (Laguna, pp. 177, 188.) Les Hopi croient que les hiboux exercent une influence favorable sur les pêchers (Stephen, pp. 78, 91, 109 ; Voth *1*, p. 37 n.). Si ces attributs entraient en ligne de compte pour assigner à ces animaux une place dans une classification des êtres et des choses, on pourrait chercher indéfiniment la clé, à moins que la chance ne fournisse ces menues mais précieuses indications. Les indiens Ojibwa de l'île Parry possèdent, entre autres « totems », l'aigle et l'écureuil. Heureusement, une glose indigène explique que ces animaux interviennent comme symbole des arbres qu'ils fréquentent respectivement : le sapin-ciguë *(Tsuga canadensis)* et le cèdre *(Thuja occidentalis)*. (Jenness *2*.) L'intérêt des Ojibwa pour l'écureuil est donc, en fait, un intérêt dirigé sur un arbre ; il est sans rapport avec celui que les Asmat de Nouvelle-Guinée prodiguent, eux aussi, à l'écureuil mais pour des raisons différentes :

> « Les perroquets et les écureuils sont de grands mangeurs de fruits... et les hommes qui vont à la chasse aux têtes se sentent proches d'eux et les appellent leurs frères... [en raison du] parallélisme entre le corps humain et un arbre, entre la tête humaine et son fruit. » (Zegwaard, p. 1034.)

Le même écureuil est prohibé aux femmes enceintes par les Fang du Gabon, en vertu de considérations d'un autre ordre : cet animal se réfugie dans les cavités des troncs d'arbre et la future mère, qui consommerait sa chair, risquerait que le fœtus n'imite l'animal et refuse d'évacuer l'utérus [1]. Le même raisonnement s'appliquerait assez

---

1. Et pas seulement l'écureuil : « Le danger le plus redoutable qui menace les femmes enceintes provient des animaux qui vivent ou qu'on capture dans les trous (que ce soit dans les arbres ou dans la

bien aux belettes et blaireaux, qui vivent dans des terriers ; pourtant, les indiens Hopi suivent une ligne de réflexion inverse : ils tiennent la viande de ces animaux pour favorable à l'accouchement, à cause de leur aptitude à se creuser dans le sol une voie pour s'échapper quand ils sont poursuivis par le chasseur : ils aident donc l'enfant à « descendre vite » ; en conséquence de quoi on peut aussi les invoquer pour que la pluie tombe. (Voth *1*, p. 34 n.)

Une incantation rituelle des Osage associe de façon énigmatique une fleur *(Lacinaria pycnostachy)* dite en anglais « blazing star », une plante alimentaire : le maïs, et un mammifère : le bison. (La Flesche *2*, p. 279.) Les raisons de cette association seraient incompréhensibles, si une autre source ne révélait indépendamment que les Omaha, proches parents des Osage, chassaient le bison pendant l'été, jusqu'à ce que « blazing star » fleurisse dans les plaines ; ils savaient alors que le maïs était mûr, et retournaient au village pour la moisson. (Fortune *1*, pp. 18-19.)

Les difficultés intrinsèques sont d'une autre nature. Elles ne proviennent pas de notre ignorance des caractères objectivement retenus par la pensée indigène, pour établir une connexion entre deux ou plusieurs termes, mais de la nature polyvalente de logiques qui font simultanément appel à plusieurs types formels de liaisons. Les Luapula de la Rhodésie septentrionale illustrent bien cet aspect. Leurs clans, qui portent des noms animaux, végétaux, ou d'objets manufacturés, ne sont pas « totémiques » au sens habituellement donné à ce terme ; mais, comme chez les Bemba et les Ambo, des rapports de plaisanterie les unissent deux à deux en fonction d'une logique qui, du point de vue où nous nous plaçons, présente le même intérêt. En effet, nous avons montré dans un précédent travail, et nous continuons d'établir ici, que le prétendu totémisme n'est qu'un cas particulier du problème général

---

terre). On peut parler à ce sujet d'une véritable *horror vacui*. Si la femme mangeait un animal de ce type, l'enfant pourrait lui, aussi, rester dans son trou, "dans le ventre", et on devrait s'attendre à un accouchement difficile. De même, pendant cette période, les parents ne doivent pas chercher à retirer des nids d'oiseau du creux des arbres, et un de mes employés, qui avait rendu une femme enceinte, refusa catégoriquement de me confectionner un modèle de miche de manioc, sous le prétexte qu'elle était creuse. » (Tessmann, p. 71.)

des classifications, et un exemple parmi d'autres du rôle fréquemment attribué aux termes spécifiques, pour élaborer une classification sociale.

Sont en relation de plaisanterie chez les Luapula les clans suivants : léopard et chèvre, parce que l'un mange l'autre ; champignon et termitière, parce que l'un pousse sur l'autre ; bouillie et chèvre, parce qu'on préfère manger la bouillie accompagnée de viande ; éléphant et argile, parce que jadis les femmes, au lieu de façonner les pots, découpaient dans le sol les empreintes de pieds d'éléphants, et utilisaient ces formes naturelles en guise de récipients ; la termitière, et le serpent ou l'herbe, parce que l'herbe y pousse bien et que les serpents s'y cachent ; le fer et tous les clans « animaux », parce qu'il les tue. Des raisonnements du même type permettent de définir une hiérarchie des clans : le léopard est supérieur à la chèvre, le fer aux animaux, et la pluie au fer, car elle rouille ; d'ailleurs, le clan de la pluie est supérieur à tous les autres, car, sans pluie, les animaux mourraient de faim et de soif ; il serait impossible de faire de la bouillie (nom de clan), de la poterie (nom de clan), etc. (Cunnison.)

Les Navaho justifient par un grand nombre de considérations différentes la valeur et les modalités d'emploi de leurs simples : la plante pousse à côté d'une plante médicinale plus importante ; une de ses parties ressemble à une partie du corps humain ; l'odeur de la plante est « comme il faut » (ou le toucher, ou la saveur) ; la plante colore l'eau « comme il faut » ; la plante est associée à un animal (comme sa nourriture, ou par contact, ou par communauté d'habitat) ; elle a été révélée par les dieux ; quelqu'un en a enseigné l'usage ; on l'a cueillie près d'un arbre foudroyé ; elle guérit une certaine maladie, donc elle est bonne aussi pour une maladie analogue ou affectant le même organe, etc. (Vestal, p. 58.) Dans les noms des plantes de Hanunóo, les termes différentiels se réfèrent aux domaines suivants : forme de la feuille, couleur, habitat, taille, dimension, sexe, type de croissance, hôte habituel, époque de croissance, saveur, odeur. (Conklin *1*, p. 131.)

Ces exemples complètent ceux qui précèdent en montrant que de telles logiques travaillent simultanément sur plusieurs axes. Les relations qu'elles posent entre les termes sont, le plus souvent, fondées sur la contiguïté (serpent et termitière, chez les Luapula, comme aussi chez les Toreya de l'Inde du Sud [1]) ou sur la ressemblance (fourmi rouge et cobra, pareils par la « couleur » selon les Nuer). De ce point de vue elles ne se distinguent pas formellement des autres taxinomies, même modernes, où contiguïté et ressemblance jouent toujours un rôle fondamental : la contiguïté, pour repérer des choses qui, « d'un point de vue structural aussi bien que fonctionnel, relèvent... du même système » ; et la ressemblance, qui n'exige pas la participation à un système et se fonde seulement sur la possession commune d'un ou de plusieurs caractères, par des choses qui sont toutes « ou jaunes, ou lisses, ou ailées, ou encore hautes de dix pieds ». (Simpson, pp. 3-4.)

Mais dans les exemples que nous avons examinés, d'autres types de relations interviennent. Les relations peuvent être, en effet, sensibles (marques corporelles de l'abeille et du python) ou intelligibles (fonction fabricatrice, comme trait commun à l'abeille et au charpentier) : le même animal, l'abeille, fonctionne, si l'on peut dire, dans deux cultures à des niveaux d'abstraction différents. La relation peut être également proche ou lointaine, synchronique ou diachronique (rapport entre écureuil et cèdre d'une part, et d'autre part, entre potière et empreinte de l'éléphant), statique (bouillie et chèvre) ou dynamique (le fer tue les animaux, la pluie « tue » le fer ; la floraison d'une plante signifie qu'il est temps de retourner au village), etc.

Il est probable que le nombre, la nature et la « qualité » de ces axes logiques ne sont pas les mêmes selon les cultures, et qu'on pourrait classer celles-ci en plus riches et en plus pauvres, d'après les propriétés formelles des systèmes de référence auxquels elles font appel, pour édifier leurs structures de classification. Mais, même les moins douées sous ce rapport opèrent avec des logiques à plusieurs dimensions, dont l'inventaire, l'analyse et l'interprétation exigeraient une richesse d'informations ethnographiques et générales qui font trop souvent défaut.

---

1. « Les membres du clan du serpent rendent un culte aux fourmilières... parce qu'elles servent de demeure aux serpents. » (Thurston, vol. VII, p. 176.) De même en Nouvelle-Guinée : « Certains types de plantes, ainsi que leurs parasites animaux et végétaux, sont censés appartenir au même ensemble mythique et totémique. » (Wirz, vol. II, p. 21.)

*
* *

Jusqu'à présent, nous avons évoqué deux types de difficultés propres aux logiques « totémiques ». D'abord, nous ignorons le plus souvent de quelles plantes ou de quels animaux il est exactement question ; nous avons vu, en effet, qu'une identification vague ne suffit pas, car les observations indigènes sont si précises et si nuancées que la place attribuée à chaque terme dans le système tient souvent à un détail morphologique ou à un comportement, définissable seulement au niveau de la variété ou de la sous-variété. Les Eskimo de Dorset sculptaient des effigies d'animaux dans des parcelles d'ivoire grosses comme des têtes d'allumettes, avec une exactitude telle qu'en les examinant au microscope les zoologistes distinguent les variétés d'une même espèce : par exemple, le plongeon commun et le plongeon à gorge rouge. (Carpenter.)

En second lieu, chaque espèce, variété ou sous-variété, est apte à remplir un nombre considérable de fonctions différentes dans des systèmes symboliques, où certaines fonctions seulement leur sont effectivement assignées. La gamme de ces possibilités nous est inconnue, et pour déterminer les choix, il faut se référer non seulement à l'ensemble des données ethnographiques, mais aussi à des informations provenant d'autres sources : zoologique, botanique, géographique, etc. Quand les informations sont suffisantes — ce qui est rarement le cas — on constate que des cultures, même voisines, construisent des systèmes entièrement différents avec des éléments qui semblent superficiellement identiques ou très proches. Si les populations de l'Amérique du Nord peuvent considérer le soleil, selon les cas, comme un « père » et un bienfaiteur, ou comme un monstre cannibale avide de chair et de sang humains, à quelle diversité d'interprétations ne faut-il pas s'attendre, quand il s'agit d'êtres aussi particuliers qu'une sous-variété de plante ou d'oiseau ?

Comme exemple de récurrence d'une structure d'opposition très simple, mais avec inversion des charges sémantiques, on comparera le symbolisme des couleurs chez les Luvale de Rhodésie et dans certaines tribus australiennes du nord-est de la province méridionale où les membres de la moitié matrilinéaire du défunt se peignent à l'ocre rouge et approchent le cadavre, tandis que ceux de l'autre moitié se peignent avec de l'argile blanche et se tiennent à l'écart. Les Luvale utilisent aussi des terres rouge et blanche, mais chez eux, l'argile et la farine blanches servent pour les offrandes destinées aux esprits ancestraux ; on y substitue l'argile rouge à l'occasion des rites de puberté, parce que c'est la couleur de la vie et de la procréation. (C.M.N. White *1,* pp. 46-47)[1]. Si donc, dans les deux cas, le blanc correspond à la situation « non marquée », le rouge — pôle chromatique de l'opposition — est associé soit à la mort, soit à la vie. Toujours en Australie, dans le district de Forrest River, les membres de la génération du défunt se peignent en blanc et noir et se tiennent éloignés du cadavre, tandis que ceux des autres générations ne se peignent pas, et approchent le cadavre. A charge sémantique égale, par conséquent, l'opposition : blanc/ rouge est remplacée par une opposition : blanc + noir/0. Au lieu que, comme dans le cas précédent, les valeurs du blanc et du rouge soient inversées, la valeur du blanc (ici associé au noir, couleur non chromatique) reste constante, et c'est le contenu du pôle opposé qui s'inverse, passant du rouge, « super-couleur », à l'absence totale de couleur. Enfin, une autre tribu australienne, les Bard, construisent leur symbolisme au moyen de l'opposition : noir/rouge. Le noir est la couleur de deuil pour les générations de rang pair (grand-père, Ego, petit-fils), le rouge, pour les générations de rang impair (pères, fils) (Elkin *4,* pp. 298-299), c'est-à-dire celles auxquelles n'est pas assimilée la génération du sujet. Une opposition entre deux termes inégalement marqués : mort et vie chez les Luvale, « sa » mort et « ma » mort en Australie, s'exprime donc par des paires d'éléments extraits d'une même chaîne symbolique : absence de couleur, noir, blanc, noir + blanc, rouge (comme présence suprême de couleur), etc.

Or, on retrouve chez les indiens Fox la même opposition fondamentale, mais transposée de l'ordre des couleurs à celui des sonorités : pendant que la cérémonie d'inhumation se déroule, « ceux qui enterrent le mort parlent entre eux, mais les autres ne disent pas mot ». (Michelson *1,*

---

1. Comme en Chine où le blanc est la couleur du deuil, le rouge celle du mariage.

p. 411.) L'opposition entre parole et mutisme, bruit et silence, correspond donc à celle entre couleur et absence de couleur, ou entre deux chromatismes d'inégal degré. Ces observations nous semblent faire justice de toutes les théories qui invoquent des « archétypes » ou un « inconscient collectif » ; seules les formes peuvent être communes, mais non les contenus. S'il existe des contenus communs, la raison doit en être cherchée soit du côté des propriétés objectives de certains êtres naturels ou artificiels, soit du côté de la diffusion et de l'emprunt, c'est-à-dire, dans les deux cas, hors de l'esprit.

Une autre difficulté tient à la complication naturelle des logiques concrètes, pour qui le fait de la liaison est plus essentiel que la nature des liaisons ; sur le plan formel, elles font, si l'on peut dire, flèche de tout bois. Il s'ensuit que, devant deux termes donnés en connexion, nous ne pouvons jamais postuler la nature formelle de celle-ci. Comme les termes, les relations entre les termes doivent être approchées indirectement et, en quelque sorte, par la bande. La linguistique structurale retrouve aujourd'hui cette difficulté, bien que sur un terrain différent, parce qu'elle aussi se fonde sur une logique qualitative : elle saisit des couples d'oppositions formés de phonèmes, mais l'esprit de chaque opposition demeure largement hypothétique ; au stade préliminaire, il est difficile, pour les définir, d'éviter un certain impressionnisme, et plusieurs solutions du même problème restent longtemps possibles. Une des difficultés majeures de la linguistique structurale, et qu'elle n'a encore qu'imparfaitement surmontée, tient à ce que la réduction qu'elle accomplit grâce à la notion d'opposition binaire doit être payée par une diversité de nature, insidieusement reconstituée au profit de chaque opposition : diminué sur un plan, le nombre des dimensions se rétablit sur un autre. Il se pourrait, cependant, qu'au lieu d'une difficulté de méthode nous ayons là une limite inhérente à la nature de certaines opérations intellectuelles, dont la faiblesse, en même temps que la force, seraient de pouvoir être logiques tout en restant enracinées dans la qualité.

*
* *

Il faut envisager séparément un dernier type de difficulté qui concerne plus particulièrement les classifications dites « totémiques » au sens large, c'est-à-dire celles qui sont non seulement conçues, mais vécues. Chaque fois que des groupes sociaux sont dénommés, le système conceptuel formé par ces dénominations est comme livré aux caprices d'une évolution démographique qui possède ses lois propres, mais qui est contingente par rapport à lui. En effet, le système est donné dans la synchronie, tandis que l'évolution démographique se déroule dans la diachronie ; soit deux déterminismes dont chacun opère pour son compte et sans se soucier de l'autre.

Ce conflit entre synchronie et diachronie existe aussi sur le plan linguistique : il est probable que les caractères structuraux d'une langue changeront si la population qui l'utilise, jadis très vaste, devient progressivement plus petite ; et il est clair qu'une langue disparaît avec les hommes qui la parlent. Néanmoins, le lien entre synchronie et diachronie n'est pas rigide, d'abord parce qu'en gros tous les sujets parlants se valent (formule qui deviendrait vite fausse si l'on s'avisait de préciser des cas d'espèce), ensuite et surtout, parce que la structure de la langue est relativement protégée par sa fonction pratique, qui est d'assurer la communication : la langue n'est donc sensible à l'influence des changements démographiques que dans certaines limites, et pour autant que sa fonction n'est pas compromise. Mais les systèmes conceptuels que nous étudions ici ne sont pas (ou ne sont que subsidiairement) des moyens de communiquer ; ce sont des moyens de penser, activité dont les conditions sont beaucoup moins strictes. On se fait ou non comprendre ; mais on pense plus ou moins bien. L'ordre de la pensée comporte des degrés, et un moyen de penser peut dégénérer insensiblement en moyen de se souvenir. Cela explique que les structures synchroniques des systèmes dits totémiques soient extrêmement vulnérables aux effets de la diachronie : un moyen mnémotechnique opère à moindres frais qu'un moyen spéculatif, qui est lui-même moins exigeant qu'un moyen de communication.

Illustrons ce point par un exemple à peine imaginaire. Soit une tribu jadis divisée en trois clans portant chacun le nom d'un animal, symbolique d'un élément naturel :

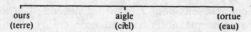

ours   aigle   tortue
(terre)   (ciel)   (eau)

et supposons que l'évolution démographique a provoqué l'extinction du clan de l'ours et la prolifération de celui de la tortue, lequel s'est, en conséquence, scindé en deux sous-clans qui ont ultérieurement accédé au statut de clan. La structure ancienne disparaîtra complètement, et fera place à une structure du type :

aigle

tortue jaune   tortue grise

En l'absence d'autre information, il sera vain de rechercher le plan initial derrière cette nouvelle structure ; et il est même possible que tout plan, consciemment ou inconsciemment perçu, ait complètement disparu de la pensée indigène, et qu'après ce bouleversement les trois noms de clan ne survivent que comme des étiquettes traditionnellement acceptées, dépourvues de signification sur le plan cosmologique. Cette issue est probablement très fréquente, et elle explique qu'un système sous-jacent puisse être parfois postulé en droit, bien qu'il soit impossible de le restituer en fait. Mais souvent aussi, les choses se passeront autrement.

Dans une première hypothèse, le système initial pourra survivre, sous la forme mutilée d'une opposition binaire entre ciel et eau. Une autre solution résulterait du fait qu'il y avait trois termes au début, et que trois termes subsistent à la fin ; pourtant, les trois premiers termes exprimaient une tripartition irréductible, tandis que les trois autres résultent de deux dichotomies successives, d'abord entre ciel et eau, ensuite entre jaune et gris. Que cette opposition de couleurs reçoive un sens symbolique, par exemple sous le rapport du jour et de la nuit, et nous aurons, non plus une, mais deux oppositions binaires : ciel/eau, et : jour/nuit, c'est-à-dire un système à quatre termes.

On voit donc que l'évolution démographique peut faire éclater la structure, mais que, si l'orientation structurale résiste au choc, elle dispose, à chaque bouleversement, de plusieurs moyens pour rétablir un système, sinon identique au système antérieur, au moins formellement du même type. Or, ce n'est pas tout ; car nous n'avons considéré jusqu'à présent qu'une dimension du système, et celui-ci en a toujours plusieurs, qui ne sont pas également vulnérables aux changements démographiques. Reprenons l'exemple au début. Quand notre société théorique était au stade des trois éléments, cette tripartition ne fonctionnait pas seulement sur le plan des appellations claniques : le système reposait sur des mythes de création et d'origine, et il imprégnait tout le rituel. Même si la base démographique s'effondre, ce bouleversement ne se répercute pas instantanément sur tous les plans. Les mythes et les rites changeront, mais avec un certain retard, et comme s'ils étaient doués d'une rémanence qui préserverait en eux, pendant un temps, tout ou partie de l'orientation primitive. Celle-ci demeurera donc, à travers eux, indirectement agissante pour maintenir les nouvelles solutions structurales dans la ligne approximative de la structure antérieure. A supposer un moment initial (dont la notion est toute théorique) où l'ensemble des systèmes ait été exactement ajusté, cet ensemble réagira à tout changement affectant d'abord une de ses parties comme une machine à « feed-back » : asservie (dans les deux sens du terme) par son harmonie antérieure, elle orientera l'organe déréglé dans le sens d'un équilibre qui sera, à tout le moins, un compromis entre l'état ancien et le désordre introduit du dehors.

Qu'elles correspondent ou non à la réalité historique, les traditions légendaires des Osage montrent que la pensée indigène a pu elle-même envisager des interprétations de ce type, fondées sur l'hypothèse d'une régulation structurale du devenir historique. Quand les ancêtres émergèrent des profondeurs de la terre, ils étaient, dit-on, divisés en deux groupes, l'un pacifique, végétarien, et associé au côté gauche, l'autre belliqueux, carnivore, et associé au côté droit. Les deux groupes résolurent de s'allier et d'échanger leurs nourritures respectives. Au cours de leurs migrations, ces groupes en rencontrèrent un autre, féroce et qui se nourrissait exclusivement de charogne, avec lequel ils parvinrent à s'unir. Chacun des trois groupes comprenait primitivement 7 clans, ce qui donnait un total de 21. En dépit de cette symétrie tripartite, le système était déséquilibré, puisque les nouveaux venus appartenaient aussi au côté de la guerre et qu'il y avait 14 clans d'un côté, 7 de l'autre. Pour remédier à cet inconvénient et respecter l'équilibre entre côté de la guerre et côté de la paix, on réduisit le nombre des clans d'un des groupes guerriers à 5, et celui de l'autre à 2. Depuis lors, les campements osage, de forme circulaire et dont l'entrée s'ouvre à l'est, comprennent 7 clans de la paix qui occupent la moitié nord, à gauche de l'entrée, et 7 clans de la guerre occupant la moitié sud, à droite de l'entrée. (J.O. Dorsey *1, 2.*) La légende invoque ainsi un double devenir : l'un, purement structural, qui passe d'un système dualiste à un système tripartite, avec retour au dualisme antérieur ; l'autre, à la fois structural et historique, qui consiste dans l'annulation d'un bouleversement de la structure primitive, résultant d'événements historiques ou conçus comme tels : migrations, guerre, alliance. Or, l'organisation sociale des Osage, telle qu'elle a pu être observée au XIXᵉ siècle, intégrait en fait les deux aspects : bien que comportant le même nombre de clans, le côté de la paix et celui de la guerre étaient en déséquilibre, puisque l'un était purement « ciel » tandis que l'autre, dit aussi « de la terre », comprenait deux groupes de clans respectivement associés à la terre ferme et à l'eau. Le système était donc simultanément historique et structural ; binaire et ternaire ; symétrique et asymétrique ; stable et en porte-à-faux...

Devant une difficulté du même type, nos contemporains réagissent tout autrement. A preuve ce constat de désaccord sur lequel s'achève un récent colloque :

« M. Bertrand DE JOUVENEL. — M. Priouret, voulez-vous conclure en quelques mots ?

« M. Roger PRIOURET. — Il me semble que nous nous sommes trouvés, en fait, devant deux thèses tout à fait opposées.

« Raymond Aron reprend la thèse d'André Siegfried. Pour André Siegfried, il y avait deux attitudes politiques fondamentales de la France. Notre pays est tantôt bonapartiste et tantôt orléaniste. Bonapartiste, c'est-à-dire acceptant le pouvoir personnel et le souhaitant même. Orléaniste, c'est-à-dire s'en remettant aux députés du soin de gérer les affaires publiques. Devant chaque crise, une défaite comme celle de 1871 ou une guerre qui se prolonge comme celle d'Algérie, la France change d'attitude, c'est-à-dire passe du bonapartisme à l'orléanisme comme en 1871, ou de l'orléanisme au bonapartisme comme le 13 mai 1958.

« Personnellement, au contraire, je pense que le changement actuel, sans être totalement indépendant de ces constantes du tempérament politique français, est lié aux bouleversements que l'industrialisation apporte dans la société. C'est un autre rapprochement historique qui me vient à l'esprit. A la première révolution industrielle correspond le coup d'État du 2 décembre 1851, à la seconde le coup d'État du 13 mai 1958. En d'autres termes, un bouleversement des conditions de la production et de la consommation paraît inconciliable dans l'histoire avec le régime parlementaire et amène notre pays vers la forme du pouvoir autoritaire qui correspond à son tempérament, c'est-à-dire au pouvoir personnel. » (SEDEIS, p. 20.)

Il est probable qu'aux Osage ces deux types d'opposition (l'une synchronique, l'autre diachronique) auraient servi de point de départ ; au lieu de prétendre choisir entre elles, ils les auraient admises sur le même pied, tout en cherchant à élaborer un schème unique leur permettant d'intégrer le point de vue de la structure et celui de l'événement.

Des considérations du même genre pourraient sans doute expliquer, de façon assez satisfaisante pour l'esprit, le curieux dosage de divergences et d'homologies qui caractérise la structure sociale des cinq nations iroquois, et, à plus vaste échelle historique et géographique, les ressemblances et les différences dont témoignent les Algonkin de l'est des États-Unis. Dans les sociétés à clans unilinéaires et exogamiques, le système des appellations claniques est presque toujours à mi-chemin entre l'ordre et le désordre ; ce que seule pourrait expliquer, semble-t-il, l'action conjuguée de deux tendances : l'une, d'origine démographique, qui pousse à la désorganisation, l'autre, d'inspiration spéculative, qui pousse à la réorganisation dans une ligne aussi proche que possible de l'état antérieur.

Le phénomène ressort bien de l'exemple des indiens Pueblo, dont les villages offrent autant de variations sociologiques autour d'un thème dont on soupçonne qu'il pourrait être le même pour tous. En compilant les informations relatives aux pueblo Hopi, Zuni, Keres et Tanoan, Kroeber a jadis cru pouvoir démontrer « qu'un schème unique et précis règne sur l'organisation sociale de tous les Pueblo », bien que chaque village n'en offre qu'une illustration partielle et déformée. Ce schème consisterait en une structure à 12 paires de clans : serpent à sonnettes-panthère ; cerf-antilope ; courge-grue ; nuage-maïs ; lézard-terre ; lapin-tabac ; « moutarde sauvage » *(Stanleya)*-coq de brousse ; katchina (corbeau-perroquet ; pin-peuplier) ; bois à brûler-coyote ; un groupe de 4 clans (flèche-soleil ; aigle-dindon) ; blaireau-ours ; turquoise-coquillage ou corail. (Kroeber *1,* pp. 137-140.)

Cette ingénieuse tentative pour restituer un « maître plan » a été critiquée par Eggan sur la base d'informations plus nombreuses et moins ambiguës que celles dont pouvait disposer Kroeber en 1915-16, date à laquelle remontent ses observations. Mais on pourrait opposer à Kroeber un autre argument, d'ordre préjudiciel : comment un maître plan aurait-il pu survivre aux évolutions démographiques divergentes de chaque village ? En nous tenant aux informations publiées par Kroeber lui-même, comparons la distribution des clans à Zuni (1 650 habitants en 1915) et dans deux villages hopi de la première mesa, dont l'auteur a multiplié le chiffre de population par 5 (résultat : 1 610) afin de rendre la confrontation plus aisée :

	Zuni	Hopi (Walpi et Sichumovi)
Soleil, aigle, dindon	520	90
Cornouiller	430	55
Maïs, grenouille	195	225
Belette, ours	195	160
Grue	100	néant
Coyote	75	80
Moutarde, coq de brousse	60	255
Tabac	45	185
Cerf, antilope	20	295
Serpent à sonnettes	néant	120
Lézard, terre	néant	145
(clan inconnu)	10	néant
Total	1 650	1 610

Si on trace la courbe de distribution des clans zuni en les plaçant en ordre démographique décroissant, et qu'on superpose la courbe des clans hopi de la première mesa, on constate que les évolutions démographiques sont divergentes et que la comparaison ne devrait théoriquement pas permettre de restituer un plan communal (fig. 3).

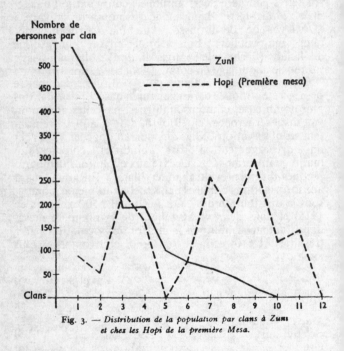

Fig. 3. — *Distribution de la population par clans à Zuni et chez les Hopi de la première Mesa.*

Dans ces conditions, et même en admettant que la restitution de Kroeber fasse violence à l'expérience sur certains points, il n'en est pas moins remarquable que tant d'éléments communs et de liaisons systématiques subsistent dans les différentes organisations locales, ce qui suppose, sur le plan spéculatif, une rigueur, une ténacité, une fidélité aux distinctions et aux oppositions, dont, sur le plan pratique, un botaniste a recueilli des preuves aussi convaincantes.

« Au Mexique, j'ai travaillé surtout avec des paysans d'extraction complètement ou partiellement européenne. Même ceux qui avaient l'aspect d'indigènes préféraient parler espagnol, et ils ne se considéraient pas comme des Indiens. J'ai retrouvé le même genre de population au Guatemala, mais là, j'ai travaillé aussi avec des Indiens qui avaient conservé leur ancienne langue et leur culture traditionnelle, et à ma grande surprise, j'ai constaté que leurs plantations de maïs étaient, quant au type, sélectionnées de façon bien plus stricte que ce n'était le cas chez leurs voisins de langue espagnole. Leurs plantations étaient restées aussi authentiques que le furent, aux États-Unis, les plantations de maïs à la grande époque des concours agricoles, quand les fermiers s'appliquaient, avec les plus subtils raffinements, à maintenir une uniformité qui comptait beaucoup dans la compétition. Le fait était remarquable, en raison de l'extrême variabilité du maïs guatémaltèque en général, et de la facilité avec laquelle le maïs s'hybridise : il suffit qu'un peu de pollen soit transporté par le vent d'une plantation à l'autre, et toute la récolte est métissée. Seuls un choix méticuleux des épis de semence et l'arrachage des plants déviants peuvent permettre de conserver une variété pure dans de telles conditions. Et pourtant, au Mexique, au Guatemala, et dans notre propre Sud-Ouest, la situation est claire : c'est là où les vieilles cultures indiennes ont le mieux résisté que le maïs est demeuré le plus homogène dans les limites de la variété.

« Bien plus tard, j'ai cultivé une collection de graines de maïs, obtenue chez un peuple encore plus primitif : les Naga de l'Assam, que certains ethnologues décrivent comme étant encore à l'âge de pierre pour tout ce qui concerne la vie quotidienne. Chaque tribu cultive plusieurs variétés de maïs qui diffèrent les unes des autres de façon tranchée ; et pourtant, au sein de chaque variété, il n'y a presque pas de différences d'un plant à l'autre. Bien plus, certaines variétés, parmi les plus originales, étaient cultivées non seulement par des familles différentes, mais par des tribus différentes, et dans des régions également différentes. Il fallait un attachement fanatique à un type idéal pour conserver ces variétés si pures, alors qu'elles étaient transmises ou acquises de famille à famille, de tribu à tribu. Il semble donc inexact de prétendre, comme on l'a fait si souvent, que les variétés les plus instables se rencontrent chez les peuples les plus primitifs. C'est exactement le contraire. Car ce sont surtout les indigènes fréquemment visités, ceux qui vivent près des grandes voies de communication et des villes et dont la culture traditionnelle s'est le plus gravement détériorée, qui sont à l'origine de la croyance que les peuples primitifs sont des horticulteurs négligents. » (Anderson, pp. 218-219.)

Anderson illustre ici de façon saisissante ce souci des écarts différentiels, qui imprègne l'activité empirique aussi bien que spéculative de ceux que nous appelons primitifs. Par son caractère formel et par la « prise » qu'il exerce sur toute espèce de contenus, ce souci explique que les institutions indigènes puissent, bien qu'emportées elles aussi dans un flux de temporalité, se maintenir à distance constante de la contingence historique et de l'immutabilité d'un plan, et naviguer, si l'on peut dire, dans un courant d'intelligibilité. Toujours à distance raisonnable de Charybde et de Scylla : diachronie et synchronie, événement et structure, esthétique et logique, leur nature n'a pu qu'échapper à ceux qui prétendaient la définir seulement par un aspect. Entre l'absurdité foncière des pratiques et des croyances primitives, proclamée par Frazer, et leur validation spécieuse par les évidences d'un prétendu sens commun, invoqué par Malinowski, il y a place pour toute une science et pour toute une philosophie.

CHAPITRE III

LES SYSTÈMES
DE TRANSFORMATIONS

Comme on vient de le voir, les logiques pratico-théoriques qui régissent la vie et la pensée des sociétés appelées primitives sont mues par l'exigence d'écarts différentiels. Cette exigence, déjà manifeste dans les mythes fondateurs des institutions totémiques (Lévi-Strauss *6,* pp. 27-28 et 36-37), apparaît aussi sur le plan de l'activité technique, avide de résultats marqués au sceau de la permanence et de la discontinuité. Or, ce qui importe aussi bien sur le plan spéculatif que sur le plan pratique, c'est l'évidence des écarts, beaucoup plus que leur contenu ; ils forment, dès qu'ils existent, un système utilisable à la manière d'une grille qu'on applique, pour le déchiffrer, sur un texte auquel son inintelligibilité première donne l'apparence d'un flux indistinct, et dans lequel la grille permet d'introduire des coupures et des contrastes, c'est-à-dire les conditions formelles d'un message signifiant. L'exemple théorique que nous avons discuté au chapitre précédent montre comment un système quelconque d'écarts différentiels — dès lors qu'il offre le caractère de système — permet d'organiser une matière sociologique travaillée par l'évolution historique et démographique, et qui consiste donc en une série théoriquement illimitée de contenus différents.

Le principe logique est de toujours *pouvoir opposer* des termes, qu'un appauvrissement préalable de la totalité empirique permet de concevoir comme distincts. *Comment opposer* est, par rapport à cette exigence première, une question importante, mais dont la considération vient après. Autrement dit, les systèmes de dénomination et de

classement, communément appelés totémiques, tirent leur
valeur opératoire de leur caractère formel : ce sont des
codes, aptes à véhiculer des messages transposables dans
les termes d'autres codes, et à exprimer dans leur système
propre les messages reçus par le canal de codes différents.
L'erreur des ethnologues classiques a été de vouloir réifier
cette forme, de la lier à un contenu déterminé, alors qu'elle
se présente à l'observateur comme une méthode pour
assimiler toute espèce de contenu. Loin d'être une institution autonome, définissable par des caractères intrinsèques, le totémisme ou prétendu tel correspond à certaines
modalités arbitrairement isolées d'un système formel,
dont la fonction est de garantir la convertibilité idéale des
différents niveaux de la réalité sociale. Comme Durkheim
semble l'avoir parfois entrevu, c'est dans une « sociologique » que réside le fondement de la sociologie. (Lévi-
Strauss *4*, p. 36 ; *6*, p. 137.)

Dans le second volume de *Totemism and Exogamy*,
Frazer s'est particulièrement intéressé à des formes simples de croyances totémiques, observées en Mélanésie par
Codrington et par Rivers. Il a cru reconnaître en elles des
formes primitives, qui seraient à l'origine du totémisme
conceptionnel australien d'où, selon lui, dérouleraient
tous les autres types. Aux Nouvelles-Hébrides (Aurora)
et dans les îles Banks (Mota), certains individus pensent
que leur existence est liée à celle d'une plante, d'un animal,
ou d'un objet, appelés *atai* ou *tamaniu* dans les îles Banks,
et *nunu* à Aurora ; le sens de *nunu*, peut-être aussi de
atai, est approximativement celui d'âme (fig. 4).

D'après Codrington, un indigène de Mota découvre
son *tamaniu* par une vision, ou à l'aide de techniques
divinatoires. Mais, à Aurora, c'est la future mère qui
s'imagine qu'une noix de coco, un fruit d'arbre à pain,
ou quelque autre objet, est lié mystérieusement à l'enfant
qui en serait une sorte d'écho. Rivers a retrouvé les mêmes
croyances à Mota, où beaucoup de personnes observent
des prohibitions alimentaires parce que chacune pense
être un animal ou un fruit, trouvé ou remarqué par sa
mère pendant qu'elle était enceinte. Dans un tel cas, la
femme rapporte la plante, le fruit ou l'animal au village
où elle s'informe du sens de l'incident. On lui explique
qu'elle donnera naissance à un enfant qui ressemblera à
la chose, ou sera cette chose même. Elle replace alors

celle-ci à l'endroit où elle l'a trouvée, et, s'il s'agit d'un animal, lui construit un abri avec des pierres ; elle lui rend visite chaque jour et le nourrit. Quand l'animal disparaît, c'est qu'il a pénétré dans le corps de la femme, d'où il ressortira sous forme d'enfant.

Sous peine de maladie ou de mort, celui-ci ne pourra consommer la plante ou l'animal auquel on l'a identifié. S'il s'agit d'un fruit non comestible, l'arbre qui le porte ne devra même pas être touché. On assimile l'ingestion ou le contact à une sorte d'autocannibalisme ; la relation entre l'homme et l'objet est si intime que le premier possède les caractéristiques du second : selon les cas, l'enfant sera faible et indolent comme l'anguille et le serpent d'eau, colérique comme le bernard-l'ermite, doux et gentil comme le lézard, étourdi, précipité et déraisonnable comme le rat, ou bien il aura un gros ventre rappelant la forme d'une pomme sauvage, etc. Ces équivalences se rencontrent aussi à Motlav (nom d'une partie de l'île Saddle ; Rivers, p. 462). La connexion entre un individu d'une part, et, de l'autre, une plante, un animal ou un objet, n'est pas générale : elle affecte seulement certaines personnes. Elle n'est pas, non plus, héréditaire, et elle n'entraîne pas de prohibitions exogamiques entre hommes et femmes que le hasard aurait associés à des êtres de même espèce. (Frazer, vol. II, pp. 81-83, pp. 89-91 (citant Rivers), et vol. IV, pp. 286-87.)

Frazer voit, dans ces croyances, l'origine et l'explication de celles qui ont été relevées à Lifu, dans les îles Loyauté, et à Ulawa et Malaita, dans l'archipel des Salomon. Il arrive parfois à Lifu qu'un homme indique avant de mourir l'animal — oiseau ou papillon — sous la forme duquel il se réincarnera. La consommation de cet animal, ou sa destruction, deviennent prohibées à tous ses descendants : « C'est notre ancêtre » dit-on, et on lui fait une offrande. De même aux Salomon (Ulawa), où Codrington notait que les habitants refusaient de planter des bananiers et de manger des bananes, parce qu'un important personnage les avait jadis prohibées avant de mourir, afin de pouvoir s'y réincarner[1]. En

---

1. Le fait est confirmé par Ivens, pp. 269-270, qui avance une interprétation légèrement différente. Néanmoins cet auteur cite d'autres prohibitions ayant pour origine la réincarnation d'un ancêtre.

Mélanésie centrale, par conséquent, l'origine des tabous alimentaires devrait être cherchée dans l'imagination fantasque de certains ancêtres : résultat indirect et répercussion à distance, croit Frazer, des envies ou imaginations maladives fréquentes chez les femmes enceintes. Avec ce trait psychologique, promu au rang de phénomène naturel et universel, on tiendrait l'origine ultime de toutes les croyances et pratiques totémiques. (Frazer, vol. II, pp. 106-107 et *passim*.)

Que les femmes de son époque et de son milieu éprouvassent des envies quand elles étaient enceintes, et que ce trait leur fût commun avec des sauvagesses d'Australie et de Mélanésie, était bien pour convaincre Frazer de son universalité et de son origine naturelle. Sinon, il aurait fallu attribuer à la culture ce qu'on aurait retiré à la nature, et donc admettre que, sous certains rapports, il pouvait y avoir des ressemblances alarmantes, parce que directes, entre les sociétés européennes de la fin du xixᵉ siècle et celles des anthropophages. Mais, outre que les envies des femmes enceintes ne sont pas attestées chez tous les peuples du monde, elles se sont considérablement atténuées en Europe depuis un demi-siècle et il se pourrait même que, dans certains milieux, elles aient complètement disparu. Elles existaient sans doute en Australie et en Mélanésie, mais sous quelle forme ? Comme moyen institutionnel, servant à définir par anticipation certains éléments du statut des personnes ou des groupes. Et, en Europe même, il est probable que les envies de femmes enceintes ne survivront pas à la disparition de croyances du même type, qui les encourageaient — sous prétexte de s'y référer — afin de diagnostiquer (au lieu de pronostiquer) certaines particularités physiques ou psychologiques relevées après (et non avant) la naissance des enfants. A supposer que les envies des femmes enceintes aient un fondement naturel, celui-ci ne saurait donc rendre compte de croyances et de pratiques qui sont loin d'être générales, et qui peuvent prendre des formes différentes selon les sociétés.

D'autre part, on ne voit pas ce qui a pu inciter Frazer à donner la priorité aux caprices des femmes enceintes sur

Cf. pp. 272, 468 et *passim*. Cf. aussi C. F. Fox pour des croyances du même type à San Cristoval.

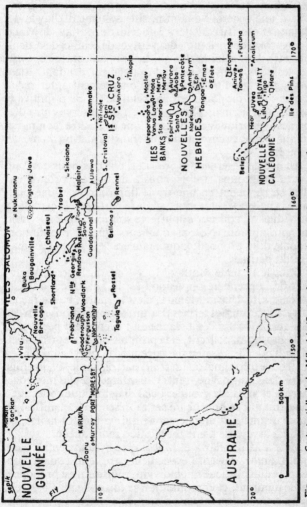

Fig. 4. — *Carte partielle de la Mélanésie* (Centre documentaire sur l'Océanie de l'École Pratique des Hautes Études)

ceux des vieillards agonisants, si ce n'est que, pour mourir, il faut d'abord être né ; mais à ce compte, toutes les institutions sociales devraient être apparues dans l'intervalle d'une génération. Enfin, si le système d'Ulawa, de Malaita et de Lifu était dérivé de celui de Motlav, de Mota et d'Aurora, des traces ou des vestiges de celui-ci devraient subsister dans celui-là. Ce qui frappe, au contraire, c'est que les deux systèmes se font exactement pendant. Rien ne suggère que l'un soit chronologiquement antérieur à l'autre : leur rapport n'est pas celui de forme primitive à forme dérivée, mais plutôt celui qu'on observe entre des formes symétriques et inverses l'une de l'autre, comme si chaque système représentait une transformation du même groupe.

Au lieu de décerner des priorités, plaçons-nous donc au niveau du groupe et cherchons à définir ses propriétés. Elles se résument en une triple opposition : d'une part entre la naissance et la mort, d'autre part entre le caractère individuel ou collectif qui affecte soit un diagnostic, soit une prohibition. Notons d'ailleurs que la prohibition découle d'un pronostic : qui mangera le fruit ou l'animal interdit périra.

Dans le système Motlav-Mota-Aurora, le terme pertinent de la première opposition est la naissance, dans le système Lifu-Ulawa-Malaita, c'est la mort ; et, de façon corrélative, tous les termes des autres oppositions s'inversent aussi. Quand la naissance est l'événement pertinent, le diagnostic est collectif, et la prohibition (ou le pronostic) est individuelle : la femme enceinte ou proche de l'être, qui trouve un animal ou un fruit, parfois sur le sol, parfois égaré dans son pagne, rentre au village où elle interroge parents et amis ; le groupe social diagnostique collectivement (ou par la bouche de ses représentants qualifiés) le statut distinctif d'une personne qui va bientôt naître, et qui sera assujettie à une prohibition individuelle.

Mais à Lifu, Ulawa et Malaita, ce système entier bascule. La mort devient l'événement pertinent, et du même coup, le diagnostic se fait individuel puisqu'il est prononcé par le mourant, et la prohibition se fait collective : astreignant tous les descendants d'un même ancêtre, et parfois, comme à Ulawa, toute une population.

Les deux systèmes sont donc, au sein d'un groupe, dans un rapport de symétrie inversée, ainsi qu'on le

voit par le tableau suivant où les signes + et —
correspondent respectivement au premier et au second
terme de chaque opposition :

Oppositions significatives :	Motlav-Mota-Aurora	Lifu-Ulawa-Malaita
Naissance/mort	+	—
Individuel/collectif diagnostic :	—	+
prohibition :	+	—

Enfin, les faits que nous avons rapportés permettent
de dégager un caractère commun au niveau du groupe,
et qui le distingue comme groupe de tous ceux faisant
aussi partie du même ensemble, à savoir : l'ensemble
des systèmes de classification qui posent une homologie
entre les différences naturelles et les différences culturelles (formule préférable à celle d'institutions totémiques).
Le caractère commun des deux systèmes que nous
venons de discuter tient à leur nature statistique et non
universelle. Ni l'un ni l'autre ne s'applique indistinctement à tous les membres de la société : certains enfants
seulement sont conçus par l'office d'un animal ou d'une
plante, certains mourants seulement se réincarnent dans
une espèce naturelle. Le domaine régi par chaque
système consiste donc en un échantillon dont, théoriquement au moins, la sélection est confiée au hasard. A ce
double titre, ces systèmes doivent être placés immédiatement à côté des systèmes australiens de type aranda,
comme Frazer l'avait vu en se méprenant sur la relation
— logique et non génétique — qui les unit tout en
respectant leur spécificité. En effet, les systèmes aranda
ont aussi un caractère statistique, mais leur règle d'application est universelle, puisque le domaine qu'ils régissent
est coextensif à la société globale.

*
* *

Au cours de leur traversée de l'Australie, Spencer et
Gillen avaient été déjà frappés par le caractère de système
cohérent qu'offraient les institutions des populations

distribuées sur un axe sud-nord, depuis la grande Baie australienne jusqu'au golfe de Carpentaria.

> « Chez les Arunta et les Warramunga, les conditions [socio-religieuses] sont exactement inversées, mais comme on en a d'ailleurs d'autres exemples, les Kaitish illustrent un état intermédiaire. » (Spencer et Gillen, p. 164.)

Au sud, les Arabanna reconnaissent deux moitiés exogamiques et des clans totémiques exogamiques, également matrilinéaires. Le mariage, donné par Spencer et Gillen comme préférentiel avec la fille du frère aîné de la mère ou de la sœur aînée du père, était de type aranda selon Elkin, mais compliqué par des restrictions totémiques qui, comme on sait, n'existent pas chez les Aranda.

Dans les temps mythiques *(ularaka)* les ancêtres totémiques déposèrent des esprits-enfants *(mai-aurli)* dans des sites totémiques. Cette croyance a son équivalent chez les Aranda. Mais, au lieu que, pour ces derniers, les esprits retournent régulièrement à leur site d'origine dans l'attente d'une nouvelle incarnation, après chaque incarnation les esprits arabanna changent de sexe, de moitié et de totem, si bien que chaque esprit parcourt régulièrement un cycle complet de statuts biologiques et socio-religieux. (Spencer et Gillen, pp. 146 sq.)

Si cette description répondait exactement à la réalité, elle offrirait l'image d'un système symétrique et inverse de celui des Aranda. Chez ces derniers, la filiation est patrilinéaire (et non matrilinéaire) ; les appartenances totémiques ne sont pas déterminées par une règle de filiation, mais par le hasard du lieu où la femme a passé quand elle a pris conscience de sa grossesse : autrement dit, la répartition des totems se fait conformément à une règle chez les Arabanna, statistiquement et par le jeu des chances chez les Aranda. Strictement exogamiques dans un cas, les groupes totémiques sont étrangers à la réglementation des mariages dans l'autre ; en effet, chez les Aranda, c'est un système de 8 sous-sections (et non plus à 2 moitiés seulement), sans rapport avec les affiliations totémiques, qui régit les alliances matrimoniales, par l'opération d'un cycle qu'on peut représenter de la façon suivante [1] (fig. 5).

En simplifiant beaucoup, et en s'en tenant pour le moment aux informations anciennes, on serait donc tenté de dire que, chez les Aranda, les choses se passent pour les humains comme elles se passent pour les esprits chez les Arabanna. A chaque génération en effet, les esprits changent de sexe et de moitié (nous laissons de côté le changement de groupe totémique, puisque l'appartenance totémique n'est pas pertinente dans le système aranda, et nous le remplaçons par un changement de sous-section, qui est le phénomène pertinent) ; traduites en termes de système aranda, ces deux exigences correspondraient au cycle :

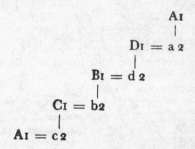

$$A_I$$
$$|$$
$$D_I = a_2$$
$$|$$
$$B_I = d_2$$
$$|$$
$$C_I = b_2$$
$$|$$
$$A_I = c_2$$

où les majuscules et les minuscules représentent les hommes et les femmes respectivement : cycle qui correspond, non pas à la structure même de la société aranda, qui distingue des cycles exclusivement masculins et des cycles exclusivement féminins, mais au procédé (implicite dans les termes du système) par lequel ces morceaux sont, si l'on peut dire, *cousus* ensemble.

Il convient, toutefois, de tenir compte des critiques formulées par Elkin contre la description de ses devanciers. Elkin soupçonne Spencer et Gillen de n'avoir aperçu chez les Aranda qu'une forme de totémisme (Elkin *4*, pp. 138-139), alors qu'il en aurait existé deux, ainsi qu'il l'a lui-même vérifié chez les Arabanna : l'une patrilinéaire

---

1. Nous sommes redevable de ce mode de représentation graphique, sous la forme d'un tore, à notre collègue G. Th. Guilbaud.

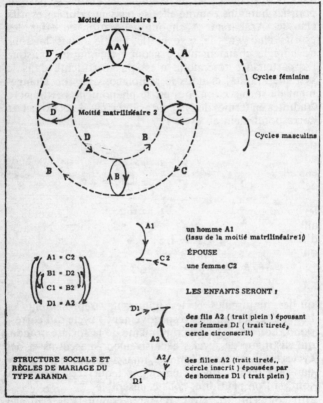

Fig. 5. — *Structure sociale et règles de mariage du type aranda*
(Laboratoire de cartographie de l'École Pratique des Hautes Études)

et cultuelle, l'autre matrilinéaire et sociale, donc exogamique :

> « Les membres d'un culte totémique patrilinéaire célè-
> brent des rites de croissance avec l'aide des fils de leurs
> sœurs, et ils leur livrent rituellement ce totem cultuel (puis
> à d'autres, par leur intermédiaire), *pour le manger,* mais
> il ne s'ensuit pas qu'ils sont eux-mêmes astreints à une
> prohibition alimentaire. En revanche... ils se gardent,
> d'une façon stricte, de consommer leur *madu,* ou totem
> social, auquel, par ailleurs, ils ne rendent pas de culte. »
> (Elkin *2 a,* p. 180.)

A la description de Spencer et Gillen, Elkin objecte
donc que l'hypothèse d'un cycle complet parcouru par
les esprits totémiques est contradictoire, parce qu'elle
implique un mélange de deux formes de totémisme qu'il
tient lui-même pour irréductibles. On peut seulement
admettre que les totems cultuels, patrilinéaires, alternent
entre les deux moitiés au sein d'une lignée masculine
déterminée.

Sans prétendre trancher, nous nous bornerons à rappeler les objections de principe que nous avons formulées
ailleurs contre les analyses particularisantes d'Elkin ;
d'autre part, il est juste de souligner que Spencer et Gillen
ont connu encore intacte la culture arabanna que, selon
son propre témoignage, Elkin a retrouvée dans un état de
décomposition avancée. Même s'il fallait s'en tenir à
l'interprétation restrictive d'Elkin, il n'en resterait pas
moins vrai que, chez les Aranda, ce sont les vivants qui
« cyclent », tandis que, chez leurs voisins méridionaux,
ce sont les morts. En d'autres termes, ce qui, chez les
Aranda, apparaît comme un *système* se dédouble chez les
Arabanna sous forme, d'une part, de *recette,* d'autre
part, de *théorie* : car la réglementation des mariages par
recensement des incompatibilités totémiques, décrite par
Elkin, est un procédé purement empirique, alors que le
cycle des esprits repose, cela va de soi, sur la spéculation
pure. Cette différence entre les deux groupes s'accompagne d'autres, qui correspondent à de véritables inversions,
et qui se manifestent sur tous les plans : matrilinéaire/
patrilinéaire ;   2 moitiés/8 sous-sections ;   totémisme
mécanique/totémisme statistique ; enfin, dans l'hypothèse où les analyses de Spencer et Gillen seraient exhausti-
ves, totémisme exogamique/totémisme non exogamique.

On notera aussi que les sous-sections aranda ont un grand rendement fonctionnel, parce qu'elles sont transitives : les enfants issu du mariage $X = y$ seront $Z, z,$ c'est-à-dire d'un autre groupe (social) que leurs parents ; au contraire, les groupes (totémiques) arabanna (qui ont la même fonction sociologique de réglementation des mariages) ont un faible rendement fonctionnel parce qu'ils sont intransitifs : les enfants du mariage $X = y$ seront $Y, y,$ reproduisant seulement le groupe de leur mère. La transitivité (totale ou partielle, selon qu'on adopte l'interprétation de Spencer et Gillen ou celle d'El-kin) se retrouve seulement dans l'au-delà arabanna, qui restitue une image conforme à celle de la société des vivants aranda.

Enfin, la même inversion caractérise le rôle dévolu au cadre territorial par chaque tribu : les Aranda lui prêtent une valeur réelle et absolue ; c'est, dans leur système, le seul contenu pleinement signifiant, puisque chaque site est, depuis l'origine des temps, affecté exclusivement et de façon permanente à une espèce totémique. Chez les Arabanna, cette valeur est relative et formelle, car le contenu local perd (en raison de l'aptitude des esprits à parcourir un cycle) beaucoup de sa capacité signifiante. Les sites totémiques sont des ports d'attache, plutôt que des domaines ancestraux...

Comparons maintenant la structure sociale des Aranda avec celle d'une population plus au nord, les Warramunga qui sont aussi patrilinéaires. Chez ces derniers, les totems sont liés aux moitiés, c'est-à-dire qu'ils ont une fonction inverse de celle qu'ils remplissent chez les Aranda, et analogue (mais d'une autre façon) à celle qu'ils ont chez les Arabanna dont la situation géographique, par rapport au groupe de référence, est symétrique et inverse (voisins respectivement septentrionaux et méridionaux des Aranda). Comme les Arabanna, les Warramunga ont des totems paternels et des totems maternels, mais, à la différence de ce qui se produit chez les premiers, ce sont les totems paternels qui sont absolument prohibés, tandis que les totems maternels sont autorisés par l'office de la moitié alterne (alors que, chez les Arabanna, les totems paternels sont autorisés à la moitié alterne, par l'office des groupes cultuels membres de la même moitié).

Le rôle dévolu à la moitié alterne se prête en effet à une

analyse par transformation. Il n'existe pas de réciprocité de moitié dans les rites de multiplication des Aranda : chaque groupe cultuel célèbre ses rites à sa seule convenance, pour le bénéfice d'autres groupes qui sont eux-mêmes libres de consommer une nourriture, rendue seulement plus abondante par le ministère du groupe officiant. Au contraire, chez les Warramunga, la moitié consommatrice intervient activement, pour obtenir que l'autre moitié célèbre les cérémonies dont elle-même recueillera le profit.

Cette différence en entraîne d'autres, qui lui sont corrélatives : dans un cas, les rites de croissance sont affaire individuelle, dans l'autre, affaire de groupe ; chez les Aranda, la célébration des rites de croissance, étant laissée à l'initiative de l'homme qui en est propriétaire, offre un caractère statistique : chacun officie quand il veut, et sans coordonner son initiative avec d'autres. Mais, chez les Warramunga, il existe un calendrier rituel, et les fêtes se succèdent dans un ordre prescrit. Nous retrouvons donc ici, sur le plan du rituel, une opposition déjà relevée (mais alors pour les Aranda et les Arabanna) entre une structure périodique et une structure apériodique, qui nous était apparue caractéristique de la communauté des vivants et la communauté des morts. La même opposition formelle existe, chez les Aranda d'une part, et chez les Warramunga et les Arabanna de l'autre, mais elle s'y manifeste cette fois sur un autre plan. En simplifiant beaucoup, on pourrait dire que la situation chez les Warramunga est, sous ces deux rapports, symétrique de celle qui prévaut chez les Arabanna, avec cette différence que la filiation, patrilinéaire dans un cas, est matrilinéaire dans l'autre ; tandis que les Aranda, patrilinéaires comme les Warramunga, s'opposent à leurs voisins du nord et du sud par des rituels à célébration statistique contrastant avec des rituels à célébration périodique [1].

Ce n'est pas tout. Arabanna et Warramunga conçoivent les ancêtres totémiques comme des personnages uniques, et dont l'apparence mi-humaine, mi-animale offre d'emblée un caractère achevé. A cette conception, les Aranda préfèrent celle d'une multiplicité d'ancêtres (pour chaque

---

1. Chez les Aranda, « pas d'ordre fixe... chaque cérémonie est la propriété d'un individu déterminé » ; mais, chez les Warramunga, « les cérémonies ont lieu en séquence régulière A, B, C, D ». (Spencer et Gillen, p. 193.)

groupe totémique), mais qui sont des êtres humains incomplets. Sous ce rapport et comme Spencer et Gillen l'ont montré, les groupes situés entre les Aranda et les Warramunga : Kaitish, Unmatjera, illustrent un cas intermédiaire, puisque leurs ancêtres sont représentés dans les mythes sous la forme d'un conglomérat d'êtres humains incomplets et d'hommes faits. D'une façon générale, la distribution des croyances et des coutumes sur un axe nord-sud fait apparaître tantôt un changement graduel allant d'un type extrême à sa forme inversée, tantôt la récurrence des mêmes formes aux deux pôles, mais alors exprimées dans un contexte inversé : patrilinéaire ou matrilinéaire ; le renversement structural se faisant au milieu, c'est-à-dire chez les Aranda :

SUD   *NORD*

	ARABANNA	ARANDA	KAITISH, UNMATJERA	WARRAMUNGA
Ancêtres totémiques	êtres complets, mi-humains, mi-animaux uniques	êtres humains incomplets multiples	êtres humains incomplets + hommes faits, multiples	êtres complets, mi-humains, mi-animaux uniques
Organisation sociale	totémisme exogamique	non-congruence entre totems et moitiés, totémisme non exogamique		congruence entre totems et moitiés totémisme exogamique
Rituel		exclusivisme réciproque des moitiés	initiative au groupe totémique + assistance de la moitié alterne	réciprocité des moitiés : initiative de la moitié alterne
Cérémonies totémiques		propriété individuelle		propriété collective
Célébration		apériodique		périodique

On voit donc qu'en allant, si l'on peut dire, des Aranda vers les Warramunga on passe d'un système à mythologie collectiviste (multiplicité d'ancêtres), mais à rituel individualisé, vers un système inverse, à mythologie individualisée, mais où le rituel est collectiviste. De même, chez les Aranda, le sol est qualifié religieusement (par ses affectations totémiques), il l'est socialement chez les Warramunga (les territoires sont répartis entre les moitiés). Enfin, on observe du sud au nord une disparition progressive des churinga, phénomène presque prévisible à partir des observations précédentes, puisque le churinga fonctionne, en milieu aranda, comme l'unité d'une multiplicité : figurant le corps physique d'un ancêtre et détenu par une série d'individus successifs comme la preuve de leur filiation généalogique, le churinga atteste dans la diachronie la continuité individuelle, dont l'image que les Aranda se font des temps mythiques pourrait exclure la possibilité [1].

Toutes ces transformations devraient être systématiquement inventoriées. Les Karadjeri, chez qui l'*homme rêve* l'affiliation totémique de son futur enfant, illustrent un cas symétrique et inverse des Aranda, où c'est la *femme* qui la *vit*. Dans le nord de l'Australie, le caractère de plus en plus exigeant des prohibitions totémiques offre une sorte d'équivalent « culinaire » des contraintes propres aux systèmes à huit sous-sections sur le plan de l'exogamie. Ainsi, certaines populations interdisent non seulement la consommation du totem propre, mais encore (complètement ou conditionnellement) celle des totems du père, de la mère, du père du père (ou du père de la mère). Chez les Kauralaig des îles au nord de la péninsule du cap York, un individu reconnaît pour totem le sien propre, et ceux de la mère du père, du père de la mère, de la mère de la mère ; le mariage est prohibé dans les quatre clans correspondants. (Sharp, p. 66.) Nous avons discuté plus haut les prohibitions alimentaires résultant de la croyance qu'un ancêtre s'est réincarné dans une espèce animale ou végétale. Une structure du même type apparaît aux îles Melville et Bathurst, mais cette fois sur le plan linguistique : tous les homophones du nom du défunt sont évités par ses descendants, même s'il s'agit de termes d'usage courant, et dont la ressemblance phonétique est

1. Cf. plus bas, p. 284.

lointaine [1]. On n'interdit pas des bananes, mais des mots. Selon les groupes considérés, les mêmes formules apparaissent et disparaissent, identiques ou transposées d'un niveau de consommation à un autre, visant tantôt l'usage des femmes, tantôt celui des aliments, tantôt celui des mots du discours.

C'est, peut-être, parce que les observations de Spencer et Gillen concernent un nombre assez restreint de tribus australiennes (tout en étant, d'ailleurs, extraordinairement riches pour chacune) qu'ils ont eu, mieux que leurs continuateurs, une conscience aiguë des rapports systématiques entre les différents types. Plus tard, les spécialistes ont vu leur horizon se restreindre à la petite aire qu'ils étudiaient ; et pour ceux qui ne renonçaient pas à la synthèse, la masse même des informations, la prudence aussi, les dissuadaient de se mettre en quête de lois. Plus nos connaissances s'accumulent, plus le schème d'ensemble s'obscurcit, parce que les dimensions se multiplient, et que l'accroissement des axes de référence au-delà d'un certain seuil paralyse les méthodes intuitives : on ne parvient plus à imaginer un système, dès que sa représentation exige un continuum dépassant trois ou quatre dimensions. Mais il n'est pas interdit de rêver qu'on puisse un jour transférer sur cartes perforées toute la documentation disponible au sujet des sociétés australiennes, et démontrer à l'aide d'un ordinateur que l'ensemble de leurs structures techno-économiques, sociales et religieuses ressemble à un vaste groupe de transformations.

L'idée est d'autant plus séduisante que nous pouvons au moins imaginer pourquoi l'Australie, mieux que tout autre continent, offrirait à une telle expérience un terrain privilégié. Malgré les contacts et les échanges avec le monde extérieur qui se sont produits là aussi, les sociétés australiennes ont probablement évolué en vase clos, à un plus haut degré que cela n'a dû être le cas ailleurs. D'autre part, cette évolution n'a pas été passivement subie : elle a été voulue et conçue, car peu de civilisations, autant que l'australienne, semblent avoir

---

1. Comme chez diverses tribus indiennes, où l'interdiction de prononcer le nom des beaux-parents s'étend à tous les mots entrant dans sa composition. Cf. plus bas, p. 213.

eu le goût de l'érudition, de la spéculation, et de ce qui apparaît parfois comme un dandysme intellectuel, aussi étrange que l'expression puisse paraître quand on l'applique à des hommes dont le niveau de vie matérielle était aussi rudimentaire. Mais qu'on ne s'y trompe pas : ces sauvages poilus et ventrus dont l'apparence physique évoque pour nous des bureaucrates adipeux ou des grognards de l'Empire, rendant leur nudité plus incongrue encore, ces adeptes méticuleux de pratiques qui nous semblent relever d'une perversité infantile : manipulations et attouchements génitaux, tortures, emploi industrieux de leur propre sang et de leurs propres excrétions et sécrétions (comme nous faisons plus discrètement et sans y penser, en humectant, pour les coller, les timbres-poste de salive), furent à bien des égards de véritables snobs : le terme leur a été d'ailleurs appliqué par un spécialiste, né et élevé parmi eux, parlant leur langue. (T.G.H. Strehlow, p. 82.) Quand on les envisage sous ce jour, il paraît moins surprenant que, sitôt qu'on leur eut enseigné les arts d'agrément, ils se mirent à peindre des aquarelles aussi fades et appliquées qu'on eût pu l'attendre de vieilles filles.

Si, pendant des siècles ou des millénaires, l'Australie a vécu repliée sur elle-même[1], et si, dans ce monde fermé, les spéculations et les discussions ont fait rage ; enfin, si les influences de la mode y ont souvent été déterminantes, on peut comprendre que se soit constitué une sorte de style sociologique et philosophique commun, n'excluant pas des variations méthodiquement recherchées, et dont même les plus infimes étaient relevées et commentées dans une intention favorable ou hostile. Chaque groupe était sans doute guidé par les mobiles, moins contradictoires qu'il ne semble, de faire comme les autres, aussi bien que les autres, mieux que les autres, et pas comme les autres : c'est-à-dire de raffiner constamment sur des thèmes dont seuls les contours généraux étaient fixés par la tradition et l'usage. En somme, dans le domaine de l'organisation sociale et de la pensée religieuse, les communautés

---

1. A l'exception des régions septentrionales, très certainement ; et celles-ci n'étaient pas sans contacts avec le reste du continent. La formule n'a donc qu'une valeur relative.

australiennes ont procédé comme les sociétés paysannes de l'Europe en matière de costume à la fin du XVIIIe et au début du XIXe siècle. Que chaque communauté dût avoir son costume et que, pour les hommes et pour les femmes respectivement, celui-ci fût en gros composé des mêmes éléments n'était pas mis en question : on s'appliquait seulement à se distinguer du village voisin, et à le surpasser par la richesse ou l'ingéniosité du détail. Toutes les femmes portent coiffe, mais d'une région à l'autre, les coiffes sont différentes ; d'ailleurs, en termes d'endogamie, le langage des coiffes servait chez nous à formuler les règles du mariage (« on n'épouse que dans la coiffe »), à la façon des Australiens — mais en termes d'exogamie — dans le langage des sections ou des totems. La double action du conformisme général (qui est le fait d'un univers clos) et du particularisme de clocher tend, ici comme ailleurs, et chez les sauvages australiens comme dans nos sociétés paysannes, à traiter la culture selon la formule musicale du « thème et variations ».

*
* *

Dans ces conditions historiques et géographiques favorables, et que nous avons brièvement définies, il est donc concevable que, plus complètement et systématiquement peut-être que dans d'autres régions du monde, les cultures australiennes apparaissent les unes et les autres dans un rapport de transformation. Mais cette relation externe ne doit pas faire négliger la même relation, cette fois interne, qui existe, de façon beaucoup plus générale, entre les différents niveaux d'une culture particulière. Comme nous l'avons déjà suggéré, les notions et croyances de type « totémique » méritent surtout l'attention parce qu'elles constituent, pour les sociétés qui les ont élaborées ou adoptées, des codes permettant, sous forme de systèmes conceptuels, d'assurer la convertibilité des messages afférents à chaque niveau, fussent-ils aussi éloignés les uns des autres que ceux qui relèvent exclusivement, semble-t-il, soit de la culture, soit de la société, c'est-à-dire des rapports que les hommes entretiennent avec eux-mêmes, ou de manifestations d'ordre technique et économique, dont on pourrait croire qu'elles concernent plutôt les rapports de l'homme avec la nature. Cette médiation entre nature et culture, qui est une des fonctions distinctives de l'opérateur totémique, permet de comprendre ce qu'il peut y avoir de vrai, mais aussi de partiel et de mutilé, dans les interprétations de Durkheim et de Malinowski, qui ont chacun tenté de cantonner le totémisme dans un seul de ces deux domaines, alors qu'il est surtout moyen (ou espoir) de transcender leur opposition.

C'est ce qu'a bien mis en lumière Lloyd Warner, à propos des Murngin de la terre d'Arnhem. Ces Australiens septentrionaux expliquent l'origine des êtres et des choses par un mythe qui fonde aussi une partie importante de leur rituel. A l'origine des temps, les deux sœurs Wawilak se mirent en marche en direction de la mer, nommant au passage les sites, les animaux et les plantes ; l'une était enceinte, l'autre transportait son enfant. Avant de partir, elles s'étaient en effet unies incestueusement à des hommes de leur moitié.

Après que la cadette eut accouché, elles poursuivirent leur voyage et s'arrêtèrent un jour près du bassin où vivait le grand serpent Yurlunggur, totem de la moitié Dua à laquelle elles appartenaient. Mais l'aînée pollua l'eau de sang menstruel ; le python indigné sortit, provoqua un déluge de pluie suivi d'une inondation générale, puis il engloutit les femmes et leurs enfants. Tant que le serpent se tint dressé, les eaux recouvrirent la terre et la végétation. Elles disparurent quand il se coucha de nouveau.

Or, comme l'explique Warner, les Murngin associent consciemment le serpent à la saison des pluies, qui cause une inondation annuelle. Dans cette région du monde, le déroulement des saisons est si régulier qu'on peut, souligne un géographe, le prédire à un jour près. Les précipitations s'élèvent souvent à 150 cm en l'espace de 2 à 3 mois. On passe de 5 cm en octobre à 25 en décembre, 40 en janvier ; la saison sèche survient aussi rapidement. Un diagramme des précipitations à Port Darwin, établi sur une période de 46 ans, pourrait être l'image même du serpent Yurlunggur, dressé au-dessus de son puits, sa tête touchant le ciel, et inondant la terre (fig. 6).

Cette division de l'année en deux saisons contrastées, l'une durant 7 mois, caractérisée par une sécheresse intense, l'autre de 5 mois, accompagnée de précipitations violentes et de grandes marées qui inondent la plaine côtière sur une profondeur de plusieurs dizaines de kilomètres, impose sa marque à l'activité et à la pensée indigènes. La saison des pluies contraint les Murngin à se disperser. Par petits groupes, ils se réfugient dans les zones non submergées où ils mènent une existence précaire, menacée par la famine et l'inondation. Mais quand les eaux se retirent, une copieuse végétation surgit en quelques jours et les animaux paraissent : la vie collective recommence, l'abondance règne. Pourtant, rien de tout cela n'aurait été possible, si les eaux n'avaient envahi et fécondé la plaine.

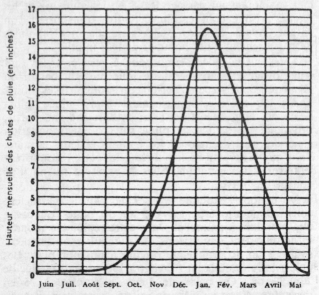

Fig. 6. — *Hauteur moyenne des chutes de pluie à Port Darwin calculée sur une période de 46 ans.* D'après WARNER, Chart XI, p. 380.

De même que les saisons et les vents sont partagés

entre les deux moitiés (la saison des pluies, les vents d'ouest et de nord-ouest, sont Dua ; la saison sèche et les vents du sud-est, Yiritja), de même les protagonistes du grand drame mythique, sont respectivement associés, le serpent à la saison des pluies, les sœurs Wawilak à la saison sèche : l'un représente l'élément mâle et initié, les autres, l'élément femelle et non initié. Il faut que les deux collaborent pour que la vie soit : comme l'explique le mythe, si les sœurs Wawilak n'avaient pas commis l'inceste et pollué le puits de Yurlunggur, il n'y aurait eu sur la terre ni vie, ni mort ; ni copulation, ni reproduction ; et le rythme saisonnier n'aurait pas existé.

Le système mythique et les représentations qu'il met en œuvre servent donc à établir des rapports d'homologie entre les conditions naturelles et les conditions sociales, ou, plus exactement, à définir une loi d'équivalence entre des contrastes significatifs qui se situent sur plusieurs plans : géographique, météorologique, zoologique, botanique, technique, économique, social, rituel, religieux et philosophique. Le tableau des équivalences se présente, en gros, de la façon suivante :

Pur, sacré :	mâle	supérieur	fertilisant (pluies)	mauvaise saison
Impur, profane :	femelle	inférieur	fertilisé (terre)	bonne saison

Il saute aux yeux que ce tableau, qui formule le canon de la logique indigène, recèle une contradiction. En effet, les hommes sont supérieurs aux femmes, les initiés aux non-initiés, le sacré au profane. Pourtant, tous les termes supérieurs sont posés comme homologues à la saison des pluies, qui est celle de la famine, de l'isolement et du danger ; tandis que les termes inférieurs sont homologues à la saison sèche, pendant laquelle l'abondance règne et les rites sacrés sont célébrés :

« La classe d'âge masculine des initiés est un élément "serpent" et purificateur, et le groupe sociologique des femmes constitue le groupe impur. En avalant le groupe impur, le groupe serpent masculin "avale" les néophytes

[et les fait ainsi passer] dans la classe d'âge masculine
rituellement pure, en même temps que la célébration du
rituel total purifie le groupe ou tribu dans sa totalité. »

« Selon le symbolisme murngin, le serpent est le
principe naturel civilisateur ; et cela explique qu'il soit
identifié à la société des hommes plutôt qu'à celle des
femmes ; sinon, on devrait exiger que le principe mâle,
auquel sont liées les plus hautes valeurs sociales, soit
associé par les Murngin à la saison sèche, qui est aussi
la période de l'année dotée de la plus haute valeur du
point de vue social. » (Warner, p. 387.)

On vérifie donc, en un sens, le primat de l'infrastruc-
ture : la géographie, le climat, leur retentissement sur
le plan biologique, confrontent la pensée indigène à une
situation contradictoire : il y a bien deux saisons, comme
il y a deux sexes, deux sociétés, deux degrés de culture
(l'une « haute » — celle des initiés —, l'autre « basse » ;
pour cette distinction, cf. Stanner 1, p. 77) ; mais, sur
le plan naturel, la bonne saison est subordonnée à la
mauvaise, alors que sur le plan social le rapport inverse
prévaut entre les termes correspondants. Par conséquent,
il faut choisir quel sens on donnera à la contradiction.
Si la bonne saison était décrétée masculine, puisqu'elle
est supérieure à la mauvaise, et puisque les hommes et
les initiés sont supérieurs aux femmes et aux non-initiés
(catégorie dont les femmes font aussi partie), il faudrait
attribuer à l'élément profane et féminin non seulement
la puissance et l'efficace, mais aussi la stérilité, ce qui
serait doublement contradictoire, puisque la puissance
sociale appartient aux hommes, et la fécondité naturelle
aux femmes. Reste donc l'autre choix, dont la contradiction — non moins réelle — peut être au moins masquée
par la double dichotomie de la société globale en hommes
et en femmes (rituellement, et non plus seulement
naturellement différenciés), et du groupe des hommes
en anciens et en cadets, initiés et non-initiés, selon le
principe que, dans la société des hommes, les non-initiés
sont aux initiés dans le même rapport que les femmes
sont aux hommes sur le plan de la société générale.
Mais de ce fait, les hommes renoncent à incarner le
côté heureux de l'existence, car ils ne peuvent à la fois
le régir et le personnifier. Irrévocablement voués au
rôle de propriétaires moroses d'un bonheur accessible

seulement par personne interposée, ils façonneront une image d'eux-mêmes conforme à un modèle illustré par leurs anciens et par leurs sages ; et il est frappant que deux types de personnes : les femmes d'une part, les vieillards masculins de l'autre, forment, au titre soit de moyens ou de maîtres du bonheur, les deux pôles de la société australienne, et que, pour accéder à la pleine masculinité, les jeunes hommes doivent renoncer provisoirement aux unes et se soumettre durablement aux autres.

Sans doute, les privilèges sexuels des anciens, le contrôle qu'ils exercent sur une culture ésotérique et sur des rites d'initiation sinistres et mystérieux, sont-ils des traits généraux des sociétés australiennes et dont, ailleurs dans le monde, on trouverait des exemples. Nous ne prétendons donc pas que tous ces phénomènes s'expliquent comme une conséquence de conditions naturelles qui, elles, sont nettement localisées. Pour éviter des malentendus, dont le moindre ne serait pas l'accusation de ressusciter un vieux déterminisme géographique, il nous faut donc préciser notre pensée.

En premier lieu, les conditions naturelles ne sont pas subies. Qui plus est, elles n'ont pas d'existence propre, car elles sont fonction des techniques et du genre de vie de la population qui les définit et qui leur donne un sens, en les exploitant dans une direction déterminée. La nature n'est pas contradictoire en soi ; elle peut l'être seulement dans les termes de l'activité humaine particulière qui s'y inscrit ; et les propriétés du milieu acquièrent des significations différentes, selon la forme historique et technique qu'y prend tel ou tel genre d'activité. D'autre part, et même promus à ce niveau humain qui peut seul leur conférer l'intelligibilité, les rapports de l'homme avec le milieu naturel jouent le rôle d'objets de pensée : l'homme ne les perçoit pas passivement, il les triture après les avoir réduits en concepts, pour en dégager un système qui n'est jamais prédéterminé : à supposer que la situation soit la même, elle se prête toujours à plusieurs systématisations possibles. L'erreur de Mannhardt et de l'école naturaliste fut de croire que les phénomènes naturels sont *ce que* les mythes cherchent à expliquer : alors qu'ils sont plutôt ce *au moyen de quoi* les mythes cherchent à expliquer des réalités qui ne sont pas elles-mêmes d'ordre naturel, mais logique.

Voici donc en quoi consiste le primat des infrastructures. D'abord, l'homme est pareil au joueur prenant en main, quand il s'attable, des cartes qu'il n'a pas inventées puisque le jeu de cartes est un *donné* de l'histoire et de la civilisation. En second lieu, chaque répartition des cartes résulte d'une distribution contingente entre les joueurs, et elle se fait à leur insu. Il y a des *donnes* qui sont subies, mais que chaque société, comme chaque joueur, interprète dans les termes de plusieurs systèmes, qui peuvent être communs ou particuliers : règles d'un jeu, ou règles d'une tactique. Et l'on sait bien qu'avec la même donne des joueurs différents ne fourniront pas la même partie, bien qu'ils ne puissent, contraints aussi par les règles, avec une donne quelconque, fournir n'importe quelle partie.

Pour expliquer la fréquence observée de certaines solutions sociologiques, qui ne peuvent tenir à des conditions objectives particulières, on n'invoquera pas le contenu, mais la forme. La matière des contradictions compte moins que le fait que des contradictions existent, et il faudrait de bien grands hasards pour que l'ordre social et l'ordre naturel se prêtassent d'emblée à une synthèse harmonieuse. Or, les formes de contradictions sont beaucoup moins variées que leurs contenus empiriques. On ne soulignera jamais assez l'indigence de la pensée religieuse ; elle explique que les hommes aient si souvent recours aux mêmes moyens, pour résoudre des problèmes dont les éléments concrets peuvent être très différents, mais qui ont en commun d'appartenir tous à des « structures de contradiction ».

Pour revenir aux Murngin, on voit bien comment le système des représentations totémiques permet d'unifier des champs sémantiques hétérogènes, au prix de contradictions que le rituel aura pour fonction de surmonter en les « jouant » : la saison des pluies engloutit littéralement la saison sèche comme les hommes « possèdent » les femmes, comme les initiés « avalent » les non-initiés, comme la famine détruit l'abondance, etc. Mais l'exemple des Murngin n'est pas unique, et nous avons, pour d'autres régions du monde, des indications significatives d'un « codage », en termes totémiques, d'une situation naturelle. S'interrogeant sur la représentation, si fréquente en Amérique du Nord, du tonnerre sous forme d'oiseau, un spécialiste des Ojibwa fait la remarque suivante :

> « Selon les observations météorologiques, le nombre moyen des journées où l'on entend le tonnerre commence par une en avril, et augmente jusqu'à cinq au milieu de l'été (juillet), puis diminue jusqu'à une seule journée en octobre. Or, si l'on consulte le calendrier du passage des oiseaux, on constate que les espèces qui hibernent dans le Sud commencent à apparaître en avril et disparaissent presque complètement, au plus tard, en octobre... Ainsi, le caractère "avien" des oiseaux-tonnerre peut-il, jusqu'à un certain point, être expliqué rationnellement, en fonction de phénomènes naturels et de leur observation. » (Hallowell, p. 32.)

Si l'on veut interpréter correctement les personnifications de phénomènes naturels, fréquentes dans le panthéon hawaiien, il faut, comme Warner l'a fait pour l'Australie, se reporter aux indications météorologiques. Impossible, en effet, de différencier et de situer avec précision les dieux Kane-hekili (le mâle sous forme de douce pluie), Ka-poha'ka'a (le mâle (= ciel) qui remue les rochers), identique à Ka'uila-nuimakeha (le mâle (= ciel) du violent éclair), etc., si l'on ne recueille pas d'abord certaines données pertinentes :

> « Les pluies, qui surviennent à la fin de janvier et continuent en février et en mars... revêtent les aspects météorologiques suivants : d'abord, des cumulus bas et sombres, sur la mer et les hautes terres, accompagnés d'une immobilité atmosphérique qui semble opprimante et sinistre ; puis des coups de tonnerre "secs", claquants et menaçants quand ils sont près, ou perçus comme une canonnade lointaine ; très vite suivis par une pluie douce et calme, qui grossit rapidement et se change en averse ; un fort tonnerre l'accompagne, sonore et frappant les hautes terres enveloppées de nuages et de rideaux de pluies, passant lentement le long des crêtes ou contournant les montagnes, souvent pour disparaître du côté de la mer où il résonne en coups sourds, avant de revenir par la direction opposée à celle qu'il avait prise le long des crêtes, phénomène provoqué par l'action cyclonique

en miniature des vents, et par la convection. » (Handy et Pukui, p. 118, n. 17.)

*

* *

Si les représentations totémiques se ramènent à un code permettant de passer d'un système à un autre, qu'il soit formulé en termes naturels ou en termes culturels, on demandera peut-être pourquoi ces représentations sont accompagnées de règles d'action : à première vue au moins, le totémisme ou prétendu tel déborde le cadre d'un simple langage, il ne se contente pas de poser des règles de compatibilité et d'incompatibilité entre des signes ; il fonde une éthique, en prescrivant ou interdisant des conduites. C'est du moins ce qui semble résulter de l'association si fréquente des représentations totémiques, d'une part, avec des prohibitions alimentaires, d'autre part avec des règles d'exogamie.

Nous répondrons d'abord que cette association supposée procède d'une pétition de principe. Si l'on a convenu de définir le totémisme par la présence simultanée de dénominations animales ou végétales, de prohibitions portant sur les espèces correspondantes, et d'interdiction du mariage entre gens partageant le même nom et la même prohibition, alors il est clair que la liaison entre ces observances pose un problème. Mais, comme on l'a remarqué depuis longtemps, chacune peut se rencontrer sans les autres, ou deux quelconques d'entre elles sans la troisième.

Cela est particulièrement clair dans le cas des prohibitions alimentaires, qui forment un ensemble vaste et complexe, dont les interdictions dites totémiques (c'est-à-dire résultant d'une affinité collective avec une espèce naturelle ou une classe de phénomènes ou d'objets) illustrent seulement un cas particulier. Le sorcier ndembu, qui est surtout un voyant, ne doit pas consommer la viande du céphalophe, parce que le cuir de cet animal est irrégulièrement tacheté ; sinon, sa prescience risquerait de s'égarer à droite et à gauche, au lieu de se concentrer sur les questions importantes. Le même raisonnement lui interdit aussi le zèbre, les animaux à pelage sombre (qui obscurciraient sa clairvoyance), une espèce de poisson à arêtes acérées (qui risqueraient de piquer son foie, organe de la divination), et plusieurs sortes d'épinard à feuilles « glissantes », afin que son pouvoir ne fuie pas au-dehors (V. W. Turner 2, pp. 47-48.)

Pendant la période d'initiation, le garçon Luvale ne peut uriner que contre le tronc des arbres suivants : *Pseudolachnostylis deckendti*, *Hymenocardia mollis*, *Afrormosia angolensis*, *Vangueriopsis lanciflora*, *Swartzia madagascariensis*, essences à bois qui symbolisent le pénis en érection et dont les fruits évoquent la fertilité et la vie. Il lui est aussi interdit de consommer la chair de divers animaux : *Tilapia melanopleura*, poisson au ventre rouge, couleur du sang ; *Sarcodaces* sp. et *Hydrocyon* sp. aux dents pointues, symboliques des douleurs consécutives à la circoncision ; *Clarias* sp., dont la peau gluante évoque les cicatrisations difficiles ; le gent au poil tacheté, symbole de la lèpre ; le lièvre aux incisives coupantes et les piments « piquants », évocateurs des souffrances du circoncis, etc. Les filles initiées sont astreintes à des prohibitions parallèles. (C.M.N. White, *1*, *2*.)

⁃ Nous avons cité ces prohibitions, parce qu'elles sont spécialisées, bien définies, et rationalisées avec précision ; dans la catégorie générale des prohibitions alimentaires, on peut les situer à l'opposé des interdictions totémiques, dont on les distingue aisément. Mais, chez les Fang du Gabon, Tessmann a inventorié un nombre élevé de prohibitions qui illustrent non seulement les types extrêmes, mais des formes intermédiaires, ce qui explique pourquoi, même chez les tenants des interprétations totémiques, l'existence du totémisme chez les Fang a pu être âprement discutée.

Les prohibitions, que les Fang nomment d'un terme général *beki*, atteignent selon les cas les femmes et les hommes, les initiés et les non-initiés, les adolescents et les adultes, les ménages qui attendent ou non un enfant. Elles se situent, par ailleurs, dans des champs sémantiques très variés. On ne doit pas consommer l'intérieur des défenses d'éléphant parce que c'est une substance molle et amère ; la trompe de l'éléphant, parce qu'elle risque de ramollir les membres ; les moutons et les chèvres, par crainte qu'ils ne communiquent leur respiration haletante ; l'écureuil est interdit aux femmes enceintes parce qu'il rend les accouchements difficiles (cf. plus haut, p. 79) ; la souris l'est spécialement aux jeunes filles, parce qu'elle est effrontée, vole le manioc quand on le lave, et que les jeunes filles risqueraient d'être pareillement « volées » ; mais la souris est aussi prohibée sur un plan plus général, parce qu'elle vit près des habitations et qu'on la considère comme un membre de la famille... Certains oiseaux sont évités en raison soit de leur vilain cri, soit de leur aspect physique. Les enfants ne doivent pas manger de larves de libellule qui pourraient leur communiquer de l'incontinence d'urine.

L'hypothèse d'une expérience diététique, envisagée par Tessmann, a été reprise récemment par Fischer à propos des indigènes de Ponapé qui croient que la violation des tabous alimentaires entraîne des désordres physiologiques, très semblables par leur description à des phénomènes d'allergie. Mais cet auteur montre que, même chez nous, les désordres allergiques ont souvent une origine psychosomatique : pour beaucoup de sujets, ils résultent de la violation d'un tabou de nature psychologique et morale. Le symptôme, en apparence naturel, relève donc d'un diagnostic culturel.

Dans le cas des Fang, dont nous avons cité seulement quelques prohibitions, prises au hasard dans la liste imposante dressée par Tessmann, il s'agit plutôt d'analogies religieuses : bêtes à cornes associées à la lune ; chimpanzé, porc, serpent python, etc., en raison de leur rôle symbolique dans certains cultes. Que les prohibitions ne résultent pas des propriétés intrinsèques de l'espèce visée, mais de la place qui leur est assignée dans un ou plusieurs systèmes de signification, ressort clairement du fait que la pintade est prohibée aux initiés du culte féminin Nkang, alors que, dans les cultes masculins, la règle inverse prévaut : l'animal cultuel est permis aux initiés, mais interdit aux novices. (Tessmann, pp. 58-71.)

Il existe donc des prohibitions alimentaires organisées en système, tout en étant extra- ou para-totémique. Inversement, beaucoup de systèmes traditionnellement tenus pour totémiques comportent des prohibitions qui

ne sont pas alimentaires. La seule prohibition alimentaire
attestée chez les Bororo du Brésil central concerne la
viande des cervidés, c'est-à-dire d'espèces non totémiques ; mais les animaux ou plantes qui servent d'éponymes aux clans et sous-clans ne semblent pas faire
l'objet d'interdictions particulières. Les privilèges et
interdictions liés aux appartenances claniques se manifestent sur un autre plan : celui des techniques, des matières
premières et des ornements, puisque chaque clan se
différencie des autres, surtout dans les fêtes, par des
parures de plumes, de nacre, et d'autres substances,
dont non seulement la nature, mais la forme et la façon
de les travailler sont strictement fixées pour chaque
clan. (Lévi-Strauss 2, chap. XXII.)

Les Tlingit septentrionaux qui vivent sur la côte de
l'Alaska ont, eux aussi, des blasons et emblèmes claniques jalousement gardés. Mais les animaux figurés ou
évoqués ne sont l'objet d'aucune prohibition, sauf sous
une forme dérisoire : les gens du loup ne peuvent élever
cet animal, ni ceux du corbeau, leur oiseau éponyme ;
et on dit que les membres du clan des grenouilles ont
peur de ces batraciens (McClellan).

Chez les Algonkin centraux, qui ignorent les prohibitions alimentaires frappant les animaux éponymes des
clans, ces derniers se différencient surtout par des
peintures corporelles, des vêtements particuliers, et par
l'usage d'une nourriture cérémonielle spéciale pour
chacun. Chez les Fox, les interdits claniques ne sont
jamais alimentaires, ou presque jamais ; et ils relèvent
des genres les plus divers : le clan du tonnerre n'a le
droit ni de faire des dessins sur le côté ouest des troncs
d'arbres, ni de se laver nu ; au clan du poisson, il est
interdit de construire des barrages de pêche, et au clan
de l'ours, de grimper aux arbres. Le clan du bison ne
peut dépouiller un animal à sabots ni le regarder quand
il meurt ; celui du loup ne peut procéder à l'inhumation
de ses membres, ni battre les chiens ; le clan de l'oiseau
ne doit pas faire du mal aux oiseaux ; le port d'une
plume dans la chevelure est interdit au clan de l'aigle.
Les membres du clan « chef » sont tenus de ne jamais
parler en mauvaise part d'un être humain, ceux du clan
du castor ne peuvent franchir un cours d'eau à la

nage, ceux du loup blanc n'ont pas le droit de crier.
(Michelson 2.)

Là même où les prohibitions alimentaires sont le
mieux attestées, on est frappé de voir qu'elles constituent
rarement un trait uniformément répandu. Dans une
région aussi bien circonscrite que la péninsule du cap
York, en Australie septentrionale, on a décrit et analysé
une dizaine de cultures voisines (comprenant une cen-
taine de tribus). Toutes possèdent une ou plusieurs
formes de totémisme : de moitié, de section, de clan ou
de groupe cultuel, mais certaines seulement y joignent
des prohibitions alimentaires. Chez les Kauralaig, patri-
néaires, le totémisme clanique comporte des prohibitions. C'est le contraire chez les Yathaikeno, également
patrilinéaires, où seuls les totems initiatiques, transmis
en ligne maternelle, sont interdits. Les Koko Yao ont
des totems de moitiés transmis en ligne maternelle et
prohibés, des totems claniques transmis en ligne paternelle et permis, enfin, des totems initiatiques transmis
en ligne maternelle et prohibés. Les Tjongandji n'ont
que des totems claniques patrilinéaires, que ne frappe
aucune prohibition. Les Okerkila se distinguent en
deux groupes, oriental et occidental, dont l'un a des
prohibitions, l'autre pas. Les Maithakudi s'abstiennent
de consommer les totems claniques qui, chez eux, sont
matrilinéaires ; bien que patrilinéaires, les Laierdila
obéissent à la même règle. (Sharp.) (Fig. 7.)

Comme le remarque l'auteur de ces observations :

> « L'interdiction de tuer et de manger les totems
> comestibles est toujours liée aux cultes maternels et au
> totémisme social en ligne maternelle. Les tabous sont
> plus variables en ce qui concerne les totems cultuels
> transmis en ligne paternelle, et on les trouve alors plus
> souvent au niveau des totems de moitiés qu'à celui des
> totems de clans. » (Sharp, p. 70.)

Ainsi se trouve confirmée, pour une région particulière, une relation générale, dégagée par Elkin à l'échelle
du continent, entre prohibitions alimentaires et institutions matrilinéaires. Comme les institutions sociales
sont l'œuvre des hommes — en règle générale et tout
particulièrement en Australie — cela revient à dire qu'il
existe une connexion entre mâle et consommateur,

femelle et produit consommé, sur laquelle nous reviendrons.

Enfin, on connaît des cas où la notion de prohibition alimentaire se retourne, si l'on peut dire, comme un gant : de prohibition devenant obligation ; et celle-ci frappant, non pas moi, mais autrui ; enfin, portant non plus sur l'animal totémique envisagé comme nourriture, mais sur la nourriture de cette nourriture. Cette remarquable transformation a été observée dans certains groupes d'indiens Chippewa, qui permettent de tuer et de consommer le totem, mais non de l'insulter. Si un indigène raille ou insulte l'animal éponyme d'un autre indigène, celui-ci en informe son clan qui prépare un festin, composé de préférence de la nourriture de l'animal totémique : ainsi, des baies et des graines sauvages, si l'animal est l'ours. L'insulteur, solennellement convié, est contraint de se bourrer, « à éclater » disent les informateurs, jusqu'à ce qu'il reconnaisse la puissance du totem. (Ritzenthaler.)

De tels faits, on peut tirer deux conclusions. En premier lieu, la différence entre espèce permise et espèce prohibée s'explique moins par une nocivité supposée qui serait attribuée à la seconde, donc comme une propriété intrinsèque d'ordre physique ou mystique, que par le souci d'introduire une distinction entre espèce « marquée » (au sens que les linguistes donnent à ce terme) et espèce « non marquée ». Interdire certaines espèces n'est qu'un moyen parmi d'autres de les affirmer significatives, et la règle pratique apparaît ainsi comme un opérateur au service du sens, dans une logique qui, étant qualitative, peut travailler à l'aide de conduites aussi bien que d'images. De ce point de vue, certaines observations anciennes pourront paraître plus dignes d'attention qu'on ne l'a généralement cru : on a décrit l'organisation sociale des Wakelbura du Queensland, en Australie orientale, comme formée de quatre classes rigoureusement exogamiques, mais, si l'on peut dire, « endo-culinaires ». Ce trait avait déjà éveillé les doutes de Durkheim, et Elkin souligne qu'il repose sur un témoignage unique et peu digne de foi. Elkin note cependant que la mythologie aranda évoque une situation comparable, puisque les ancêtres totémiques se nourrissaient exclusivement de leur nourriture particu-

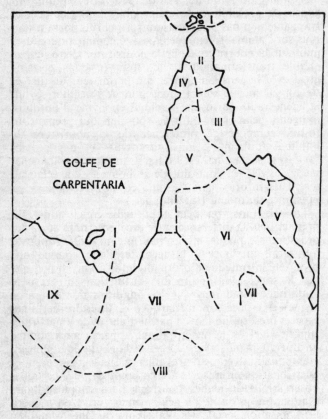

Fig. 7. — *Types d'organisation totémique dans la péninsule du cap York* (d'après SHARP). I. Type Kauralaig. - II. Type Yaithaikeno. - III. Type Koko Yao. – IV. Type Tjongandji. - V. Type Yir Yoront. - VI. Type Olkol. - VII. Type Okerkila - VIII. Type Maithakudi. - IX. Type Laierdila.

lière, alors qu'aujourd'hui c'est l'inverse : chaque groupe totémique se nourrit des autres totems, et il s'interdit les siens.

Cette remarque d'Elkin est importante, parce qu'elle montre bien que l'organisation hypothétique des Wakelbura est transformable en institutions aranda, à la seule condition d'inverser tous les termes : chez les Aranda, les totems ne sont pas pertinents par rapport au mariage, mais ils le sont par rapport à l'alimentation : l'endogamie totémique est possible, mais non l'endo-cuisine ; chez les Wakelbura où l'endo-cuisine serait impérative, l'endogamie totémique semble avoir été l'objet d'une prohibition particulièrement rigoureuse. Sans doute s'agit-il d'une tribu depuis longtemps éteinte, et sur laquelle les informations sont contradictoires (on comparera, à cet égard, l'interprétation de Frazer, vol. I, p. 423, et celle de Durkheim, p. 215, n. 2). Mais, quelle que soit l'interprétation retenue, il est frappant que la symétrie avec les institutions aranda subsiste : le rapport supposé entre règles de mariage et règles de nourriture apparaît seulement ou bien supplémentaire, ou bien complémentaire. Or, l'exemple des cultes fang, féminins ou masculins, nous a montré qu'on peut « dire la même chose » au moyen de règles formellement identiques, mais dont le contenu seul est inversé. Dans le cas des sociétés australiennes, quand les nourritures « marquées » sont peu nombreuses, et même quand elles se réduisent à une espèce unique, comme il arrive souvent, la prohibition offre la méthode différentielle la plus rentable ; mais que le nombre des nourritures « marquées » augmente (phénomène fréquent, ainsi qu'on l'a vu p. 101, dans ces tribus du Nord qui respectent en plus du totem propre ceux de la mère, du père, et de la mère de la mère), et on conçoit très bien que, sans que l'esprit des institutions change pour autant, les marques distinctives s'inversent, et que, comme en photographie, le « positif » puisse être mieux lisible que le « négatif », tout en véhiculant la même information.

Prohibitions et prescriptions alimentaires apparaissent donc comme des moyens, théoriquement équivalents, pour « signifier la signification », dans un système logique dont les espèces consommables constituent, en tout ou partie, les éléments. Mais ces systèmes peuvent être eux-mêmes de divers types, ce qui nous amène à une deuxième

conclusion. Rien n'évoque le totémisme, chez les Bushmen d'Afrique du Sud, qui observent pourtant des prohibitions alimentaires exigeantes et compliquées. Car le
système fonctionne chez eux sur un autre plan.

Tout gibier tué à l'arc est prohibé, *soχa,* jusqu'à ce que
le chef en ait consommé un morceau. L'interdiction ne
s'applique pas au foie, que les chasseurs mangent sur
place, mais qui demeure en toutes circonstances *soχa* pour
les femmes. En plus de ces règles générales, il existe des
soχa permanents pour certaines catégories fonctionnelles
ou sociales. Ainsi, l'épouse du chasseur peut seulement
manger la viande et la graisse superficielle du train arrière,
les entrailles et les pattes. Ces morceaux constituent la
portion réservée aux femmes et aux enfants. Les adolescents mâles ont droit à la paroi abdominale, aux rognons,
aux organes génitaux et aux mamelles, le chasseur, à
l'épaule et aux côtes, prélevées sur une moitié de l'animal.
La part du chef consiste en une tranche épaisse de chaque
quartier et de chaque filet, et une côtelette prélevée sur
chaque côté. (Fourie.)

A première vue, on ne peut imaginer un système qui
soit plus éloigné d'un système de prohibitions « totémiques ». Et pourtant, une transformation très simple permet de passer de l'un à l'autre : il suffit de remplacer une
ethno-zoologie par une ethno-anatomie. Le totémisme
pose une équivalence logique entre une société d'espèces
naturelles et un univers de groupes sociaux ; les Bushmen
posent la même équivalence formelle, mais entre les parties constitutives d'un organisme individuel et les classes
fonctionnelles de la société, c'est-à-dire de la société considérée elle-même comme organisme. Dans chaque cas, le
découpage naturel et le découpage social sont homologues ; et le choix d'un découpage dans un ordre implique
l'adoption du découpage correspondant dans l'autre, au
moins comme forme privilégiée [1].

---

1. En effet, les sociétés dites « totémiques » pratiquent aussi le
découpage anatomique, mais elles l'utilisent pour opérer des distinctions secondaires ; celles des sous-groupes au sein des groupes, ou
des individus au sein du groupe. Il n'y a donc pas incompatibilité
entre les deux découpages ; c'est plutôt leur place respective dans une
hiérarchie logique qui doit être tenue pour significative. Nous y
reviendrons plus loin, cf. p. 210.
Si, comme le signale G. Dieterlen (6), les Dogon font une correspondance entre leurs totems et les parties du corps d'un ancêtre sacrifié,

Le prochain chapitre sera entièrement consacré à interpréter de la même façon, c'est-à-dire comme le résultat d'une transformation au sein d'un groupe, les rapports empiriquement observables entre endogamie et exogamie. Nous nous contenterons donc ici d'établir la liaison de ce problème avec celui qui vient d'être discuté.

Entre les règles du mariage et les prohibitions alimentaires, il existe d'abord un lien de fait. Aussi bien chez les Tikopia d'Océanie que chez les Nuer d'Afrique, le mari s'abstient de consommer les animaux ou plantes prohibés à sa femme, pour la raison que la nourriture ingérée contribue à la formation du sperme : si l'homme agissait autrement, au moment du coït, il introduirait dans le corps de sa femme la nourriture prohibée. (Firth *1*, pp. 319-320, Evans-Pritchard *2*, p. 86.) A la lumière des observations qui précèdent, il est intéressant de noter que les Fang font le raisonnement inverse : une des multiples raisons invoquées à l'appui de la prohibition frappant l'intérieur des défenses d'éléphant est que le pénis pourrait devenir aussi flasque que les gencives du pachyderme (qui, paraît-il, le sont particulièrement). Par égard pour son mari, une femme observe aussi cette prohibition, sinon elle pourrait l'affaiblir pendant le coït. (Tessmann, pp. 70-71.)

Or, ces rapprochements ne font qu'illustrer, dans des cas particuliers, l'analogie très profonde que, partout dans le monde, la pensée humaine semble concevoir entre l'acte de copuler et celui de manger, à tel point qu'un très grand nombre de langues les désignent par le même mot [1]. En yoruba, « manger » et « épouser » se disent par un verbe unique, qui a le sens général de « gagner, acquérir » : usage symétrique au français qui applique le verbe « consommer » au mariage et au repas. Dans la langue des Koko Yao de la péninsule du cap York, le mot *kuta kuta* a le double sens d'inceste et de cannibalisme, qui sont les formes hyperboliques de l'union sexuelle et de la consommation alimentaire ;

c'est par application d'un système classificatoire à portée intertribale. Par conséquent, les groupements totémiques au sein de chaque tribu, repérés par correspondance à des parties du corps, sont, en fait, déjà des unités de second rang.

1. Pour un exemple sud-américain particulièrement démonstratif, cf. Henry, p. 146.

pour la même raison, la consommation du totem et l'inceste se disent de la même façon à Ponapé ; et, chez les Mashona et Matabele d'Afrique, le mot totem a également pour sens « vulve de la sœur », ce qui fournit une vérification indirecte de l'équivalence entre copuler et manger.

Si l'ingestion du totem est une forme de cannibalisme, on comprend que le cannibalisme réel ou symbolique puisse être le châtiment réservé à ceux qui violent — volontairement ou non — l'interdit : telle la cuisson symbolique du coupable dans un four à Samoa. Mais l'équivalence se vérifie à nouveau dans l'usage parallèle des Wotjobaluk d'Australie, qui mangent effectivement, au sein du groupe totémique, l'homme qui a commis le crime d'enlever une femme prohibée par la loi d'exogamie. Sans chercher aussi loin ni invoquer d'autres rites exotiques, on citera Tertullien : « La gourmandise est la porte de l'impureté » (*De Jejune,* I), et Saint Jean Chrysostome : « Le jeûne est le commencement de la chasteté. » (*Homilia in Epistolam II ad Thessalonicenses.*)

On pourrait multiplier à l'infini ces rapprochements ; ceux que nous avons cités à titre d'exemples montrent combien il est vain de chercher à établir un rapport de priorité entre les prohibitions alimentaires et les règles d'exogamie. Le lien entre les deux n'est pas causal, mais métaphorique. Rapport sexuel et rapport alimentaire sont immédiatement pensés en similitude, même aujourd'hui : pour s'en convaincre, il suffit de se reporter à des créations argotiques telles que « faire frire », « passer à la casserole », etc. Mais quelle est la raison du fait, et de son universalité ? Ici encore, on atteint le niveau logique par appauvrissement sémantique : le « plus grand » commun dénominateur de l'union des sexes et de celle du mangeur et du mangé est que l'une et l'autre opèrent une *conjonction par complémentarité :*

> « Ce qui est privé de mouvement est la nourriture des êtres doués de locomotion, les bêtes sans crocs servent de nourriture aux bêtes à crocs, celles privées de mains à celles qui ont des mains, et le timide est mangé par le fier. » (Lois de Manu, V, 30.)

Si l'équivalence, pour nous la plus familière et sans doute aussi la plus répandue dans le monde pose le mâle comme mangeur, la femelle comme mangée, il ne faut pas oublier que la formule inverse est souvent donnée, sur le plan mythique, dans le thème de *vagina dentata* qui, de façon significative, est « codé » en termes d'alimentation, c'est-à-dire en style direct (vérifiant ainsi cette loi de la pensée mythique que la transformation d'une métaphore s'achève dans une métonymie). Il est possible, d'ailleurs, que le thème de *vagina dentata* corresponde à une perspective, non plus inversée mais directe, dans la philosophie sexuelle de l'Extrême-Orient où, comme l'établissent les travaux de Van Gulik *(1, 2),* l'art du lit consiste essentiellement, pour l'homme, à éviter que sa force vitale ne soit absorbée par la femme, et à retourner ce risque à son profit.

Cette subordination logique de la ressemblance au contraste est bien mise en évidence par les attitudes complexes qu'observent certains peuples dits totémiques envers les parties du corps des animaux éponymes. Les Tikuna du haut Solimões, qui ont une exogamie « hyper-totémique » (les membres du clan du toucan ne peuvent ni se marier entre eux, ni épouser un membre d'un clan portant un nom d'oiseau, etc.), consomment librement l'animal éponyme, mais ils respectent et préservent une partie sacrée, et en utilisent d'autres comme parures distinctives. (Alviano.) L'animal totémique se décompose donc en partie consommable, partie respectable et partie emblématique. Les Elema du sud de la Nouvelle-Guinée observent envers leurs totems une prohibition alimentaire très stricte, mais chaque clan détient un privilège exclusif sur l'usage ornemental du bec, des plumes caudales, etc. (Frazer, vol. II, p. 41.) Dans les deux cas on vérifie donc une opposition entre parties consommables et parties non consommables, homologue à celle entre les catégories d'*aliment* et d'*emblème*. Pour les Elema, cette opposition est signalée par un double exclusivisme, négatif ou positif : vis-à-vis de l'espèce totémique, chaque clan *s'abstient* de la viande mais *détient* les parties dénotant les caractères spécifiques. Les Tikuna sont également exclusifs au regard des parties distinctives, mais ils adoptent envers la viande

(par quoi des animaux spécifiquement distincts, mais
consommables, se ressemblent comme nourriture) une
attitude commune. Le groupe des attitudes peut être
représenté de la façon suivante :

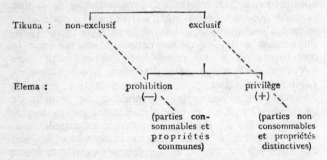

La fourrure, les plumes, le bec, les dents, peuvent
être *de moi* parce qu'ils sont ce par quoi l'animal
éponyme et moi différons l'un de l'autre : cette différence est assumée par l'homme à titre d'emblème, et
pour affirmer son rapport symbolique avec l'animal ;
tandis que les parties consommables, donc assimilables,
sont l'indice d'une consubstantialité réelle, mais qu'à
l'inverse de ce qu'on imagine la prohibition alimentaire
a pour véritable but de nier. Les ethnologues ont fait
l'erreur de retenir seulement le second aspect, ce qui les
a amenés à concevoir la relation entre l'homme et
l'animal comme univoque, sous forme d'identité, d'affinité, ou de participation. En fait, les choses sont
infiniment plus complexes : il s'agit, entre la culture et
la nature, d'un troc de similitudes contre des différences,
et qui se situent tantôt entre les animaux d'une part, et
entre les hommes d'autre part, tantôt entre les animaux
et les hommes.

Les différences entre les animaux, que l'homme peut
extraire de la nature et passer au compte de la culture
(soit en les décrivant sous forme d'oppositions et de
contrastes, donc en les conceptualisant, soit en prélevant
des parties concrètes mais non périssables : plumes, becs,
dents — ce qui constitue également une « abstraction »),
sont assumées comme emblèmes par des groupes d'hommes, afin de dénaturer leurs propres ressemblances. Et

les mêmes animaux sont recusés comme aliments par les mêmes groupes d'hommes, autrement dit : la ressemblance entre l'homme et l'animal, résultant de la possibilité pour le premier de s'assimiler la chair du second, est niée, mais seulement pour autant qu'on perçoit que le parti inverse impliquerait une reconnaissance, par les hommes, de leur nature commune. Il faut donc que la chair de n'importe quelle espèce animale ne soit pas assimilable par n'importe quel groupe d'hommes.

Or, il est clair que la seconde démarche dérive de la première, comme une conséquence possible mais non nécessaire : les prohibitions alimentaires n'accompagnent pas toujours les classifications totémiques, et elles leur sont logiquement subordonnées. Elles ne posent donc pas un problème séparé. Si, par le moyen des prohibitions alimentaires, les hommes dénient une nature animale réelle à leur humanité, c'est parce qu'il leur faut assumer les caractères symboliques à l'aide desquels ils distinguent les animaux les uns des autres (et qui leur fournissent un modèle naturel de la différenciation), pour créer des différences entre eux.

CHAPITRE IV

TOTEM ET CASTE

L'échange des femmes et l'échange des nourritures sont des moyens d'assurer l'emboîtement réciproque des groupes sociaux, ou de rendre cet emboîtement manifeste. On comprend donc que, s'agissant de procédés du même type (généralement conçus, d'ailleurs, comme les deux aspects du même procédé), ils puissent être, selon les cas, soit simultanément présents et cumulant leurs effets (tous deux sur le plan du réel, ou l'un seulement sur le plan du réel et l'autre sur le plan symbolique), soit alternativement présents, un seul ayant alors la charge totale de la fonction, ou celle de la représenter symboliquement si elle se trouve autrement assurée, comme cela peut aussi se produire en l'absence des deux procédés :

> « Si... on rencontre l'exogamie concurremment avec le totémisme chez un peuple, c'est que ce peuple a jugé bon de renforcer la cohésion sociale déjà établie par le totémisme en y adaptant un autre système encore, qui rejoint le premier par le facteur de la parenté physique et sociale et s'en distingue, sans s'y opposer, par l'élimination de la parenté cosmique. Ce même rôle, l'exogamie est apte à le jouer dans des sociétés générales constituées sur d'autres bases que le totémisme ; aussi la répartition géographique des deux institutions ne coïncide-t-elle que sur quelques points seulement du globe. » (Van Gennep, pp. 351-352.)

Pourtant, on sait que l'exogamie n'est jamais complètement absente, car la perpétuation du groupe se faisant inéluctablement par l'office des femmes, les échanges matrimoniaux sont les seuls auxquels corresponde toujours un contenu réel, même si la façon particulière dont chaque société les organise, ou conçoit leur mécanisme, permet d'y introduire en doses variables un contenu symbolique. Pour les échanges alimentaires, c'est autre chose : les femmes aranda engendrent vraiment des enfants, mais les hommes aranda se bornent à imaginer que leurs rites provoquent la multiplication des espèces totémiques. Dans un cas, il s'agit donc d'abord d'une façon de faire, même si elle est décrite au moyen d'un langage conventionnel qui lui impose ses contraintes en retour ; dans l'autre, il s'agit seulement d'une façon de parler.

Quoi qu'il en soit, les exemples de cumul ont particulièrement retenu l'attention, parce que la répétition du même schème sur deux plans différents leur donnait plus de consistance et les faisait paraître plus simples. Ces raisons surtout ont poussé à définir le totémisme par le parallélisme entre les prohibitions alimentaires et les règles d'exogamie, et à faire de cette supplémentarité des usages un phénomène privilégié. Il existe pourtant des cas où la relation n'est pas supplémentaire, mais complémentaire, les usages matrimoniaux et les usages alimentaires étant alors entre eux dans un rapport dialectique. Manifestement, cette forme appartient aussi au même groupe. Or, c'est seulement au niveau du groupe, non à celui de telle ou telle transformation arbitrairement isolée, que les sciences humaines peuvent rencontrer leur objet.

Dans un précédent chapitre, nous avons cité le témoignage d'un botaniste, attestant l'extrême pureté des types de semences dans l'agriculture des peuples dits primitifs, notamment chez les Indiens du Guatemala. Or, on sait par ailleurs que règne, dans cette région, une véritable terreur des échanges agricoles : un semis transplanté peut entraîner avec lui l'esprit de la plante, qui disparaîtra de sa localité d'origine. On peut donc échanger les femmes tout en se refusant à échanger les graines. Le cas est fréquent en Mélanésie.

Les insulaires de Dobu, au sud-est de la Nouvelle-Guinée, sont divisés en lignées matrilinéaires, *susu*. Mari et femme, qui proviennent nécessairement de *susu* différents, apportent chacun ses ignames de semence qu'ils cultivent dans des jardins distincts, et qui ne sont jamais mélangés. Point de salut pour celui qui ne possède pas ses semences : une femme démunie ne trouverait pas à se marier, elle serait réduite à l'état de pêcheuse, de voleuse, ou de mendiante ; d'autre part, la semence qui ne viendrait pas du *susu* ne pousserait pas, car l'agriculture est possible seulement grâce à la magie héritée de l'oncle maternel : c'est le rituel qui fait grossir les ignames.

Ces précautions et ces scrupules reposent sur la croyance que les ignames sont des personnes : « Ils ont des enfants, comme les femmes... ». La nuit ils se promènent, on attend leur retour pour récolter. D'où la règle qu'il ne faut pas arracher de trop bonne heure : les ignames pourraient n'être pas encore rentrés. D'où aussi la conviction que l'heureux cultivateur est un magicien, qui a su inciter les ignames de ses voisins à déménager et à s'établir dans son jardin. L'homme qui fait une belle récolte est tenu pour un voleur chanceux. (Fortune 2.)

Des croyances du même type ont existé, en France même, jusqu'à une époque récente : au moyen âge, on punissait de mort « la sorcière qui souillait et endommageait les blés ; qui, par la récitation du psaume *Super aspidem ambulabis,* vidait les champs de leurs grains pour garnir instantanément son grenier de ce bon froment ». Et il n'y a pas longtemps qu'à Cubjac, dans le Périgord, une invocation magique assurait à celui qui la prononçait une bonne provision de raves : « Que celles de nos voisins soient grosses comme des grains de mil, celles de nos parents comme des grains de froment, et les nôtres comme la tête du bœuf Fauvel ! » (Rocal, pp. 164-165.) On disait en latin : *excantare fruges.*

Or, sous réserve de l'exogamie minimale résultant des degrés prohibés, les sociétés paysannes européennes observaient une stricte endogamie locale. Et il est significatif qu'à Dobu une endo-agriculture exacerbée puisse apparaître comme la compensation symbolique d'une exogamie de lignée et de village pratiquée avec répugnance, sinon même avec effroi : en dépit d'une endogamie généralement assurée au niveau de la localité — qui comprend 4 à 20 villages voisins — le mariage, même dans un proche village, est censé mettre un homme à la merci d'assassins et de sorciers, et celui-ci considère toujours sa femme comme une magicienne en puissance prête à le tromper avec des amis d'enfance, et à le détruire lui et les siens. (Fortune 2.) Dans un cas de ce genre, l'endo-agriculture renforce une tendance latente à l'endogamie, à moins qu'elle n'exprime symboliquement l'hostilité envers les règles d'une exogamie précaire, observées à contrecœur. La situation est symétrique et inverse de celle qui prévaut en Australie, là où les prohibitions alimentaires et les règles exogamiques se renforcent mutuellement et, comme on l'a vu, de façon plus symbolique et nettement conceptualisée dans les sociétés patrilinéaires (où les prohibitions alimentaires sont souples, et formulées de préférence en termes de moitiés, c'est-à-dire sur un plan déjà abstrait et qui se prête à un codage binaire par couples d'oppositions), plus littérale et concrète dans les sociétés matrilinéaires (où les prohibitions sont strictes, et énoncées en termes de clans dont on peut souvent douter qu'ils relèvent d'ensembles systématiques, compte tenu des facteurs historiques et démographiques qui ont dû jouer dans leur genèse un rôle déterminant).

En dehors de ces cas de parallélisme, positif ou négatif, il en existe d'autres où la réciprocité des groupes sociaux s'exprime seulement sur un plan. Les règles du mariage des Omaha sont formalisées de façon très différente de celles des Aranda : au lieu que, comme chez ces derniers, la classe du conjoint soit déterminée avec précision, tous les clans qui ne sont pas expressément interdits sont permis. Sur le plan alimentaire pourtant, les Omaha ont des rites très proches de l'intichiuma [1] : le maïs sacré est confié à la garde de certains clans, qui le distribuent annuellement aux autres afin de vivifier leurs semences. (Fletcher et La Flesche.) Les clans totémiques des Nandi d'Uganda ne sont pas exogames ; mais cette « non-fonctionnalité » au niveau des échanges matrimoniaux se trouve compensée par un extraordinaire développement des interdits claniques, non seulement sur le plan alimentaire, mais aussi sur ceux des activités techniques et économiques, du costume, et des empêchements au mariage résultant de

---

1. Cf. plus bas, p. 270.

tel ou tel détail de l'histoire personnelle du conjoint prohibé. (Hollis.) Il est impossible d'élaborer un système de ces différences ; les écarts reconnus entre les groupes semblent plutôt résulter d'une propension à accueillir toutes les fluctuations statistiques, ce qui, sous une autre forme et sur un autre plan, est aussi la méthode mise en œuvre par les systèmes dits « Crow Omaha » et par les sociétés occidentales contemporaines, pour assurer l'équilibre global des échanges matrimoniaux [1].

Cette émergence de méthodes d'articulation plus complexes que celles résultant seulement des règles d'exogamie ou des prohibitions alimentaires, ou même des deux ensemble, est particulièrement frappante dans le cas des Baganda (qui sont proches des Nandi) parce qu'ils semblent avoir accumulé toutes les formes. Les Baganda étaient divisés en approximativement quarante clans, *kika,* ayant chacun un totem commun, *miziro,* dont la consommation était prohibée en vertu d'une règle de rationnement alimentaire : en se privant de la nourriture totémique, chaque clan la laisse disponible en plus grande quantité pour les autres clans : c'est la contrepartie modeste de la prétention australienne qu'à condition de s'en abstenir aussi chaque clan détient le pouvoir de la multiplier.

Comme en Australie, chaque clan se qualifie par ses liens avec un territoire qui, chez les Baganda, est généralement une colline. Enfin, au totem principal s'ajoute un totem secondaire, *kabiro.* Chaque clan baganda se définit donc par deux totems, des prohibitions alimentaires, un domaine territorial. A quoi s'ajoutent des prérogatives, telles que l'éligibilité de ses membres à la royauté ou à d'autres dignités, la prestation des épouses royales, la confection ou la garde des emblèmes ou des ustensiles royaux, des obligations rituelles consistent dans la fourniture de certaines nourritures aux autres clans ; des spécialisations techniques : le clan du champignon fabrique seul l'écorce battue, les forgerons proviennent tous du clan de la vache sans queue, etc. ; enfin, certains interdits (les femmes du

---

1. A tort ou à raison, Radcliffe-Brown (*3,* pp. 32-33) traite le système de parenté nandi comme un système omaha.

clan ne peuvent engendrer d'enfant mâle de sang royal),
et le port de noms propres réservés. (Roscoe.)

*

* *

Dans des cas de ce genre, on sait plus très bien à
quel type de société on a affaire : incontestablement,
les clans totémiques des Baganda sont aussi des castes
fonctionnelles. A première vue pourtant, rien ne semble
plus opposé que ces deux formes institutionnelles. Nous
avons pris l'habitude d'associer les groupes totémiques
aux civilisations les plus « primitives », tandis que les
castes nous apparaissent comme le fait de sociétés très
évoluées, connaissant même parfois l'écriture. Enfin,
une solide tradition lie les institutions totémiques aux
formes les plus strictes d'exogamie ; mais si l'on invitait
un ethnologue à définir le concept de caste, il est à peu
près certain qu'il se référerait d'abord à la règle
d'endogamie.

On pourrait donc s'étonner que les plus anciens
observateurs des sociétés australiennes aient, entre 1830
et 1850 environ, souvent employé le mot « caste » pour
désigner les classes matrimoniales dont ils soupçonnaient
cependant vaguement la fonction. (Thomas, pp. 34-35.)
Il ne faut pas dédaigner ces intuitions, qui préservent la
fraîcheur et la vivacité d'une réalité encore intacte et
d'une vision non altérée par les spéculations théoriques.
Sans aborder ici le problème au fond, il est clair que,
d'un point de vue superficiel, il y a certaines analogies
entre les tribus australiennes et les sociétés à castes :
chaque groupe y exerce une fonction spécialisée, indispensable à la collectivité dans son ensemble, et complémentaire des fonctions attribuées aux autres groupes.

Cela est particulièrement net dans le cas des tribus
dont les clans ou les moitiés sont liés par une règle de
réciprocité. Chez les Kaitish et les Unmatjera, voisins
septentrionaux des Aranda, un individu qui récolte des
graines sauvages dans le territoire du groupe totémique
dont ces graines sont l'éponyme doit solliciter du
chef l'autorisation de les consommer. Chaque groupe
totémique est tenu de procurer aux autres groupes la
plante ou l'animal à la « production » duquel il est

spécialement préposé. Ainsi, un chasseur solitaire du clan de l'émou ne peut toucher à cet animal. Mais, s'il est en compagnie, il a le droit, sinon même le devoir, de le tuer et de l'offrir aux chasseurs appartenant aux autres clans. Inversement, un chasseur solitaire du clan de l'eau a le droit de boire s'il est assoiffé, mais, en compagnie, il lui faut recevoir l'eau d'un membre de la moitié alterne de la sienne, de préférence un beau-frère. (Spencer et Gillen, pp. 159-160.) Chez les Warramunga, chaque groupe totémique est responsable de la multiplication d'une espèce végétale ou animale déterminée, et de son obtention par les autres groupes : « les membres d'une moitié... prennent en charge... les cérémonies de l'autre moitié dont le but est d'accroître leur propre ravitaillement ». Aussi bien chez les Walpari que chez les Warramunga, les prohibitions totémiques secondaires (frappant le totem maternel) sont levées si la nourriture en question est obtenue par l'intermédiaire d'un homme de l'autre moitié. Plus généralement et pour un totem quelconque, on distingue entre groupes qui ne le consomment jamais (parce que c'est leur totem propre), groupes qui le consomment s'ils l'ont obtenu par l'intermédiaire d'un autre groupe (ainsi pour les totems maternels), enfin, groupes qui consomment librement et en toutes circonstances. Il en est de même pour les points d'eau sacrés : les femmes ne s'y rendent jamais, les hommes non initiés s'y rendent sans boire, certains groupes s'y rendent et boivent à la condition que l'eau leur soit présentée par les membres d'autres groupes qui, eux, boivent librement. (Spencer et Gillen, pp. 164.) Cette dépendance réciproque est déjà manifeste dans le mariage qui, comme Radcliffe-Brown l'a montré pour l'Australie (mais on pourrait en dire autant de bien d'autres sociétés claniques, ainsi les Iroquois), était fondé sur des prestations réciproques de nourriture végétale (féminine) et de nourriture animale (masculine) : dans de tels cas, la famille conjugale apparaît comme une société en miniature à deux castes.

La différence est donc moins grande qu'il ne semble entre des sociétés qui, comme certaines tribus autraliennes, assignent une fonction magico-économique distinctive aux groupements totémiques et, par exemple, les Bororo du Brésil central chez qui la même fonction de

« libération » des produits de consommation — animaux ou végétaux — est réservée à des spécialistes, qui l'assument par rapport au groupe tout entier. (Colbacchini.) Nous sommes ainsi conduits à suspecter le caractère radical de l'opposition entre castes endogames et groupes totémiques exogames : ces deux types extrêmes n'ont-ils pas entre eux des rapports dont la nature apparaîtrait mieux si nous pouvions démontrer l'existence de formes intermédiaires ?

Dans un autre travail (6), nous avons insisté sur un caractère, à nos yeux fondamental, des institutions dites totémiques : elles invoquent une homologie, non pas entre des groupes sociaux et des espèces naturelles, mais entre les différences qui se manifestent, d'une part, au niveau des groupes, d'autre part au niveau des espèces. Ces institutions reposent donc sur le postulat d'une homologie *entre deux systèmes de différences*, situés l'un dans la nature, l'autre dans la culture. En dénotant les rapports d'homologie par des traits verticaux, une « structure totémique pure » pourrait donc être représentée de la façon suivante :

NATURE : espèce 1 $\neq$ espèce 2 $\neq$ espèce 3 $\neq$ ...... espèce n

CULTURE : groupe 1 $\neq$ groupe 2 $\neq$ groupe 3 $\neq$ .... groupe n

Cette structure serait profondément altérée si, aux homologies entre les rapports, on ajoutait des homologies entre les termes, ou si — faisant un pas de plus — on déplaçait, des rapports aux termes, le système global des homologies :

NATURE : espèce 1 $\neq$ espèce 2 $\neq$ espèce 3 .... espèce n

CULTURE : groupe 1 $\neq$ groupe 2 $\neq$ groupe 3 ...... groupe n

Dans ce cas, le contenu implicite de la structure ne sera plus que le clan 1 diffère du clan 2 comme, par exemple, l'aigle de l'ours, mais que le clan 1 est comme l'ours, et le 2 comme l'aigle ; c'est-à-dire que la nature du clan 1 et la nature du clan 2 seront isolément mises en cause, au lieu du rapport formel entre les deux.

Or, la transformation dont nous venons d'envisager la possibilité théorique peut être parfois directement observée. Les insulaires du détroit de Torrès ont des clans totémiques dont, à Mabuiag, le nombre est de l'ordre de la trentaine. Ces clans exogamiques et patrilinéaires étaient groupés en deux moitiés, comprenant respectivement les animaux terrestres et les animaux marins. A Tutu et à Saibai, cette répartition correspondait, semble-t-il, à une division territoriale à l'intérieur du village. Au moment de l'expédition de A. C. Haddon, cette structure était déjà dans un état de décomposition avancée. Néanmoins, les indigènes avaient le sentiment très vif d'une affinité physique et psychologique entre les hommes et leurs totems, et de l'obligation correspondante pour chaque groupe de perpétuer un type de conduite : les clans du casoar, du crocodile, du serpent, du requin et du poisson-marteau avaient une nature belliqueuse, ceux de la raie, de la raie à spatule et du poisson rémora étaient dits pacifiques. Du clan du chien on ne pouvait rien affirmer, car les chiens ont un caractère instable. On tenait les gens du crocodile pour forts et sans pitié, on prétendait que ceux du casoar avaient de longues jambes et excellaient à la course. (Frazer, vol. II, pp. 3-9, citant Haddon et Rivers.) Il serait intéressant de savoir si ces croyances ont survécu à l'organisation ancienne comme des vestiges, ou si elles se sont développées de pair avec la décomposition des règles d'exogamie.

Le fait est qu'on en observe de semblables, bien qu'inégalement développées, chez les indiens Menomini de la région des Grands Lacs, et plus au nord, chez les Chippewa. Dans ce dernier groupe, les gens du clan du poisson étaient censés vivre longtemps, avoir le cheveu fin ou rare : tous les chauves étaient présumés membres de ce clan. Au contraire, les gens du clan de l'ours se distinguaient par leurs cheveux longs, noirs et épais, ne blanchissant pas avec l'âge, et par leur tempérament coléreux et combatif. On attribuait au clan de la grue une voix criarde, et c'était celui d'où provenaient les orateurs de la tribu. (Kinietz, pp. 76-77.)

Arrêtons-nous un instant pour considérer les implications théoriques de telles spéculations. Quand la nature et la culture sont conçues comme deux systèmes de différences, entre lesquels existe une analogie formelle, c'est le caractère systématique propre à chaque domaine qui se trouve mis au premier plan. Les groupes sociaux sont distingués les uns des autres ; mais ils demeurent solidaires comme parties du même tout, et la loi d'exogamie offre le moyen de concilier cette opposition équilibrée entre la diversité et l'unité. Mais, si les groupes sociaux sont envisagés moins sous l'angle de leurs relations réciproques dans la vie sociale que chacun pour son compte, par rapport à une réalité d'un autre ordre que l'ordre sociologique, alors on peut prévoir que le point de vue de la diversité l'emportera sur celui de l'unité. Chaque groupe social tendra à former système, non plus avec les autres groupes sociaux, mais avec certaines propriétés différentielles conçues comme héréditaires, et ces caractères exclusifs des groupes rendront plus fragile leur articulation solidaire au sein de la société. Dans la mesure où chaque groupe cherchera à se définir par l'image qu'il se fait d'un modèle naturel, il lui deviendra de plus en plus difficile, sur le plan social, de maintenir ses liaisons avec les autres groupes, et, tout spécialement, d'échanger avec eux ses sœurs et ses filles puisqu'il aura tendance à se les représenter comme étant d'une « espèce » particulière. Deux images, l'une sociale, l'autre naturelle, et chacune pour son compte articulée avec elle-même, seront remplacées par une image socio-naturelle unique, mais morcelée [1] :

NATURE :   espèce 1   espèce 2   espèce 3 ..... espèce n

CULTURE :   groupe 1   groupe 2   groupe 3 ..... groupe n

Bien entendu, c'est uniquement pour les commodités

1. On objectera peut-être que, dans le travail précité (6), nous avons contesté que le totémisme puisse être interprété sur la base d'une analogie directe entre des groupes humains et des espèces naturelles. Mais cette critique était dirigée contre une théorie formulée par des ethnologues, alors qu'il s'agit ici d'une théorie indigène — explicite ou implicite — mais qui, précisément, correspond à des institutions que les ethnologues se refuseraient à classer comme totémiques.

de l'exposé, et parce que ce livre est consacré à l'idéologie et aux superstructures, que nous semblons donner à celles-ci une sorte de priorité. Nous n'entendons nullement insinuer que des transformations idéologiques engendrent des transformations sociales. L'ordre inverse est seul vrai : la conception que les hommes se font des rapports entre nature et culture est fonction de la manière dont se modifient leurs propres rapports sociaux. Mais notre objet étant ici d'esquisser une théorie des superstructures, il est inévitable, pour des raisons de méthode, qui nous accordions à celles-ci une attention privilégiée, et que nous paraissions mettre entre parenthèses, ou placer à un rang subordonné, les phénomènes majeurs qui ne figurent pas à notre programme du moment. Pourtant, nous n'étudions que les ombres qui se profilent au fond de la caverne, sans oublier que seule l'attention que nous leur prêtons leur confère un semblant de réalité.

*
* *

Cela dit, nous risquerons moins d'être mal compris en résumant ce qui précède comme l'exposé des transformations conceptuelles qui marquent le passage de l'exogamie à l'endogamie (lequel passage est évidemment possible dans les deux sens). Certaines, au moins, des tribus algonkin d'où proviennent nos derniers exemples avaient une structure clanique hiérarchisée, dont on peut soupçonner qu'elle devait apporter quelque gêne au fonctionnement d'une exogamie formulée en termes égalitaires. Mais c'est dans le sud-est des États-Unis, dans les tribus du groupe linguistique muskogi, qu'on observe le plus nettement des formes institutionnelles hybrides, à mi-chemin entre les groupes totémiques et les castes, ce qui explique, d'ailleurs, l'incertitude qui règne sur leur caractère endogame ou exogame.

Les Chickasaw étaient peut-être exogames au niveau des clans, et endogames à celui des moitiés. Celles-ci offraient en tout cas le caractère, remarquable pour des structures de ce type, d'un exclusivisme confinant à l'hostilité réciproque : la maladie et la mort souvent attribuées à la sorcellerie des gens de la moitié opposée.

Chaque moitié célébrait ses rites dans un isolement jaloux ; les membres de l'autre moitié qui en auraient été témoins pouvaient être punis de mort. La même attitude existait chez les Creek ; au niveau des moitiés, elle rappelle de façon frappante celle qui, chez les Aranda, prévalait au niveau des groupes totémiques : chacun pratiquait ses rites « entre soi », bien que le bénéfice en fût seulement « pour les autres », ce qui montre bien, soit dit en passant, qu'*endo-praxis* et *exo-praxis* ne sont jamais définissables séparément et dans l'absolu, mais seulement comme des aspects complémentaires d'une relation ambiguë à soi et à autrui, ainsi que Morgan l'a démontré contre McLennan.

Les moitiés, qui servaient probablement à former les camps opposés lors des compétitions sportives, étaient censées différer par le type de résidence et par le tempérament : l'une, guerrière, préférait les paysages ouverts ; l'autre, pacifique, demeurait au fond des bois. Il se peut que les moitiés aient été aussi hiérarchisées, comme le suggèrent les termes, qu'on leur applique parfois, de « gens aux belles demeures » et « gens aux masures ». Pourtant, ces différences hiérarchiques, psychiques et fonctionnelles se manifestaient surtout au niveau des clans ou de leurs subdivisions en hameaux. Dans les évocations indigènes du passé, reviennent constamment, comme un leitmotiv, ces formules appliquées à chaque clan ou hameau : « c'étaient des gens très spéciaux... ils ne ressemblaient pas aux autres... ils avaient des coutumes et des usages bien à eux... ». Ces particularités relevaient des ordres les plus divers : lieu de séjour, activité économique, costume, alimentation, aptitudes et goûts.

On raconte que les gens du raton laveur se nourrissaient de poisson et de fruits sauvages : que ceux du puma vivaient dans les montagnes, évitaient l'eau dont ils avaient grand peur, et consommaient surtout du gibier. Les gens du chat sauvage dormaient pendant le jour et chassaient la nuit, car ils étaient doués d'une vue perçante ; ils s'intéressaient peu aux femmes. Ceux de l'oiseau s'éveillaient avant le jour : « ils ressemblaient aux oiseaux en ceci qu'ils ne gênaient pas les autres... chacun avait une forme d'esprit particulière, tout comme il existe beaucoup d'espèces d'oiseaux». On les disait polygames, peu enclins au travail, vivant bien, et dotés d'une nombreuse progéniture.

Les gens du renard rouge étaient des voleurs professionnels, épris d'indépendance et vivant au cœur des forêts. Nomades et imprévoyants, les « Iska errants » n'en jouissaient pas moins d'une santé robuste « car ils n'aimaient pas se fatiguer ». Ils se mouvaient avec nonchalance, persuadés d'avoir la vie devant eux ; hommes et femmes prenaient peu de soin de leur chevelure et négligeaient leur tenue ; ils vivaient en mendiants et en paresseux. Les habitants du hameau du Poteau-de-chêne-penché, situé dans la forêt, étaient de tempérament instable, peu vigoureux, adonnés à la danse, toujours anxieux et soucieux ; c'étaient des lève-tôt et des maladroits. Au hameau du Haut-grenier-à-maïs, les gens étaient estimés malgré leur orgueil : bons jardiniers, très travailleurs mais chasseurs médiocres, ils échangeaient leur maïs contre du gibier. On les disait francs, têtus, experts à prédire le temps. Quant aux cabanes du hameau de la Mouffette-rouge, elles étaient toutes souterraines... (Swanton 2, pp. 190-213.)

Ces informations ont été recueillies à une époque où les institutions traditionnelles n'existaient plus que dans le souvenir de vieux informateurs, et il est clair que, pour une part, ce sont des contes de bonne femme. Aucune société ne pourrait à ce point se permettre de « jouer la nature », ou alors elle se scinderait en une multitude de bandes indépendantes et hostiles, dont chacune contesterait aux autres la qualité humaine. Les témoignages recueillis par Swanton sont des mythes sociologiques, autant et plus que des informations ethnographiques. Pourtant, leur richesse, les ressemblances qu'ils offrent entre eux, l'unité du schème qui les inspire, l'existence de témoignages du même type provenant de groupes voisins, tout suggère que, même si les institutions réelles furent très différentes, nous avons là, au moins, une sorte de modèle conceptuel de la société chickasaw, qui présente l'énorme intérêt d'évoquer une société à castes, bien que les attributs des castes, et leurs rapports, y soient codés par référence à des espèces naturelles, donc à l'instar de groupes totémiques. D'ailleurs, les relations supposées entre les clans et leurs éponymes sont conformes à celles qu'on rencontre dans les sociétés « totémiques » de type classique : soit que le clan descende de l'animal, soit qu'un ancêtre humain du clan ait, dans les temps mythiques, contracté une alliance avec lui. Or, ces sociétés qui sont à tout le moins pensées comme si elles étaient composées de castes « naturelles », c'est-à-dire où la culture est conçue comme projection ou reflet de la nature, forment charnière entre des sociétés que les auteurs classiques ont utilisées pour illustrer leur conception du totémisme (tribus des plaines du Sud-Ouest), et des sociétés telles que les Natchez, qui offrent un des rares exemples de castes vraies qu'on connaisse en Amérique du Nord.

Nous avons ainsi établi que, dans les deux terres classiques du prétendu totémisme, les institutions définies par référence à cette notion trompeuse pouvaient soit, comme en Australie, être aussi caractérisées d'un point de vue fonctionnel, soit, comme en Amérique, faire place à des formes encore conçues sur le modèle de groupes totémiques, bien qu'elles fonctionnent plutôt comme des castes.

Transportons-nous maintenant dans l'Inde, terre classique aussi, mais des castes. Nous constaterons qu'à leur contact les institutions réputées totémiques subissent une transformation symétrique et inverse de celle qui les affecte en Amérique : au lieu que les castes soient conçues sur un modèle naturel, ce sont ici les groupes totémiques qui sont conçus sur un modèle culturel.

Les appellations totémiques qu'on rencontre dans certaines tribus du Bengale sont, en majorité, d'origine animale ou végétale. Tel est le cas des quelque 67 totems recensés des Oraon de Chota Nagpur, à l'exception du fer dont, faute de pouvoir proscrire utilement la consommation, on interdit le contact avec les lèvres ou la langue : cette prohibition est donc encore formulée dans des termes qui la rapprochent d'une prohibition alimentaire. Chez les Munda de la même région, 340 clans exogamiques recensés ont, en majorité, des totems animaux et végétaux dont la consommation est interdite. Cependant, on note déjà des totems de nature différente : pleine lune, clair de lune, arc-en-ciel, mois de l'année, jour de la semaine, bracelet de cuivre, vérandah, ombrelle, professions ou castes telles que celles de vannier et de porteur de torche. (Risley, vol. II et Appendix.) Plus à l'ouest, les 43 noms de clans des Bhil se répartissent en 19 végétaux, 17 animaux, et 7 se rapportant à des objets : poignard, pot cassé, village, bâton épineux, bracelet, anneau de cheville, morceau de pain. (Koppers, pp. 143-144.)

C'est en allant vers le sud qu'on observe surtout le renversement du rapport entre espèces naturelles et objets ou produits manufacturés. Les clans des Devanga, caste de tisseurs de Madras, portent des noms où figurent peu de plantes et presque pas d'animaux. En revanche, on trouve les noms suivants : lait caillé, étable, pièce de monnaie, barrage, maison, collyre, couteau, ciseaux, bateau, lampe, vêtements, vêtement féminin, corde à suspendre les pots, vieil araire, monastère, bûcher funéraire, tuile. Les Kuruba de Mysore comptent 67 clans exogamiques recensés, à noms animaux et végétaux ou désignés comme suit : char, coupe à boire, argent, silex, pelote de fil, bracelet, or, anneau d'or, pioche, bordure colorée du vêtement, bâton, couverture, mesure, moustache, métier à tisser, tube de bambou, etc. (Thurston, vol. II, pp. 160 sq., vol. IV, p. 141.)

Il se pourrait que le phénomène fût plutôt périphérique que méridional, car on est tenté d'évoquer à son sujet le rôle mythique prêté à des objets manufacturés : sabre, couteau, lance, aiguille, pilier, corde, etc., par certaines tribus de l'Asie du Sud-Est. Quoi qu'il en soit, dans l'Inde, les objets manufacturés qui servent aux appellations claniques reçoivent des hommages spéciaux, comme les plantes et les animaux totémiques : soit qu'on leur rende un culte à l'occasion des mariages, soit que le respect qu'on leur porte affecte une forme bizarre et spécifique : ainsi, chez les Bhil, pour le clan du pot cassé, l'obligation de recueillir les fragments des poteries d'un certain type et de leur donner une sépulture. Une certaine fraîcheur d'invention semble parfois perceptible : le Arisana gotram des Karuba porte le nom du turmeric ; mais, comme il serait gênant — dit-on — de se priver d'un condiment aussi essentiel, c'est la graine de *korra* qui tient lieu d'aliment prohibé.

*
* *

On connaît, ailleurs dans le monde, des listes hétéroclites d'appellations claniques ; il y en a notamment (et peut-être de façon significative) dans le nord de l'Australie, région du continent la plus perméable aux influences extérieures. On a relevé en Afrique des totems individuels tels qu'une lame de rasoir et une pièce de monnaie :

> « Quand j'ai demandé [aux Dinka] qui je devrais invoquer comme mes divinités claniques, c'est en plaisantant à demi seulement qu'ils m'ont suggéré Machine à écrire, Paper et Camion, car ces choses n'étaient-elles pas celles-là mêmes qui avaient toujours aidé mon peuple, et que les Européens reçurent de leurs ancêtres ? » (Lienhardt, p. 110.)

Mais ce caractère hétéroclite ne s'affirme nulle part autant que dans l'Inde, où les appellations totémiques comportent une forte proportion d'objets manufacturés, c'est-à-dire de produits ou de symboles d'activités fonctionnelles qui — parce qu'elles sont nettement différenciées dans un système de castes — peuvent, au sein de la tribu ou de la caste elle-même, servir à exprimer des écarts différentiels entre des groupements sociaux. Tout se passe donc comme si, en Amérique, des ébauches de castes avaient été contaminées par des classifications totémiques, tandis qu'en Inde des vestiges de groupes totémiques se seraient laissés gagner par un symbolisme d'inspiration technologique et professionnelle. Ces chassés-croisés surprendront moins, si l'on tient compte qu'il existe une façon de traduire les institutions australiennes en langage de caste, plus élégante et plus directe que celle utilisée ci-dessus.

Nous avions suggéré, en effet, que, puisque chaque groupe totémique s'arroge le contrôle d'une espèce animale ou végétale pour le bénéfice des autres groupes, ces spécialisations fonctionnelles ressemblent, d'un certain point de vue, à celles qu'assument les castes professionnelles qui, elles aussi, exercent une activité distinctive et indispensable à la vie et au bien-être du groupe tout entier. Toutefois, une caste de potiers fabrique effectivement des pots, une caste de blanchisseurs lave réellement le linge, une caste de barbiers rase pour de bon, tandis que les pouvoirs magiques des groupes totémiques australiens relèvent de l'ordre imaginaire ; la distinction s'impose, même si la croyance en l'efficacité des pouvoirs magiques est partagée par leurs bénéficiaires supposés et par ceux qui, de bonne foi, prétendent les détenir. D'autre part, le lien entre sorcier et espèce naturelle ne peut être conçu logiquement sur le même modèle que celui entre l'artisan et son produit : c'est seulement aux temps mythiques que les animaux totémiques étaient directement engendrés à partir du corps de l'ancêtre. Aujourd'hui, ce sont les kangourous qui produisent les kangourous : le sorcier se contente de les aider.

Mais, si nous considérons les institutions australiennes (et d'autres aussi) dans une perspective élargie, nous apercevons un domaine où le parallélisme avec un système de castes est beaucoup plus net : il suffit pour cela de centrer l'attention sur l'organisation sociale, plutôt que sur les croyances et pratiques religieuses. Car les premiers observateurs des sociétés australiennes avaient, en un sens, raison de désigner les classes matrimoniales du nom de castes : une section australienne produit ses femmes pour les autres sections, de la même façon qu'une caste professionnelle produit des biens et des services que les autres castes n'obtiennent que par son office... Ce serait donc une vue superficielle que de les opposer simplement sous le rapport de l'exogamie et de l'endogamie. En fait, castes professionnelles et groupements totémiques sont également « exopratiques », les premières sur le plan des échanges de biens et de services, les seconds sur celui des échanges matrimoniaux.

Mais, dans les deux cas, un coefficient d'« endo-*praxis* » est toujours décelable. Les castes sont ostensiblement endogames, sous réserve d'empêchements au mariage dont nous avons montré ailleurs (*1*, chap. XXV) que, par compensation, ils tendaient à se multiplier. Les groupements australiens sont exogames, mais le plus souvent selon la formule de l'échange restreint qui est une imitation de l'endogamie au sein même de l'exogamie, puisque l'échange restreint est le fait de groupes qui se considèrent comme clos et dont les échanges internes sont repliés sur eux-mêmes : il s'oppose ainsi à l'échange généralisé, mieux ouvert vers l'extérieur et permettant l'incorporation de groupes nouveaux sans altération de la structure. Ces rapports peuvent être illustrés par un diagramme :

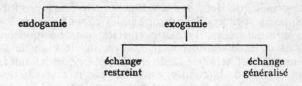

où l'on voit que l'échange restreint, forme « fermée » de l'exogamie, est logiquement plus proche de l'endogamie que l'échange généralisé, forme « ouverte ».

Ce n'est pas tout. Entre les femmes qu'on échange et les biens ou services qu'on échange aussi, il existe une différence foncière : les premières sont des individus biologiques, c'est-à-dire des produits naturels, naturellement procréés par d'autres individus biologiques ; les seconds sont des objets manufacturés (ou des opérations accomplies au moyen de techniques et d'objets manufacturés), c'est-à-dire des produits sociaux, culturellement fabriqués par des agents techniques ; la symétrie entre castes professionnelles et groupes totémiques est une symétrie inversée. Le principe de leur différenciation est emprunté à la culture dans un cas, à la nature dans l'autre.

Seulement, cette symétrie n'existe que sur un plan idéologique ; elle est dépourvue de base concrète. Au regard de la culture, les spécialités professionnelles sont véritablement différentes et complémentaires ; on ne pourrait en dire autant, au regard de la nature, de la spécialisation des groupements exogamiques en vue de la production de femmes d'espèces différentes. Car, si les occupations constituent bien des « espèces sociales » distinctes, les femmes issues de sections ou de sous-sections différentes n'en appartiennent pas moins toutes à la même espèce naturelle.

Là est le piège, tendu par la réalité à l'imagination des hommes, et auquel ils ont tenté d'échapper en cherchant dans l'ordre de la nature une diversité réelle, seul modèle objectif dont (à défaut de la division du travail et de la spécialisation professionnelle, s'ils les ignorent) ils puissent s'inspirer, pour établir entre eux des rapports de complémentarité et de coopération. Autrement dit, ils conçoivent ces rapports sur le modèle

d'après lequel (et aussi en fonction de leurs propres
rapports sociaux) ils conçoivent les rapports entre les
espèces naturelles. Il n'existe, en effet, que deux modèles
vrais de la diversité concrète : l'un sur le plan de la
nature, c'est celui de la diversité des espèces ; l'autre,
sur le plan de la culture, est offert par la diversité des
fonctions. Placé entre ces deux modèles vrais, celui
qu'illustrent les échanges matrimoniaux présente un
caractère ambigu et équivoque : car les femmes sont
semblables quant à la nature, et c'est seulement au
regard de la culture qu'on peut les poser comme
différentes ; mais si la première perspective prévaut
(comme c'est le cas, quand le modèle de diversité choisi
est le modèle nature), la ressemblance l'emporte sur la
différence : sans doute, les femmes doivent être échangées, puisqu'on les a décrétées différentes ; mais cet
échange suppose qu'on les tienne au fond pour semblables. En revanche, quand on se place dans l'autre
pespective et qu'on adopte un modèle culturel de la
diversité, la différence, qui correspond à l'aspect culturel, l'emporte sur la ressemblance : les femmes ne sont
reconnues semblables entre elles que dans les limites de
leurs groupes sociaux respectifs, et donc, d'une caste à
l'autre, les femmes ne peuvent être échangées. Les castes
posent les femmes comme hétérogènes naturellement,
les groupes totémiques les posent comme hétérogènes
culturellement ; et la raison dernière de cette différence
entre les deux systèmes est que les castes exploitent pour
de bon l'hétérogénéité culturelle, tandis que les groupes
totémiques s'offrent seulement l'illusion d'exploiter l'hétérogénéité naturelle.

Tout ce qu'on vient de dire peut être exprimé d'autre
façon. Les castes, qui se définissent d'après un modèle
culturel, échangent vraiment des objets culturels, mais
pour prix de la symétrie qu'elles postulent entre nature
et culture, elles doivent concevoir sur un modèle naturel
leur production naturelle en tant que ces castes sont
composées d'êtres biologiques : production qui consiste
en femmes, que ces êtres biologiques produisent et qui
les produisent. Il s'ensuit que les femmes sont diversifiées
sur le modèle des espèces naturelles : elles ne peuvent
pas plus être échangées que ces espèces ne peuvent se
croiser. Les groupements totémiques payent un prix

symétrique et inverse. Ils se définissent d'après un modèle naturel, et ils échangent entre eux des objets naturels : les femmes qu'ils produisent et qui les produisent naturellement. La symétrie postulée entre nature et culture entraîne alors l'assimilation des espèces naturelles sur le plan de la culture. De même que les femmes, homogènes quant à la nature, sont proclamées hétérogènes quant à la culture, de même les espèces naturelles, hétérogènes quant à la nature, sont proclamées homogènes quant à la culture : en effet, la culture affirme qu'elles sont toutes justiciables d'un même type de croyances et de pratiques puisqu'elles offrent, aux yeux de la culture, ce caractère commun que l'homme a le pouvoir de les contrôler et de les multiplier. Par conséquent, les hommes échangent culturellement les femmes, qui perpétuent ces mêmes hommes naturellement ; et ils prétendent perpétuer culturellement les espèces, qu'ils échangent *sub specie naturae :* sous forme de produits alimentaires substituables les uns aux autres parce que ce sont des nourritures et parce que — comme il est vrai aussi des femmes — un homme peut se satisfaire de certaines nourritures et renoncer aux autres, dans la mesure où des femmes quelconques ou des nourritures quelconques sont également aptes à servir à des fins de procréation ou de conservation.

*
* *

Nous atteignons ainsi les propriétés communes dont les castes professionnelles et les groupes totémiques offrent des illustrations inversées. Les castes sont hétérogènes quant à la fonction, elles peuvent donc être homogènes quant à la structure : la diversité des fonctions étant réelle, la complémentarité s'établit à ce niveau, et la fonctionnalité des échanges matrimoniaux — mais entre les mêmes unités sociales — offrirait ce caractère de cumul (dont nous avons vu précédemment pourquoi il était sans valeur pratique, cf. p. 134). Inversement, les groupes totémiques sont homogènes quant à la fonction, puisque celle-ci n'a pas de rendement réel et qu'elle se réduit, pour tous les groupes, à ressasser la même illusion ; ils doivent donc être hétérogènes quant à la structure, chacun étant statutairement affecté à la production de femmes d'espèce sociale différente.

Dans le totémisme, par conséquent, une prétendue réciprocité est faite de conduites homogènes les unes par rapport aux autres et simplement juxtaposées : chaque groupe s'imagine pareillement détenir un pouvoir magique sur une espèce ; mais puisque cette illusion est dépourvue de fondement, elle n'existe qu'à titre de forme vide, identique comme telle aux autres formes. La réciprocité véritable résulte de l'articulation de deux procès : celui de la nature, qui se développe à travers les femmes, génératrices d'hommes et de femmes ; et celui de la culture, que les hommes développent en qualifiant socialement ces femmes à mesure qu'elles sont engendrées naturellement.

Dans le système des castes, la réciprocité se manifeste par la spécialisation fonctionnelle ; elle est donc vécue sur le plan de la culture. En conséquence, les valences d'homogénéité sont libérées ; de formelle, l'analogie postulée entre groupes humains et espèces naturelles devient substantielle (comme l'a montré l'exemple des Chickasaw et la formule, citée plus haut, des lois de Manu, cf. p. 130) ; l'endogamie est rendue disponible, puisque la réciprocité vraie est assurée autrement.

Mais cette symétrie a ses limites. Sans doute les groupes totémiques miment-ils des prestations fonctionnelles : outre que celles-ci restent imaginaires, elles ne sont pas non plus culturelles, puisqu'elles ne se situent pas au niveau des arts de la civilisation, mais à celui d'une usurpation mensongère de capacités naturelles qui font défaut à l'homme en tant qu'espèce biologique. Sans doute aussi retrouve-t-on, dans les systèmes à castes, l'équivalent des prohibitions alimentaires ; mais, de façon significative, celles-ci s'expriment d'abord sous la forme inversée d'une « endo-cuisine » ; et, d'autre part, elles se manifestent au niveau de la préparation des aliments plutôt qu'à celui de leur production, c'est-à-dire sur le plan culturel : précises et détaillées, mais surtout au regard des opérations culinaires et des ustensiles.

Enfin, les femmes sont naturellement interchangeables (du point de vue de leur structure anatomique et de leurs fonctions physiologiques) et la culture trouve, en ce qui les concerne, le champ libre pour jouer le grand jeu de la différenciation (que celle-ci soit conçue de façon positive ou négative, et donc exploitée pour fonder soit l'exogamie, soit l'endogamie) ; mais les nourritures, elles, ne sont pas intégralement substituables. Dans ce second domaine, le jeu atteint plus rapidement ses limites : on est d'autant moins empressé de classer toutes les nourritures comme totémiques que, comme on l'a vu plus haut, il est plus difficile de se passer de turmeric que de *korra*. Or, cela est encore plus vrai pour ce qui est des fonctions professionnelles : parce qu'elles sont réellement différentes et complémentaires, elles permettent de fonder la réciprocité sous sa forme la plus véridique. En revanche, elles excluent la réciprocité négative, et fixent ainsi des bornes à l'harmonie logique du système des castes. Toute caste demeure partiellement « endo-fonctionnelle », puisqu'elle ne saurait s'interdire de se rendre à elle-même, au seul fait qu'ils sont décrétés irremplaçables, les services différentiels qu'elle a pour première mission de rendre aux autres castes. Sinon, qui raserait le barbier ?

Ce n'est donc pas la même chose d'introduire une diversité (socialement) constituante au sein d'une seule espèce naturelle : l'espèce humaine, ou de projeter sur le plan social la diversité (naturellement) constituée des espèces végétales et animales. Les sociétés à groupes totémiques et à sections exogamiques ont beau croire qu'elles réussissent à jouer le même jeu, avec des espèces qui sont différentes et avec des femmes qui sont identiques. Elles ne prennent pas garde que, les femmes étant identiques, il dépend vraiment de la volonté sociale de les rendre différentes, tandis que, les espèces étant différentes, nul ne peut les rendre identiques, c'est-à-dire toutes passibles du même vouloir : les hommes produisent d'autres hommes, ils ne produisent pas des autruches.

Il n'en reste pas moins que, sur un plan très général, on perçoit une équivalence entre les deux grands systèmes de différences auxquels les hommes ont eu recours pour conceptualiser leur rapports sociaux. En simplifiant beaucoup, on pourrait dire que les castes se projettent elles-mêmes comme espèces naturelles, tandis que les groupes totémiques projettent les espèces naturelles comme castes. Encore cette formule doit-elle être nuancée : les castes naturalisent faussement une culture vraie, les groupes totémiques culturalisent vraiment une nature fausse.

Dans l'une et l'autre perspectives, il faut admettre que le système des fonctions sociales correspond au système des espèces naturelles, le monde des êtres au monde des objets ; donc reconnaître, dans le système des espèces naturelles et dans celui des objets manufacturés, deux ensembles médiateurs dont se sert l'homme pour surmonter l'opposition entre nature et culture et les penser comme totalité. Mais il existe encore un autre moyen.

Plusieurs tribus chasseresses de l'Amérique du Nord racontent qu'à l'origine des temps les bisons étaient des bêtes féroces et « tout en os » : non seulement incomestibles pour l'homme, mais cannibales. Les hommes servirent donc jadis de nourriture à l'animal qui, plus tard, devait constituer leur nourriture par excellence, mais qui était alors une nourriture à l'envers, puisque nourriture animale sous sa forme incomestible : l'os. Comment s'explique un bouleversement si complet ?

Il advint, dit le mythe, qu'un bison s'éprit d'une jeune fille et voulut l'épouser. Cette jeune fille était seule de son sexe dans une communauté d'hommes ; car un homme l'avait conçue après qu'un buisson épineux l'eut piqué. La femme apparaît ainsi comme le produit d'une conjonction négative entre une nature hostile à l'homme (le buisson d'épines) et une antinature humaine (l'homme enceint). En dépit de la tendresse qu'ils éprouvaient pour leur fille et de la crainte que leur inspirait le bison, les hommes crurent sage de consentir au mariage, et ils rassemblèrent des présents dont chacun devait remplacer une partie du corps du bison : un bonnet de plumes deviendrait l'épine dorsale, un carquois de loutre la peau du poitrail, une couverture tissée serait la panse, un carquois pointu l'estomac, des mocassins les reins, un arc les côtes, etc. Près de quarante correspondances sont ainsi énumérées. (Pour une version de ce mythe, cf. Dorsey et Kroeber, n° 81.) L'échange matrimonial opère donc à la façon d'un mécanisme médiateur entre une nature et une culture posées d'abord comme disjointes. En substituant une architectonique culturelle à l'architectonique surnaturelle et primitive, l'alliance crée une seconde nature sur laquelle l'homme a prise, c'est-à-dire une nature médiatisée. A la suite de ces événements en effet, de « tout en os » les bisons sont devenus « tout en chair » ; et de cannibales, comestibles.

La même séquence est parfois retournée : ainsi dans le mythe navaho qui s'achève sur la transformation d'une femme en ourse cannibale, symétrique et inverse de la transformation d'un bison cannibale en mari. La métamorphose se prolonge en éparpillement décrit sur le modèle des différences entre espèces sauvages : le vagin de l'ogresse devient un hérisson, ses seins, des pignons et des glands, sa panse, d'autres graines (« alkali » : *Sporobolus cryptandrus, airoides,* Torr.), sa trachée, une plante médicinale, ses reins des champignons, etc. (Haile-Wheelwright, p. 83.)

Ces mythes expriment admirablement comment, chez des populations où les classifications totémiques et les spécialisations fonctionnelles ont un rendement très réduit, quand même elles ne sont pas complètement absentes, les échanges matrimoniaux peuvent fournir un modèle directement applicable à la médiation de la nature et de la culture, confirmant ainsi, comme nous l'avons suggéré dans les pages qui précèdent, d'une part, que le « système des femmes » est un moyen terme entre le système des êtres (naturels) et le système des objets (manufacturés), d'autre part, que chaque système est saisi par la pensée comme une transformation au sein d'un groupe.

Des trois systèmes, seul celui des êtres possède une réalité objective en dehors de l'homme, et seul celui des fonctions possède pleinement l'existence sociale, au-dedans de l'homme par conséquent. Mais la plénitude que chacun détient ainsi sur un plan explique que ni l'un ni l'autre ne soit facilement maniable sur l'autre plan : une nourriture d'usage général ne peut être intégralement « totémisée », du moins sans tricherie[1] ;

1. Des « divinités de clan » des Dinka — que les anciens auteurs auraient appelées sans hésitation des totems — on remarque : « ...peu

et, pour une raison symétrique, les castes ne peuvent éviter d'être endo-fonctionnelles en même temps qu'elles servent à construire un schème grandiose de réciprocité. Dans les deux cas, par conséquent, la réciprocité n'est pas absolue : elle reste comme brouillée et déformée sur les bords. Logiquement parlant, la réciprocité des échanges matrimoniaux représente une forme également impure, puisqu'elle se situe à mi-chemin entre un modèle naturel et un modèle culturel. Mais c'est ce caractère hybride qui lui permet de fonctionner de façon parfaite. Associée à l'une ou l'autre forme, à toutes les deux, ou exclusivement présente, elle seule peut prétendre à l'universalité.

*

* *

Une première conclusion se dégage de notre analyse : le totémisme, qui a été surabondamment formalisé en « langage de primitivité », pourrait l'être aussi bien — au prix d'une transformation très simple — dans le langage du régime des castes, qui est tout le contraire de la primitivité. Cela montre déjà que nous n'avons pas affaire à une institution autonome, définissable par des propriétés distinctives, et typique de certaines régions du monde et de certaines formes de civilisation, mais à un *modus operandi* décelable même derrière des structures sociales traditionnellement définies en opposition diamétrale avec le totémisme.

En second lieu, nous sommes mieux à même de trancher la difficulté résultant de la présence, dans les institutions dites totémiques, de règles d'action à côté des systèmes conceptuels auxquels nous avons choisi de nous référer. Car nous avons montré que les prohibitions alimentaires ne sont pas un trait distinctif du totémisme : on les rencontre associées à d'autres systèmes qu'elles servent pareillement à « marquer » et, réciproquement, les systèmes de dénominations inspirés par les règnes

ont une grande importance dans l'alimentation, et quand elles en ont, le respect qu'on leur témoigne n'interdit pas qu'on les mange ». Ainsi le clan de la girafe estime pouvoir consommer la viande de cet animal, à la seule condition de ne pas verser son sang. (Lienhardt, pp. 114-115.)

naturels ne s'accompagnent pas toujours de prohibitions alimentaires : ils peuvent être « marqués » de diverses façons.

D'autre part, exogamie et prohibitions alimentaires ne sont pas des objets distincts de la nature sociale, qu'on doive étudier séparément ou entre lesquels on puisse découvrir un rapport de causalité. Comme la langue en témoigne un peu partout, ce sont deux aspects ou deux modes servant à qualifier concrètement une *praxis* qui peut être, comme activité sociale, tournée vers le dehors ou vers le dedans, et qui possède toujours ces deux orientations bien qu'elles se manifestent sur des plans et au moyen de codes différents. Si le rapport entre institutions totémiques et castes peut être superficiellement perçu comme identique à un rapport entre exogamie et endogamie (car en fait, nous l'avons vu, les choses sont plus complexes), entre espèce et fonction, et, en fin de compte, entre modèle naturel et modèle culturel, c'est que, de tous les cas empiriquement observables et apparemment hétérogènes, un même schème se dégage, qui assigne son objet véritable à l'investigation scientifique. Toutes les sociétés conçoivent une analogie entre les rapports sexuels et l'alimentation ; mais, selon les cas et les niveaux de pensée, tantôt l'homme, tantôt la femme, occupe la position de mangeur ou de mangé. Qu'est-ce que cela signifie, sinon que l'exigence commune est celle d'un écart différentiel entre les termes, et d'une identification sans équivoque de chacun ?

Ici encore, nous ne voulons pas dire que la vie sociale, les rapports entre l'homme et la nature, sont une projection, sinon même un résultat, d'un jeu conceptuel qui se déroulerait dans l'esprit. « Les idées, écrivait Balzac, sont en nous un système complet, semblable à l'un des règnes de la nature, une sorte de floraison dont l'iconographie sera retracée par un homme de génie qui passera pour fou peut-être [1]. » Mais, à qui tenterait l'entreprise, il faudrait sans doute plus de folie que de génie. Si nous affirmons que le schème conceptuel commande et définit les pratiques, c'est que celles-ci,

1. H. de Balzac, *Louis Lambert,* in : Œuvres complètes, Bibl. de la Pléiade, vol. X, p. 396.

objet d'étude de l'ethnologue sous forme de réalités discrètes, localisées dans le temps et dans l'espace et distinctives de genres de vie et de formes de civilisation, ne se confondent pas avec la *praxis* qui — sur ce point au moins nous sommes d'accord avec Sartre (p. 181) — constitue pour les sciences de l'homme la totalité fondamentale. Le marxisme — sinon Marx lui-même — a trop souvent raisonné comme si les pratiques découlaient immédiatement de la *praxis*. Sans mettre en cause l'incontestable primat des infrastructures, nous croyons qu'entre *praxis* et pratiques s'intercale toujours un médiateur, qui est le schème conceptuel par l'opération duquel une matière et une forme, dépourvues l'une et l'autre d'existence indépendante, s'accomplissent comme structures, c'est-à-dire comme êtres à la fois empiriques et intelligibles. C'est à cette théorie des superstructures, à peine esquissée par Marx, que nous souhaitons contribuer, réservant à l'histoire — assistée par la démographie, la technologie, la géographie historique et l'ethnographie — le soin de développer l'étude des infrastructures proprement dites, qui ne peut être principalement la nôtre, parce que l'ethnologie est d'abord une psychologie.

Par conséquent, tout ce que nous prétendons avoir démontré jusqu'à présent est que le dialectique des superstructures consiste, comme celle du langage, à poser des *unités constitutives,* qui ne peuvent jouer ce rôle qu'à la condition d'êtres définies de façon non équivoque, c'est-à-dire en les contrastant par paires, pour ensuite, au moyen de ces unités constitutives, élaborer un *système,* lequel jouera enfin le rôle d'opérateur synthétique entre l'idée et le fait, transformant ce dernier en *signe.* L'esprit va ainsi de la diversité empirique à la simplicité conceptuelle, puis de la simplicité conceptuelle à la synthèse signifiante.

Pour conclure ce chapitre, rien ne peut être plus approprié que l'illustration de cette conception par une théorie indigène. Véritable *Totem et tabou* avant la lettre, le mythe yoruba démonte morceau par morceau l'édifice complexe des dénominations et des prohibitions.

Il s'agit d'expliquer les règles suivantes. Trois jours après la naissance de l'enfant, on appelle le prêtre pour qu'il lui donne son « *orisha* et ses *ewaw* ». Le premier terme désigne l'être ou objet auquel l'enfant rendra un culte, et qui entraîne une prohibition du mariage avec toute personne ayant le même *orisha*. A ce titre, cet être ou objet devient le principal *ewaw* de l'individu en question, qui le transmet à ses descendants jusqu'à la quatrième génération. Le fils de cet individu reçoit, comme second *ewaw*, l'*ewaw* animal de la femme de son père, et le fils de ce fils adopte à son tour l'*ewaw* végétal et troisième de rang de la femme de son père ; enfin, le fils du fils du fils adopte le quatrième *ewaw* de cette parente, à savoir un rat, oiseau ou serpent.

Ces règles compliquées se fondent, dans la pensée indigène, sur une répartition originelle de la population en six groupes : celui du pêcheur ; celui des « présages » : poisson, serpent et oiseau ; celui du chasseur ; celui des quadrupèdes ; celui du cultivateur ; celui des plantes. Chaque groupe comprend des hommes et des femmes, soit au total douze catégories.

Au début, les unions étaient incestueuses dans chaque groupe, où le frère épousait la sœur. Le même terme yoruba désigne à la fois le mariage, le repas, la possession, le mérite, le gain, l'acquisition. Épouser et manger, c'est tout un. Si l'on représente le frère et la sœur du premier groupe par les lettres A et B, ceux du second groupe par les lettres C et D, et ainsi de suite, la situation incestueuse initiale pourra être résumée par le tableau :

1	2	3	4	5	6
AB	CD	EF	GH	IJ	KL

Mais les humains se fatiguèrent vite de cette « nourriture » monotone ; aussi le fils du couple AB s'empara du produit féminin du couple CD, et ainsi de suite pour EF et GH, etc. :

ABD CDB EFH GHF IJL KLJ

Ce n'était pas assez : le pêcheur fit la guerre au chasseur, le chasseur au cultivateur, le cultivateur au pêcheur, et chacun s'appropria le produit de l'autre. Il s'ensuivit que, dorénavant, le pêcheur mangea de la viande, le chasseur des produits de la terre, et le cultivateur du poisson :

ABDF CDBH EFHJ GHFL IJLB KLJD

En guise de représailles, le pêcheur exigea des produits de la terre, le cultivateur de la viande, et le chasseur du poisson :

ABDFJ CDBHL EFHJB GHFLD IJLBF KLJDH

Comme les choses ne pouvaient pas continuer ainsi, on organisa une grande palabre et les familles se mirent d'accord pour échanger leurs filles et pour charger les prêtres d'éviter les confusions et les désordres, grâce à la règle qu'après le mariage la femme continuera de rendre un culte à son *orisha* mais qu'elle ne le transmettra pas à ses enfants. De ce fait les *orisha* symbolisés par les lettres B D F H J L en deuxième position sont éliminés à la génération suivante, et le système des *ewaw* devient :

ADFJ CBHL EHJB GFLD ILBF KJDH

Désormais les *ewaw* de chaque individu consisteront en : un *orisha*, un « présage », un animal, une plante. Chaque *ewaw* demeurera dans la lignée pendant quatre générations, après quoi le prêtre en attribuera un nouveau. En conséquence de quoi A C E G I K sont maintenant éliminés, et il faut un *orisha* mâle pour reconstituer chaque lot d'*ewaw* : l'individu dont l'indice est A D J F (groupe n° 1) peut épouser un enfant du groupe n° 2 dont les *ewaw* sont tous différents. En vertu de cette règle, A et C sont permutables, ainsi que E et G, I et K :

DFJC BHLA HJBG FLDE LBFK JDHI

À la génération suivante, les lettres D B H F L J tombent. Le groupe 1 a besoin de poisson et prend B, le groupe 2 aussi, qui prend D ; le groupe 3 a besoin de viande et prend F, le groupe 4 aussi, qui prend H ; le groupe 5 a besoin de nourriture végétale et prend J, le groupe 6 aussi, qui prend I :

FJCB HLAD JBGF LDEH BFKJ DHIL

C'est maintenant le tour des lettres F H J L B D de tomber. A court de viande, les groupes 1 et 2 s'allient avec H et F respectivement ; à court de nourriture végétale, les groupes 3 et 4 s'allient avec L et J ; à court de poisson, les groupes 5 et 6 s'allient avec D et B :

JCBH LADF BGFL DEHJ FKJD HILB

J L B D F H tombent, et les *orisha* mâles reviennent en tête :

CBHL ADFJ GFLD EHJB KJDH ILBF

Comme il existe, dit-on, 201 *orisha* dont on peut admettre que la moitié sont mâles, et un nombre considérable de « présages », d'animaux et de plantes servant à dénoter les empêchements au mariage, le nombre des combinaisons possibles est très élevé. (Dennett, pp. 176-180.)

Certes, nous n'avons là qu'une théorie en forme d'apologue. L'auteur qui l'a recueillie cite divers faits qui paraissent, sinon la contredire, au moins suggérer que les choses ne fonctionnaient pas de son temps avec cette belle régularité. Mais, théorie pour théorie, il nous semble que les Yoruba, mieux que les ethnologues, ont su mettre en lumière l'esprit d'institutions et de règles qui, dans leur société comme dans beaucoup d'autres, offrent un caractère intellectuel et prémédité[1]. Les images sensibles y interviennent sans doute, mais à titre de symboles : ce sont les jetons d'un jeu combinatoire qui consiste à les permuter suivant des règles sans jamais perdre de vue les signifiants empiriques dont ils tiennent provisoirement lieu.

---

1. L'exemple des Ashanti, où le fils hérite des prohibitions alimentaires du père et la fille, de la mère, suggère également que l'esprit de tels systèmes est plutôt « logique », que « généalogique »

CHAPITRE V

CATÉGORIES, ÉLÉMENTS, ESPÈCES, NOMBRES

S'interrogeant sur la nature de la pensée mythique, Boas concluait en 1914 que « le problème essentiel » était de savoir pourquoi les récits qui concernent les hommes « manifestaient une si grande et constante prédilection pour les animaux, les corps célestes, et autres phénomènes naturels personnifiés ». (Boas 5, p. 490.) Ce problème demeure, en effet, comme le dernier résidu des spéculations sur le totémisme, mais il semble possible d'en donner la solution.

Nous avons déjà établi que les croyances et coutumes hétérogènes, arbitrairement rassemblées sous l'étiquette du totémisme, ne reposent pas sur l'idée d'un rapport substantiel entre un ou plusieurs groupes sociaux et un ou plusieurs domaines naturels. Elles s'apparentent à d'autres croyances et pratiques, directement ou indirectement liées à des schèmes classificatoires permettant de saisir l'univers naturel et social sous forme de totalité organisée. Les seules distinctions qu'on puisse introduire entre tous ces schèmes se ramènent à des préférences, qui ne sont jamais exclusives, pour tel ou tel niveau de classification.

En effet, tous les niveaux de classification offrent un caractère commun : quel que soit celui que la société considérée met en avant, il faut qu'il autorise — et même qu'il implique — le recours possible à d'autres niveaux, analogues d'un point de vue formel au niveau privilégié, et qui ne diffèrent que par leur position relative au sein d'un système global de référence opérant au moyen d'une paire de contrastes : entre général et spécial d'une part, entre nature et culture d'autre part.

L'erreur des tenants du totémisme fut de découper arbitrairement un niveau de classification : celui formé par référence aux espèces naturelles, et de lui donner la valeur d'une institution. Mais comme tous les niveaux, celui-ci n'est qu'un parmi d'autres, et il n'y a aucune raison de le déclarer plus important, disons, que le niveau de classification opérant à l'aide de catégories abstraites, ou que celui utilisant des classes nominales. Le fait significatif est moins la présence — ou l'absence — de tel ou tel niveau, que l'existence d'une classification « à pas variable », donnant au groupe qui l'adopte, sans changer d'instrument intellectuel, le moyen de se mettre « au point » sur tous les plans, du plus abstrait au plus concret, et du plus culturel au plus naturel.

Dans son étude déjà citée, Boas doutait que la prédilection si fréquente pour les classifications inspirées d'un modèle naturel pût s'expliquer par « le caractère distinct et individualisé des espèces animales... qui, plus facilement qu'aux membres indifférenciés de l'espèce humaine, permettrait de leur assigner des rôles dans un récit » *(l. c.)*. Il nous semble pourtant que Boas effleurait là une importante vérité. Pour la reconnaître, il aurait suffi que, contrairement à une position souvent affirmée, Boas ne réduisît pas le conte ou le mythe à un simple récit, et qu'il acceptât de rechercher, derrière le discours mythique, le schème fait d'oppositions discontinues qui préside à son organisation. D'autre part, la « distinctivité » naturelle des espèces biologiques ne fournit pas à la pensée un modèle définitif et immédiat, mais plutôt un moyen d'accès à d'autres systèmes distinctifs qui viennent à leur tour retentir sur le premier. En fin de compte, si les typologies zoologiques et botaniques sont utilisées plus souvent et plus volontiers que les autres, ce ne peut être qu'en raison de leur position intermédiaire, à égale distance logique entre les formes extrêmes de classification, catégoriques et singulières. Dans la notion d'espèce, en effet, le point de vue de l'extension et celui de la compréhension s'équilibrent : considérée isolément, l'espèce est une collection d'individus ; mais, par rapport à une autre espèce, c'est un système de définitions. Ce n'est pas tout : chacun de ces individus, dont la collection théoriquement illimitée forme l'espèce, est indéfinissable en extension, puisqu'il constitue un organisme, lequel est un système de fonctions. La notion d'espèce possède donc une dynamique interne : collection suspendue entre deux systèmes, l'espèce est l'opérateur qui permet de passer (et même y oblige) de l'unité d'une multiplicité à la diversité d'une unité.

Comme nous l'avons montré ailleurs (6, p. 133 ff), Bergson a entrevu l'importance du rôle qu'en raison de sa structure logique la notion d'espèce pourrait jouer dans la critique du totémisme. Mais il y a tout lieu de craindre que, s'il avait dû préciser son interprétation, il ne l'eût limitée à l'aspect subjectif et pratique du rapport entre l'homme et le monde naturel, tel que l'illustre le cas du commensal demandant « ce qu'il y a aujourd'hui à déjeuner », et dont la curiosité est pleinement satisfaite par la réponse : « du veau ». En vérité, l'importance de la notion d'espèce s'explique moins par une propension de l'agent pratique à la dissoudre dans un genre, pour des raisons biologiques et utilitaires (ce qui reviendrait à étendre à l'homme la formule célèbre : « c'est l'herbe en général qui attire l'herbivore [1] »), que par son objectivité présomptive : la diversité des espèces fournit à l'homme l'image la plus intuitive dont il dispose, et elle constitue la manifestation la plus directe qu'il sache percevoir de la discontinuité ultime du réel : elle est l'expression sensible d'un codage objectif.

Il est frappant, en effet, que, pour expliquer la diversité des espèces, la biologie moderne s'oriente vers des schémas qui ressemblent à ceux de la théorie de la communication. Nous ne pouvons pas nous avancer sur un terrain où les problèmes échappent à la compétence de l'ethnologue. Mais s'il était vrai que, comme des

1. Aussi fausse, d'ailleurs, dans le cas de l'animal que dans celui de l'homme : les efforts pour établir en Afrique des parcs naturels, destinés à la préservation des espèces menacées, se heurtent à la difficulté que, même si la superficie des pâturages est suffisante, les animaux ne les utilisent que comme port d'attache, et se rendent fort loin en dehors des limites de la réserve, en quête d'herbes plus riches en protéines que celles des pâturages qu'on prétend leur imposer pour la raison simpliste qu'ils sont suffisamment étendus. (Grzimek, p. 20.) Ce n'est donc pas l'herbe, mais la différence entre les espèces d'herbe, qui intéresse l'herbivore...

biologistes l'admettent, les quelque deux millions d'espèces vivantes dussent être interprétées, dans leur diversité anatomique, physiologique et éthologique, en fonction de formules chromosomiques dont chacune se réduirait à une périodicité distinctive dans la distribution de quatre termes sur la chaîne moléculaire, alors nous tiendrions peut-être la raison profonde de la signification privilégiée reconnue par l'homme à la notion d'espèce. Nous comprendrions comment cette notion peut fournir un mode d'appréhension sensible d'une combinatoire objectivement donnée dans la nature, et que l'activité de l'esprit, et la vie sociale elle-même, ne font que lui emprunter pour l'appliquer à la création de nouvelles taxinomies. De cette fascination obscure, exercée toujours et partout sur les hommes par la notion d'espèce et dont le mystère serait ainsi dévoilé, la fascination obscure exercée par le totémisme sur la pensée des ethnologues ne constituerait plus qu'un cas particulier.

Les sciences naturelles ont longtemps estimé avoir affaire à des « règnes », c'est-à-dire des domaines indépendants et souverains dont chacun était définissable par des caractères propres, peuplé d'êtres ou d'objets entretenant des rapports privilégiés. Cette conception aujourd'hui dépassée, mais qui est encore celle du sens commun, ne pouvait qu'oblitérer la puissance logique et le dynamisme de la notion d'espèce, puisque les espèces apparaissent, sous ce jour, comme des classes inertes et séparées, enfermées dans les limites de leurs « règnes » respectifs. Les sociétés que nous appelons primitives ne conçoivent pas qu'il puisse exister un fossé entre les divers niveaux de classification ; elles se les représentent comme les étapes, ou les moments, d'une transition continue.

Les Hanunóo du sud des Philippines divisent l'univers en êtres qui peuvent ou ne peuvent pas être nommés. Les êtres nommés se distinguent en choses, ou bien en personnes et en animaux. Quand un Hanunóo prononce le mot « plante », il exclut donc que la chose dont il parle soit une pierre ou un objet manufacturé. La classe « plante herbacée » exclut à son tour d'autres classes de plantes, telle que celle de « plante ligneuse », etc. Parmi les plantes herbacées, la locution « plant de piment » est différentielle par rapport à : « plant de riz », etc. « Piment domestique » exclut « piment sauvage », et « piment chili domestique » exclut « piment vert domestique » ; enfin « pénis-de-chat » précise qu'il s'agit d'un individu ne relevant pas des cinq autres variétés ou *taxa* distinguées par la culture indigène au sein du groupe des piments domestiques. (Conklin *4*.)

Ce mode opératoire, représentable par une série de dichotomies, a été caractérisé comme suit :

> « Dans l'ordre végétal, les Hanunóo distinguent des types qu'on ne saurait confondre avec la notion botanique d'espèce qui n'est pas au même niveau du point de vue des catégories, mais qui offrent néanmoins avec elle un trait commun : les types sont mutuellement exclusifs. Les noms de chacun des 1 625 types recensés [1] consistent en éléments lexicaux dont le nombre varie de 1 à 5. Chaque type se distingue de tous les autres par un élément au moins. La forme binomiale est la plus fréquente... Les ressemblances entre les classifications hanunóo et celles de la science botanique diminuent rapidement quand on se rapproche des catégories les plus hautes et inclusives. » (Conklin *1*, pp. 115-117 et p. 162.)

En effet, les classes recouvrant des catégories linnéennes (plant de piment : *Capsicum* sp., piment domestique : *Capsicum annuum* L., piment sauvage : *Capsicum frutescens* L.) ne se situent ni au même niveau ni du même côté du système dichotomique. Surtout, le domaine de la botanique scientifique ne se présente pas isolé de celui de la botanique populaire, telle que la pratiquent le jardinier et la ménagère ; et il n'est pas davantage isolé des catégories du philosophe et du logicien. Situé à mi-chemin entre les deux autres, il permet de passer de l'un à l'autre, et de conceptualiser chaque niveau à l'aide d'un code emprunté à un autre niveau. (Cf. diagramme ci-contre.).

Les Subanun, autre tribu des Philippines, classent les maladies selon le même principe. Ils commencent par distinguer les blessures des maladies de peau qu'ils

---

1. Dont 500 à 600 seulement comestibles (*l. c.*, p. 184) et 406 d'usage purement médicinal (p. 249). Ces 1 625 types, groupés par la pensée indigène en 890 catégories, correspondent pour la science botanique à 650 genres, et environ 1 100 espèces distinctes (*l. c.*, pp. 162-163).

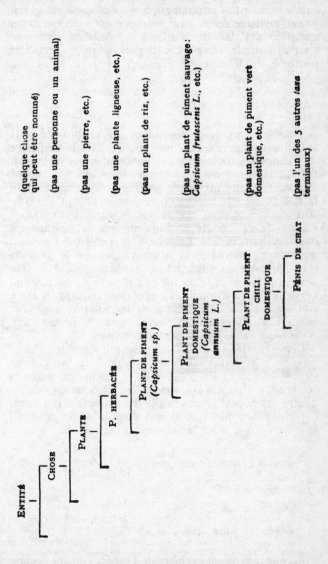

ENTITÉ — CHOSE — PLANTE — P. HERBACÉE — PLANT DE PIMENT (*Capsicum sp.*) — PLANT DE PIMENT DOMESTIQUE (*Capsicum annuum L.*) — PLANT DE PIMENT CHILI DOMESTIQUE — PÉNIS DE CHAT

(quelque chose qui peut être nommé)

(pas une personne ou un animal)

(pas une pierre, etc.)

(pas une plante ligneuse, etc.)

(pas un plant de riz, etc.)

(pas un plant de piment sauvage : *Capsicum frutescens L.*, etc.)

(pas un plant de piment vert domestique, etc.)

(pas l'un des 5 autres *iasa* terminaux)

subdivisent en « inflammation », « ulcère » et « teigne », chacune de ces trois formes étant ultérieurement spécifiée à l'aide de plusieurs oppositions binaires : simple/multiple, ouvert/caché, grave/léger, superficiel/profond, distal/proximal. (Frake.)

*
* *

Tous les documents rassemblés aux chapitres I et II se conjuguent avec ces exemples pour établir la fréquence de taxinomies zoologiques et botaniques qui ne constituent pas des domaines séparés, mais qui font partie intégrante d'une taxinomie globale et dynamique dont la structure parfaitement homogène — puisqu'elle consiste en dichotomies successives — garantit l'unité. Il résulte de ce caractère, d'abord, que le passage est toujours possible de l'*espèce* à la *catégorie* ; ensuite qu'aucune contradiction n'apparaît, entre le *système* (qui s'impose au sommet) et le *lexique*, dont le rôle devient prépondérant au fur et à mesure qu'on descend l'échelle des dichotomies. Le problème du rapport entre *continu* et *discontinu* reçoit ainsi une solution originale, puisque l'univers est représenté sous la forme d'un continuum fait d'oppositions successives.

Cette continuité est déjà apparente dans le schème qui, chez les indiens Pawne, préside à la liturgie des rites saisonniers : les poteaux de la cabane où a lieu la célébration sont choisis, selon leur orientation, parmi quatre essences d'arbres peints de couleurs différentes, correspondant elles-mêmes aux directions qui symbolisent les saisons, dont la réunion forme l'année :

ESPACE				TEMPS
peuplier .. blanc.. sud-ouest	sud....été		année	
négundo.. rouge.. sud-est...				
orme..... noir ... nord-est	nord...hiver			
saule..... jaune.. nord-ouest				

Le même passage explicite de l'espèce, ou du groupe d'espèces, à un système de propriétés ou de catégories peut être illustré par des exemples mélanésiens. Nous avons déjà noté qu'à Mawatta, île du détroit de Torrès, les clans à noms animaux sont groupés, selon l'espèce, en terrestres ou marins, guerriers ou pacifiques. Chez les Kiwai, une opposition entre gens du sagou et gens de l'igname est exprimée au moyen de deux emblèmes : celui de la femme nue et celui du rhombe, mais qui est appelé « mère des ignames », et elle correspond aussi à l'alternance des saisons et du régime des vents. Aux îles Trobriand existait une correspondance, propre à chaque clan, entre un oiseau, un mammifère, un poisson, une plante. Les systèmes binaires des Salomon font appel soit à deux oiseaux : coq sauvage et calao ; soit à deux insectes : phasme et mante ; soit à deux divinités, mais qui incarnent des conduites antithétiques : sire Sage et sire Maladroit. (Frazer, vol. II, *passim*.)

On conçoit donc qu'en fonction du code choisi la rigueur logique des oppositions puisse être inégalement manifeste, sans impliquer pour autant des différences de nature. Les schèmes classificatoires des Sioux offrent un bon exemple, parce qu'ils constituent autant de variations autour d'un thème commun ; seul change le niveau sémantique adopté pour signifier le système.

Toutes les tribus ont des campements circulaires qu'un diamètre idéal divise en deux moitiés. Mais, pour plusieurs d'entre elles, ce dualisme apparent recouvre un principe de tripartition dont la matière symbolique varie de tribu à tribu : les clans des Winnebago sont deux fois plus nombreux dans une des moitiés que dans l'autre (8 et 4 respectivement) ; les 10 clans omaha sont exactement répartis entre les moitiés, mais l'une a deux chefs, l'autre un seul ; chez les Osage, on compte 7 clans par moitié, mais une moitié se dédouble en sous-moitiés tandis que l'autre est homogène. Dans les trois cas, et quelle que soit la manière dont l'opposition se réalise, c'est la moitié du haut ou du ciel qui illustre la forme simple, celle du bas ou de la terre la forme complexe.

D'autre part et pour s'en tenir au système des moitiés, l'opposition haut/bas, si elle est implicite dans tous les groupes, n'est pas toujours celle explicitement formulée. On la trouve, en effet, dénotée de diverses façons, qui peuvent être exclusivement présentes ou juxtaposées : ciel/terre, tonnerre/terre, jour/nuit, été/hiver, droite/

gauche, ouest/est, mâle/femelle, paix/guerre, paix-guer-
re/police-chasse, activités religieuses/activités politiques,
création/conservation, stabilité/mouvement, sacré/pro-
fane... Selon les groupes enfin (ou, dans le même
groupe, selon les circonstances) c'est tantôt l'aspect
binaire, tantôt l'aspect ternaire qui est mis au premier
plan ; certains, comme les Winnebago, les composent
en système quinaire, tandis que les Ponca décomposent
la structure dualiste en système carré : terre et eau, feu
et vent.

De même, chez les Algonkin, on peut remonter de la
multiplicité apparemment non significative des 40 ou
50 clans ojibwa, mais déjà regroupable en clans à
mammifères, clans à poissons, clans à oiseaux, au
schème plus explicite des Mohican (où les clans étaient
répartis en trois phratries, formées respectivement des
clans du loup, de l'ours, du chien, de l'opossum, pour
l'une ; de la petite tortue, de la grande tortue, de la
tortue de vase, de l'anguille, pour l'autre ; et du dindon,
de la grue, de la poule, pour la troisième), au schème
delaware, simplifié à l'extrême et dont la logique est
immédiatement apparente, puisqu'il n'y plus que trois
groupes, respectivement loup, tortue et dindon, et dont
la correspondance est claire à la terre, à l'eau et à l'air.

Le vaste corpus des rites des Osage recueilli et publié
par La Flesche et auquel nous nous sommes déjà référé
(p. 77) offre en abondance des illustrations, qui sont
parfois des démonstrations, de la convertibilité réciproque des « classificateurs concrets » : animaux et plantes,
et des « classificateurs abstraits », tels que les nombres,
les directions et les orients. Ainsi, l'arc et les flèches
figurent dans la liste des noms claniques, mais il ne
s'agit pas là, seulement, d'objets manufacturés. Le texte
des prières et des invocations révèle qu'une flèche est
peinte en noir, l'autre en rouge, et que cette opposition
de couleur correspond à celle du jour et de la nuit ; le
même symbolisme se retrouve dans les couleurs de l'arc
rouge sur sa face interne, noir sur sa face externe : tirer
à l'arc rouge et noir, en utilisant alternativement une
flèche rouge et une flèche noire, c'est exprimer l'être
du temps, lui-même mesuré par l'alternance du jour et
de la nuit. (Cf. La Flesche 2, p. 99, et 3, notamment
pp. 207, 233, 364-365.)

Non seulement les classificateurs concrets servent à véhiculer des notions, mais ils peuvent aussi, sous leur forme sensible, attester qu'un problème logique a été résolu, ou une contradiction surmontée. Un rite complexe des Osage accompagne la confection d'une paire de mocassins pour l'officiant. Cette attention particulière réservée à un élément du costume pourrait surprendre, si l'analyse des textes ne décelait dans le mocassin bien autre chose que sa fonction utilitaire : le mocassin, objet culturel, s'oppose à l'herbe « mauvaise » que le marcheur foule et écrase ; il correspond ainsi au guerrier, qui écrase ses ennemis. Or il se trouve que, dans le schème socio-cosmologique des Osage, la fonction guerrière connote la moitié terre, à laquelle l'herbe est également rattachée. La symbolique particulière du mocassin est donc en contradiction avec la symbolique générale, puisque, pour la première, le mocassin est « anti-terre », alors qu'il est congru à la terre pour la seconde. La minutie du rituel s'éclaire par la mise en évidence de ce qu'on aimerait appeler l'instabilité logique d'un objet manufacturé : instabilité qu'une technique de fabrication, hautement ritualisée, sert précisément à pallier. (Cf. *l. c. 3,* pp. 61-67).

Dans la pensée osage, l'opposition majeure et la plus simple, celle douée aussi de la plus grande puissance logique, est celle des deux moitiés : *Tsi'-zhu :* ciel, et *Hon'-ga,* subdivisée en *Hon'-ga* proprement dit : terre ferme, et *Wa-zha'-zhe :* eau. A partir de là, une grammaire complexe s'élabore, au moyen d'un système de correspondances avec des domaines plus concrets ou plus abstraits, mais au sein desquels le schème initial, agissant comme catalyseur, déclenche la cristallisation d'autres schèmes, binaires, ternaires, quaternaires, ou d'ordre numérique plus élevé. D'abord les orients, puisque, dans la cabane initiatique, ciel et terre s'opposent comme nord et sud, et terre ferme et eau comme est et ouest, respectivement.

En second lieu, une numérologie mystique découle de l'opposition du pair et de l'impair. Comme nous l'avons indiqué dans un autre chapitre, le chiffre 6 appartient à la moitié ciel, le chiffre 7 à la moitié terre, et leur total 13 correspond, sur le plan cosmologique, au nombre des rayons du soleil levant (qui est un *demi-soleil*) et, sur le

plan social, à celui des actions d'éclat que doit compter à
son actif un guerrier accompli (qui est un *demi-homme*,
puisque la fonction guerrière est l'apanage de l'une des
deux moitiés dont l'assemblage forme la tribu [1]).

> « Ainsi la qualité et l'unité des deux grandes divisions
> de la tribu peuvent être symbolisées sous la forme d'un
> homme ou d'un animal, mais la division *Hon'ga* doit
> toujours représenter le côté droit de l'homme ou de l'ani-
> mal, et la division *Tsi'-zhu* le côté gauche. Cette notion
> d'une dualité et d'une unité de nature ne se reflétait pas
> seulement dans l'organisation sociale : dans les temps
> anciens, elle est gravée dans l'esprit des individus sous
> forme de conduites personnelles ; ainsi, quand ils se chaus-
> saient, les membres de la division *Hon'-ga* mettaient en
> premier le mocassin droit, et ceux de la division *Tsi'-zhu*
> mettaient d'abord le mocassin gauche. » (La Flesche 3,
> p. 115.)

Ouvrons ici une parenthèse pour souligner que cette
rigueur méticuleuse dans l'application pratique d'un
schème logique n'est pas un phénomène exceptionnel. A
Hawaii, la mort d'un chef était marquée par de violentes
manifestations de deuil. Les participants portaient le
pagne noué autour du cou, et non comme d'habitude
autour des reins. Cette inversion vestimentaire du haut et
du bas s'accompagnait de licence sexuelle (et sans nul
doute elle la signifiait aussi). L'importance de l'opposition
entre haut et bas s'exprimait dans un grand nombre d'interdictions : recouvrir un récipient contenant de la nourriture avec un objet quelconque, sur lequel quelqu'un aurait
marché ou se serait assis ; s'asseoir ou poser les pieds sur
un oreiller, poser la tête sur un coussin, s'asseoir sur un
récipient contenant de la nourriture, et, pour les femmes,
utiliser comme tampons périodiques d'autres chiffons
que ceux provenant de jupes tombant en dessous de la
ceinture, etc. :

> « Quand j'étais petite, les traditionalistes évoquaient
> souvent cette horrible coutume des Blancs d'inverser par-
> fois le drap de dessous et le drap de dessus, comme s'ils
> ignoraient que ce qui appartient au haut *(ma luna)* doit
> rester en haut, et que ce qui appartient au bas *(ma lalo)*
> doit rester en bas... »

1. Nous devons prendre la responsabilité de cette interprétation
qui ne se trouve pas dans les textes.

« Un jour, dans une école de *hula* dirigée par mon cousin 'Ilala-'ole-o-Ka'ahu-manu, une élève étourdie se drapa l'épaule avec sa robe. Le maître du *hula* la réprimanda durement en disant : "Ce qui appartient au-dessus doit rester en dessus, et ce qui appartient au-dessous doit rester en dessous." *(Ko luna, no luna no ia ; ko lalo no lalo no ia.)* » (Handy et Pukui, p. 182, et pp. 11, 12, 157.)

Des études récentes (Needham *3*, Beidelman) montrent le raffinement avec lequel des tribus africaines du Kenya et du Tanganyika exploitent l'opposition, pour elles fondamentale, entre droite et gauche (plutôt, semble-t-il, au niveau de la main qu'à celui du pied, mais nous avons rendu compte de l'attention particulière prêtée par les Osage aux extrémités inférieures). Pour les gestes de l'amour, l'homme kaguru emploie la main gauche, la femme kaguru la main droite (c'est-à-dire les mains qui sont respectivement impures pour chaque sexe). Le premier paiement au guérisseur, avant que ne débute le traitement, est fait de la main droite, le dernier de la main gauche, etc. Les Bororo d'Afrique, qui sont des Peul nomades de la zone sahélienne nigérienne, semblent associer, comme les Kaguru, le côté droit à l'homme et — dans l'ordre temporel — à l'avant, le côté gauche à la femme, et à l'après [1] ; symétriquement, la hiérarchie masculine va du sud au nord, la hiérarchie féminine du nord au sud. Il s'ensuit qu'au campement la femme range ses calebasses en ordre de tailles décroissantes, plaçant la plus grosse au sud, tandis que l'homme attache ses veaux dans l'ordre inverse. (Dupire.)

Revenons maintenant aux Osage. On a vu que chez eux le chiffre 13 totalise d'abord les deux groupes sociaux, la droite et la gauche, le sud et le nord, l'été et l'hiver ; en suite de quoi il se spécifie concrètement et se développe logiquement. Dans l'image du soleil levant, où l'homme qui la contemple vénère la source de toute vie (regardant ainsi vers l'est, ce qui met effectivement le sud à sa droite et le nord à sa gauche [2]), le chiffre 13 peut symboliser

1. Pour un système spatio-temporel analogue dans la même region, cf. Diamond.
2. L'officiant est peint en rouge, pour exprimer l'aspiration ardente que le soleil rende sa vie profitable et féconde, et qu'il le bénisse par une longue descendance. Quand le corps entier a été peint en rouge, une ligne noire est tracée sur le visage, remontant d'une joue au milieu du front, et redescendant jusqu'à l'autre joue. Cette

l'union de deux termes : 6 et 7, ciel et terre, etc. Mais, en
tant qu'il se rapporte à un astre, le symbolisme solaire est
particulièrement affecté à la moitié ciel. D'où l'émergence
d'autres spécifications concrètes du chiffre 13, celles-là
réservées aux sous-groupes de l'autre moitié : 13 empreintes d'ours pour représenter les actions d'éclat des clans de
la terre ferme, 13 saules pour celles des clans de l'eau. (La
Flesche 3, p. 147.)

Treize est donc l'expression d'une double totalité
humaine : collective puisque la tribu est formée de deux
moitiés asymétriques (quantitativement : l'une préposée
à la paix, l'autre à la guerre) ; et individuelle, mais également asymétrique (la droite et la gauche). Comme totalité,
cette union du pair et de l'impair, du collectif et de
l'individuel, du social et de l'organique, sera démultipliée
sous l'effet du schème cosmologique ternaire : il y aura
un « treize » de ciel, un « treize » de terre, un « treize »
d'eau. A ce codage par éléments s'ajoutera enfin un
codage par espèces où deux groupes, respectivement composés de 7 et 6 « animaux », se dédoublent par l'apparition d'antagonistes, portant ainsi à 26 (comme on pouvait
le prévoir) le nombre des unités du système pris au niveau
le plus concret. Les 7 animaux et leurs antagonistes forment le tableau suivant :

animaux	*antagonistes*
lynx	cerf aux bois courbés, mâle, jeune
loup gris	cerf aux bois gris, mâle, jeune
puma mâle	cerf aux bois noirs, mâle, adulte
ours noir mâle	monticule plein de larves (insectes ?)
bison mâle	falaise, paroi
élan	plante dont les fleurs se tournent vers le soleil *(Silphium laciniatum)*
cerf [1]	pas d'antagoniste : sa force est dans la fuite

ligne représente le sombre horizon de la terre, et on l'appelle « piège »
ou enceinte dans laquelle toute vie est enfermée et gardée captive.
(La Flesche 3, p. 73.)
   1. La conduite craintive du cerf vient de ce qu'il n'a pas de vésicule
biliaire. Son rôle est double : alimentaire, sa viande étant considérée
comme la source la plus régulière de nourriture animale, comparable
de ce point de vue à la nourriture végétale provenant des quatre
plantes essentielles : *Nelumbo lutea, Apios apios, Sagittaria latifolia,
Falcata comosa.* Le cerf et ces quatre plantes sont la base même de

Le système des six animaux est moins net. Il comprend deux variétés de hiboux, opposées l'une et l'autre au raton laveur mâle (jeune et adulte respectivement), l'aigle royal opposé au dindon, enfin, semble-t-il, la moule fluviale (dont la coquille sert à fabriquer les pendants de nacre qui symbolisent le soleil), le poil de bison (?), et la petite pipe (?).

Une structure logique — au départ, simple opposition — s'épanouit ainsi en gerbe, dans deux directions : l'une abstraite, sous forme d'une numérologie ; l'autre concrète : d'abord élémentaire, puis spécifique. A chaque niveau, des courts-circuits sémantiques permettent de rejoindre directement les niveaux les plus éloignés. Mais le niveau des espèces, qui est aussi le plus particularisé de ceux que nous avons considérés, ne constitue pas une sorte de limite, ou de point d'arrêt, du système : sans tomber dans l'inertie, celui-ci continue de progresser au moyen de nouvelles détotalisations et retotalisations, qui peuvent s'effectuer sur plusieurs plans.

Chaque clan possède un « symbole de vie » — totem ou divinité — dont il adopte le nom : puma, ours noir, aigle royal, jeune cerf, etc. Les clans se définissent ainsi, les uns par rapport aux autres, au moyen d'un écart différentiel. Cependant, les textes rituels fondent chaque choix distinctif sur un système de caractères invariants, supposé commun à toutes les espèces : chacun affirme d'elle-même ce que déclare pour son compte, par exemple, le puma :

« Contemple le dessous de mes pattes, il est de couleur noire,

J'ai fait mon charbon du dessous de mes pattes,

Quand les tout petits [les hommes] feront aussi leur charbon de la peau de mes pattes,

Ils auront toujours du charbon qui pénétrera facilement leur épiderme pendant qu'ils suivront la route de la vie.

la vie de la tribu, et le premier rôle des guerriers consiste à défendre les territoires où on les trouve (*l. c.*, pp. 129-130). D'autre part, le cerf a un rôle culturel : c'est de son corps que proviennent les tendons utilisés par les femmes pour coudre, et par les hommes pour attacher l'empenne des flèches (*l. c.*, p. 322).

Contemple le bout de mon nez qui est de couleur
noire, etc.

Contemple la pointe de mes oreilles qui de couleur
noire, etc.

Contemple l'extrémité de ma queue qui est de
couleur noire, etc. »

(La Flesche 2, pp. 106-107.)

Chaque animal est ainsi décomposé en parties, selon
une loi de correspondance (museau = bec, etc.) et les
parties équivalentes sont regroupées entre elles, puis
toutes ensemble, en fonction du même caractère pertinent : la présence de parties « charbonneuses », à cause
du rôle protecteur attribué par les Osage au feu et à
son produit le charbon, enfin et par voie de conséquence,
à la couleur noire : la « chose noire », le charbon, fait
l'objet d'un rite spécial auquel sont astreints les guerriers
avant de partir au combat. S'ils négligent de se noircir
le visage, ils perdront le droit de récapituler leurs actions
d'éclat et de prétendre aux honneurs militaires. (La
Flesche 3, p. 327 sq.) On a donc déjà un système à
deux axes, l'un réservé aux diversités, l'autre aux
similitudes :

		Animal à charbon		
		pattes noires	museau noir	queue noire	*etc.*
Espèces naturelles	puma					
	ours					
	aigle					
	cerf					
	cygne					
	etc.					

La démarche analytique, qui permet de passer des
catégories aux éléments et des éléments aux espèces, se
prolonge donc par une sorte de démembrement idéal
de chaque espèce, qui rétablit progressivement la totalité
sur un autre plan.

Ce double mouvement de détotalisation et de retotalisation s'effectue aussi sur un plan diachronique, comme

le montrent, dans le rite de vigile, les admirables chants de l'ours et du castor (représentant respectivement la terre et l'eau) qui méditent sur l'hivernage proche et s'y préparent en conformité avec leurs mœurs particulières (ici dotées d'une signification symbolique), afin que l'arrivée du printemps et leurs forces rétablies puissent apparaître comme les gages de la longue vie promise aux hommes : « Après que six lunes eurent passé... l'ours procéda à un examen détaillé de son corps ». Il énumère les marques de son amaigrissement (c'est-à-dire d'un corps diminué, mais qui, parce qu'il est resté vivant, atteste davantage encore la puissance de la vie : surface corporelle réduite, orteils recroquevillés, chevilles ridées, muscles relâchés, ventre flasque, côtes saillantes, bras mous, menton pendant, coins des yeux plissés, front dégarni, poils rares). Il dépose alors ses empreintes, symboles des actions guerrières, 6 d'un côté, 7 de l'autre, puis il sort d'un pas rapide « pour gagner une contrée dont l'air était rendu vibrant par la chaleur du soleil ». (La Flesche 3, pp. 148-164.)

La structure synchronique de la tribu, telle qu'elle s'exprime dans la répartition en trois groupes élémentaires eux-mêmes divisés en clans porteurs de noms totémiques, n'est d'ailleurs, on l'a vu[1], qu'une projection, dans l'ordre de la simultanéité, d'un devenir temporel que les mythes décrivent en termes de successivité : quand les premiers hommes apparurent sur la terre (d'après cette version, venus du ciel ; une autre version (Dorsey, 1) les fait venir du monde souterrain), ils se mirent en marche dans leur ordre d'arrivée : d'abord les gens de l'eau, puis ceux de la terre, enfin ceux du ciel (La Flesche 2, pp. 59-60) ; mais, comme ils trouvèrent la terre couverte d'eau, ils firent appel, pour les guider vers des lieux habitables, d'abord à l'araignée d'eau, puis au dytique, ensuite à la sangsue blanche, enfin à la sangsue noire (id., pp. 162-165).

On voit donc qu'en aucun cas l'animal, le « totem » ou son espèce ne peut être saisi comme entité biologique ; par son double caractère d'organisme — c'est-à-dire de système — et d'émanation d'une espèce — qui est un terme dans un système —, l'animal apparaît

---

1. Cf plus haut, pp. 86-87.

comme un outil conceptuel aux multiples possibilités, pour détotaliser et pour retotaliser n'importe quel domaine, situé dans la synchronie ou la diachronie, le concret ou l'abstrait, la nature ou la culture.

A proprement parler, ce n'est donc jamais l'aigle qu'invoquent les Osage. Car, selon les circonstances et selon les moments, il s'agit d'aigles de différentes espèces : aigle royal *(Aquila chrësaytos,* L.), aigle tacheté (même espèce), aigle chauve *(Heliaeetus leucocephalus),* etc. ; de différentes couleurs : rouge, blanc, tacheté, etc. ; enfin, considérés à des moments différents de leur existence : jeune, adulte, vieux, etc. Cette matrice tridimensionnelle, véritable système *au moyen* d'une bête, et non la bête elle-même, constitue l'objet de pensée et fournit l'outil conceptuel[1]. Si l'image n'était aussi triviale, on serait tenté de comparer cet outil aux ustensiles formés d'un croisillon de lames métalliques, qui servent à débiter les pommes de terre en lamelles ou en quartiers : une grille « préconçue » est appliquée sur toutes les situations empiriques, avec lesquelles elle a suffisamment d'affinités pour que les éléments obtenus en toutes circonstances préservent certaines propriétés générales. Le nombre des morceaux n'est pas toujours le même, ni la forme de chacun absolument identique, mais ceux qui viennent du pourtour, au pourtour...

*
* *

Classificateur moyen (et, de ce fait, le plus rentable et le plus fréquemment employé), le niveau des espèces peut élargir son réseau vers le haut, c'est-à-dire en direction des éléments, des catégories et des nombres, ou le resserrer vers le bas, en direction des noms propres. Ce dernier aspect sera considéré en détail au chapitre suivant. Le réseau engendré par ce double mouvement est lui-même recoupé à tous les niveaux, puisqu'il existe un grand nombre de manières différentes

1. Nous ne croyons pas, expliquait un Osage, que, comme le disent les légendes, nos ancêtres étaient réellement des quadrupèdes, des oiseaux, etc. Ces choses sont seulement *wa-wi'-ku-ska'-ye* (des symboles) de quelque chose de plus haut. » (J. O. Dorsey *1,* p. 396.)

de signifier ces niveaux et leurs ramifications : appellations, différences vestimentaires, dessins ou tatouages corporels, manières d'être ou de faire, privilèges et prohibitions. Chaque système se définit ainsi par référence à deux axes, l'un horizontal, l'autre vertical, qui correspondent, jusqu'à un certain point, à la distinction saussurienne entre rapports syntagmatiques et rapports associatifs. Mais, à la différence du discours, la pensée « totémique » a ceci en commun avec la pensée mythique et la pensée poétique que, comme Jakobson l'a établi pour cette dernière, le principe d'équivalence joue sur les deux plans. Sans que le contenu du message soit modifié, le groupe social peut le coder sous forme d'une opposition catégorique : haut/bas, ou élémentaire : ciel/terre, ou bien encore spécifique : aigle/ours, c'est-à-dire au moyen d'éléments lexicaux différents. Et pour assurer la transmission du message, le groupe social a également le choix entre plusieurs procédés syntactiques : appellations, emblèmes, conduites, prohibitions, etc., employés seuls ou associés[1].

1. Envisagés séparément, dans leurs parties constitutives et dans leurs relations respectives avec le milieu environnant, une villa de banlieue et un château fort sont des ensembles syntagmatiques : leurs éléments entretiennent entre eux des rapports de contiguïté : contenant et contenu, cause et effet, fin et moyen, etc. Ce que, comme bricoleur, Mr. Wemmick, des *Grandes Espérances*, a entrepris et réalisé (cf. plus haut, p. 22) consiste dans l'instauration de rapports paradigmatiques entre les éléments de ces deux chaînes : pour signifier sa demeure, il peut choisir entre villa et château ; pour signifier la pièce d'eau, entre bassin et douve ; pour signifier l'accès, entre perron et pont-levis ; pour signifier ses laitues, entre salades et réserves de vivres. Comment y est-il parvenu ?
Il est clair que, d'abord, son château est un modèle réduit : non pas un château réel, mais un château signifié par des camouflages et des agencements qui ont fonction de symboles. En fait, s'il n'a pas acquis un château réel grâce à ces transformations, il a bel et bien perdu une villa réelle, puisque sa fantaisie l'astreint à de multiples servitudes : au lieu qu'il habite bourgeoisement, sa vie domestique devient une succession de gestes rituels dont la répétition minutieuse sert à promouvoir, comme réalité unique, des rapports paradigmatiques entre deux chaînes syntagmatiques également irréelles : celle du château, qui n'a jamais existé, et celle de la villa, qui a été sacrifiée. Le premier aspect du bricolage est donc de construire un système de paradigmes avec des fragments de chaînes syntagmatiques.
Mais l'inverse est également vrai ; car le château de Mr. Wemmick prend une valeur réelle du fait de la surdité de son vieux père : un château fort est normalement pourvu de canons ; or, l'oreille du père est si dure que seul le bruit du canon peut l'atteindre. Par l'infirmité

Si la tâche n'était pas énorme, on pourrait entreprendre une classification de ces classifications. On distinguerait alors des systèmes selon le nombre de catégories qu'ils utilisent — de deux à plusieurs dizaines — et selon le nombre et le choix des éléments et des dimensions. On les distinguerait ensuite en macro et micro-classifications, le premier type étant caractérisé par l'admission au rang de totems d'un grand nombre d'espèces animales et végétales (les Aranda en reconnaissent plus de 400), le second, par des totems tous inscrits, si l'on peut dire, dans les limites d'une même espèce, comme font en Afrique les Banyoro et les Bahima dont les clans se nomment d'après des types particuliers ou des parties de vache : vache striée, vache brune, vache pleine, etc. ; langue, tripes, cœur, rognons de vache, etc. Les systèmes sont également repérables d'après le nombre de leurs dimensions : certains était purement animaux, d'autres purement végétaux, d'autres faisant appel aux objets manufacturés, d'autres enfin juxtaposant un nombre variable de dimensions. Ils peuvent être simples (un nom ou un totem par clan), ou multiples, comme dans ces tribus mélanésiennes qui définissent chaque clan par une pluralité de totems : un oiseau, un arbre, un mammifère, un poisson. Enfin, les systèmes peuvent être homogènes ; ainsi, par exemple, au Kavirondo où les listes totémiques sont formées d'éléments du même type : crocodile, hyène, léopard, babouin, vautour, corbeau, python, mangouste, grenouille, etc. Et ils peuvent être aussi hétérogènes, comme l'illustrent les listes totémiques des Bateso : mouton, canne à sucre, os de viande bouillie, champignon, antilope (commune à plusieurs clans), vue de l'antilope interdite, crâne rasé, etc., ou encore de certaines tribus du nord-est de l'Australie : passion sexuelle, adolescence, diverses

---

paternelle, la chaîne syntagmatique initiale, celle de la villa suburbaine, était objectivement rompue. Habitant seuls ensemble, le père et le fils y vivaient juxtaposés, sans qu'un lien quelconque puisse s'établir entre eux. Il suffit que la villa devienne château pour que le canon, tiré quotidiennement à 9 heures, instaure entre eux une forme de communication efficace. Une nouvelle chaîne syntagmatique résulte donc du système de relations paradigmatiques. Un problème pratique est résolu : celui de la communication entre les habitants de la villa, mais grâce à une réorganisation totale du réel et de l'imaginaire, où des métaphores acquièrent une vocation métonymique et inversement.

maladies, lieux dits, natation, copulation, confection d'une lance, vomissement, diverses couleurs, divers états psychiques, chaleur, froid, cadavre, fantôme, divers accessoires du rituel, divers objets manufacturés, sommeil, diarrhée, dysenterie, etc.[1].

Une telle classification des classifications est parfaitement concevable, mais elle ne serait réalisable qu'à la condition de dépouiller des documents si nombreux et de tenir compte de dimensions si variées, que, même en se limitant aux sociétés pour lesquelles les informations sont suffisamment riches, précises, et comparables entre elles, on ne pourrait se dispenser de l'aide des machines. Contentons-nous donc d'évoquer ce programme, réservé à l'ethnologie d'un prochain siècle, et revenons aux propriétés les plus simples de ce que, par commodité, nous appellerons l'opérateur totémique. Pour apprécier sa complexité, il suffira de le décrire à l'aide d'un diagramme, et en considérant seulement une petite portion de la cellule, puisque nous la ferons débuter au niveau de l'espèce, et que nous restreindrons arbitrairement à trois le nombre des espèces, et à trois aussi celui des parties du corps (fig. 8).

On voit que l'espèce admet d'abord des réalisations empiriques : espèce Phoque, espèce Ours, espèce Aigle ; chacune comprend une série d'individus (également réduits à trois dans le diagramme) : phoques, ours, aigles. Chaque animal est analysable en parties : tête, cou, pattes, etc., regroupables d'abord au sein de chaque espèce (tête des phoques, cous des phoques, pattes des phoques), puis ensemble, par types de parties : toutes les têtes, tous les cous... Un dernier regroupement restitue le modèle de l'individu, dans son intégrité retrouvée.

L'ensemble constitue donc une sorte d'appareil conceptuel, qui filtre l'unité à travers la multiplicité, la multiplicité à travers l'unité, la diversité à travers l'identité et l'identité à travers la diversité. Doté d'une

1. « Il semble que le rôle de totem puisse être tenu par n'importe quel élément durable du milieu physique ou moral, que ce soit une entité d'ordre conceptuel ou, plus souvent, des classes ou espèces de choses, d'activités, d'états ou de qualités, qui se reproduisent fréquemment et sont ainsi considérés comme jouissant d'une existence durable. » (Sharp, p. 69.)

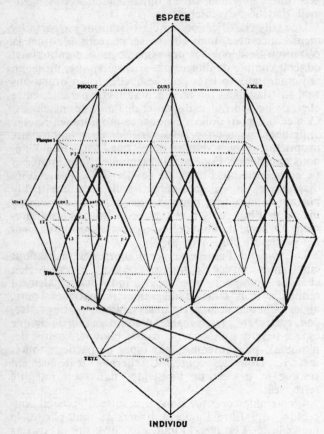

Fig. 8. — *L'opérateur totémique.*

extension théoriquement illimitée dans son niveau médian, il se contracte (ou s'épanouit) en pure compréhension à ses deux sommets, mais sous des formes symétriques et inverses l'une de l'autre, et non sans subir une sorte de torsion.

Le modèle qui nous sert ici d'illustration ne représente évidemment qu'une très petite fraction du modèle idéal, puisque le nombre des espèces naturelles est de l'ordre de 2 millions, celui des individus virtuellement imaginables est sans limite, et puisque les parties du corps ou organes distingués et nommés s'élèvent, dans certains lexiques indigènes, à près de 400. (Marsh et Laughlin.) Enfin, il n'existe vraisemblablement pas de sociétés humaines qui n'aient fait un inventaire très poussé de leur milieu zoologique et botanique, et qui ne l'aient décrit en termes spécifiques. Est-il possible d'évaluer un ordre de grandeur, ou des limites ? Quand on dépouille les ouvrages ethno-zoologiques et ethno-botaniques, on note que, sauf de rares exceptions, les espèces et variétés recensées semblent être de l'ordre de quelques centaines, 300 à 600 environ. Mais aucun ouvrage de ce genre n'est exhaustif, puisque limité par le temps dont on a disposé pour recueillir les matériaux, le nombre des informateurs et leur compétence, enfin, la compétence propre de l'enquêteur, l'étendue de ses connaissances et la variété de ses préoccupations. On ne risque donc guère de se tromper en postulant que le chiffre réel doit être sensiblement plus élevé, ce que confirment les meilleurs travaux :

> « Les Hanunóo classent leur univers botanique local, au plus bas niveau de contraste (niveau terminal), en plus de 1 800 *taxa* mutuellement exclusives aux yeux du savoir populaire, alors que les botanistes divisent la même flore — en termes d'espèces — en moins de 1 300 *taxa* définies d'un point de vue scientifique. » (Conklin *4.*)

Ce texte d'un ethnographe spécialiste des problèmes de la taxinomie fait curieusement écho à une remarque de Tylor sur la philosophie rabbinique,

> « ... qui assigne, à chacune des 2 100 espèces de plantes par exemple, un ange qui préside à sa destinée du haut du ciel, et qui fonde sur cette idée la prohibition

du Lévitique contre les mélanges entre les animaux et
entre les plantes ». (Tylor, vol. II, p. 246.)

Dans l'état actuel des connaissances, le chiffre de
2 000 paraît bien correspondre, comme ordre de grandeur, à une sorte de seuil au voisinage duquel se situent
la capacité de la mémoire et le pouvoir de définition
des ethno-zoologies ou ethno-botaniques fondées sur la
tradition orale. Il serait intéressant de savoir si ce seuil
possède des propriétés significatives du point de vue de
la théorie de l'information.

*
* *

Étudiant récemment les rites d'initiation chez les
Senoufo, un observateur a mis en évidence le rôle
de 58 figurines montrées aux novices dans un ordre
déterminé, et qui forment, pour ainsi dire, le canevas
de l'enseignement qui leur est imparti. Ces figurines
représentent des animaux, des personnages, ou elles
symbolisent des types d'activité ; chacune correspond
donc à une espèce ou à une classe :

> « Les anciens présentent aux néophytes un certain
> nombre d'objets... Cet inventaire, parfois très long,
> constitue une sorte de lexique des symboles dont les
> différents modes d'agencement possibles sont indiqués.
> Dans les *poro* les plus évolués, les hommes apprennent
> ainsi à manier les supports idéographiques d'une pensée
> qui parvient à prendre un véritable tour philosophique. »
> (Bochet, p. 76.)

On ne saurait mieux dire que, dans des systèmes de
ce type, il existe un passage constant, et qui s'effectue
dans les deux sens, des idées aux images, et de la
grammaire au lexique. Ce phénomène, que nous avons
souligné à plusieurs reprises, soulève une difficulté. Est-
il légitime de postuler comme on pourrait nous reprocher
de l'avoir implicitement fait, que de tels systèmes sont
motivés à tous les niveaux ? Plus exactement, sommes-
nous en présence de systèmes véritables, où les images
sont unies aux idées, et le lexique à la grammaire, par
des relations constamment rigoureuses, ou ne faut-il pas
reconnaître au niveau le plus concret — celui des images

et du lexique — une certaine dose de contingence et d'arbitraire, qui inciterait à mettre en doute le caractère systématique de l'ensemble ? Le problème s'est posé chaque fois qu'on a prétendu découvrir une logique des appellations claniques ; or nous avons montré, dans un précédent chapitre, qu'on se heurtait presque toujours à une difficulté qui, au premier abord, peut sembler insurmontable : les sociétés qui prétendent former un système cohérent et articulé (que la « marque » du système soit dans des noms, des conduites, ou des prohibitions) sont aussi des collectivités d'êtres vivants. Même si, consciemment ou inconsciemment, elles appliquent des règles de mariage dont l'effet est de maintenir constants la structure sociale et le taux de reproduction, ces mécanismes ne fonctionnent jamais de façon parfaite ; ils sont d'ailleurs menacés par les guerres, les épidémies, les famines. Il est donc clair que l'histoire et l'évolution démographique bouleverseront toujours les plans conçus par les sages. Dans de telles sociétés, synchronie et diachronie sont engagées dans un conflit constamment renouvelé, et dont il semble que chaque fois la diachronie doive sortir victorieuse.

Rapportées au problème qu'on vient de poser, ces considérations signifient que, plus on descendra vers les groupes concrets, plus aussi on devra s'attendre à trouver des distinctions et des dénominations arbitraires, explicables surtout en fonction d'incidents et d'événements, et qui seront rebelles à tout arrangement logique. « Tout est un totem potentiel », remarque-t-on à propos de tribus du nord-ouest de l'Australie qui comptent déjà, au nombre de leurs totems, des êtres tels que « l'Homme blanc » et le « Marin », bien que les premiers contacts avec la civilisation remontent à une époque récente. (Hernandez.)

Certaines tribus de Groote Eylandt, à l'est de la terre d'Arnhem, sont réparties en deux moitiés comprenant chacune six clans ; chaque clan possède un ou plusieurs totems hétéroclites : vents, bateau, eau, espèces animales et végétales, pierres. Les totems « vents » sont probablement liés aux visites annuelles insulaires de Macassar, et il en est de même du totem « bateau », comme le prouve un mythe se référant à la fabrication des bateaux par les gens de Macassar, dans l'île Bickerton. D'autres totems ont été empruntés aux indigènes de l'intérieur ; certains, enfin, sont en voie d'être abandonnés, tandis que d'autres ont été récemment introduits.

Par conséquent, conclut l'auteur de ces observations, il serait imprudent de voir, dans le choix et la distribution des totems, un effort pour organiser conceptuellement le milieu naturel en fonction du schème dualiste : « la liste... résulte d'un processus historique d'accrétion, plutôt que d'une entreprise systématique ». Il existe des chants totémiques inspirés par des bateaux connus : le *Cora*, le *Wanderer*, et même par les gros avions de transport du type Catalina, une base aérienne ayant été aménagée pendant la guerre dans le territoire d'un clan. De tels faits incitent d'autant plus à admettre que des événements historiques puissent être à l'origine de certains totems, que, dans la langue des tribus en question, le même mot désigne les totems, les mythes, et toute espèce d'objet beau, rare, ou curieux : ainsi un grain de beauté particulièrement séduisant, ou une jolie petite fiole de produit pharmaceutique. En plus des événements, l'inspiration esthétique et l'invention indivi- duelle pèseraient en faveur de la contingence. (Worsley.)

Dans le premier chapitre de ce livre, nous avons évoqué à plusieurs reprises le rôle de l'imagination esthétique dans l'élaboration des systèmes classificatoi- res, rôle déjà reconnu par les théoriciens de la taxinomie, laquelle, dit Simpson, « est aussi un art » (p. 227). Cet aspect du problème n'a donc rien pour nous inquiéter, bien au contraire. Mais que doit-on penser des facteurs historiques ?

Depuis longtemps, les linguistes connaissent le pro- blème, et Saussure l'a résolu avec beaucoup de clarté. Même Saussure, en effet, qui a posé le principe (dont l'évidence nous semble aujourd'hui moins assurée) du caractère arbitraire des signes linguistiques, admet que cet arbitraire comporte des degrés, et que le signe puisse être relativement motivé. Cela est si vrai qu'on peut classer les langues en fonction de la motivation relative de leurs signes : le latin *inimicus* est plus fortement motivé que le français *ennemi* (dans lequel ne se reconnaît pas aussi aisément l'inverse d'*ami*) ; et, pour chaque langue, les signes sont aussi inégalement moti- vés : le français *dix-neuf* est motivé, le français *vingt* ne l'est pas. Car le mot *dix-neuf* « évoque les termes dont il se compose et d'autres qui lui sont associés ». Si le principe irrationnel de l'arbitraire du signe était appliqué sans restriction, « on aboutirait à la complication suprême ; mais l'esprit réussit à introduire un principe d'ordre et de régularité dans certaines parties de la masse des signes, et c'est là le rôle du relativement motivé ». En ce sens, on peut dire que certaines langues sont plus *lexicologiques* et d'autres, plus *grammaticales* :

> « Non que "lexique" et "arbitraire" d'une part, "grammaire" et "motivation relative" de l'autre, soient toujours synonymes ; mais il y a quelque chose de commun dans le principe. Ce sont comme deux pôles entre lesquels se meut tout le système, deux courants opposés qui se partagent le mouvement de la langue : la tendance à employer l'instrument lexicologique, le signe immotivité, et la préférence accordée à l'instrument grammatical, c'est-à-dire à la règle de construction. » (Saussure, p. 183.)

Pour Saussure, par conséquent, la langue va de l'arbitraire à la motivation. En revanche, les systèmes que nous avons examinés jusqu'à présent vont de la motivation à l'arbitraire : les schèmes conceptuels (à la limite, simple opposition binaire) sont constamment forcés pour y introduire des éléments pris ailleurs ; et, n'en doutons pas, ces adjonctions entraînent souvent une modification du système. Parfois aussi, elles ne réussissent pas à s'insérer dans le schème, et l'allure systématique se trouve déréglée, ou provisoirement suspendue.

Cette lutte constante entre l'histoire et le système est tragiquement illustrée par l'exemple des quelque 900 survivants d'une trentaine de tribus australiennes, regroupés pêle-mêle dans un camp gouvernemental qui comprenait (en 1934) une quarantaine d'habitations, des dortoirs surveillés et séparés pour les garçons et les filles, une école, un hôpital, une prison, des boutiques, et où les missionnaires (à la différence des indigènes) pouvaient s'en donner à cœur joie : dans un laps de quatre mois, on vit défiler des non-conformistes, des presbytériens, l'Armée du Salut, des anglicans et des catholiques romains...

Nous ne citons pas ces faits dans une intention

polémique, mais parce qu'ils rendent hautement impro-
bable le maintien des croyances et des usages traditionnels. Cependant, la première réponse des indigènes
au regroupement fut l'adoption d'une terminologie
commune et de règles de correspondance, pour harmoni-
ser les structures tribales qui, dans toute la région
intéressée, étaient à base de moitiés et de sections.
Interrogé sur sa section, un individu pouvait ainsi
répondre : « Je suis ceci ou cela dans mon dialecte,
donc ici je suis Wungo. »

La répartition des espèces totémiques entre les moitiés
ne semble pas faite de manière uniforme, ce qui ne
saurait surprendre. Mais on est davantage frappé par
les régularités, et par l'esprit systématique dans lequel
les informateurs résolvent chaque problème. Sauf dans
une région, l'opossum appartient à la moitié Wuturu.
Sur la côte, l'eau douce est à la moitié Yangaru, mais
dans l'intérieur, elle appartient à la moitié Wuturu. Les
indigènes disent : « presque toujours, peau froide va
avec Wuturu, et plumes avec Yanguru ». D'où il résulte
que la moitié Wuturu possède l'eau, le lézard, la
grenouille, etc., et la moitié Yanguru l'émou, le canard,
et d'autres oiseaux. Mais là où la grenouille est placée
dans la moitié alterne de celle de l'opossum, on appelle
un autre principe d'opposition à la rescousse : les deux
animaux se déplacent par bonds, et cette ressemblance
vient de ce que la grenouille est « le père » de l'opossum ; or, dans une société matrilinéaire, le père et le
fils appartiennent à des moitiés opposées :

> « Quand les informateurs reconstituent la liste des
> totems de chaque moitié, ils raisonnent invariablement
> comme suit : les arbres, et les oiseaux qui y font leur
> nid, sont de la même moitié ; les arbres qui poussent au
> bord des ruisseaux, ou dans les étangs et marais, sont
> de la même moitié que l'eau, les poissons, les oiseaux et
> plantes aquatiques : "Épervier, dindon, tout ce qui
> vole travaille ensemble. Le serpent [*Python variegatus*]
> ('carpet-snake') et le lézard varan [*Varanus* Gould ?]
> ('ground goanna') travaillent ensemble — ils voyageaient
> ensemble dans les temps anciens"... » (Kelly, p. 465.)

Il arrive parfois que la même espèce figure dans les
deux moitiés ; c'est le cas de *Python variegatus* (« carpet-
snake ») ; mais les indigènes distinguent quatre variétés,

d'après les dessins des écailles, et ces variétés se divisent par paires entre les moitiés. Il en est de même pour les variétés de tortue. Le kangourou gris est wuturu, le rouge yanguru, mais dans les combats ils s'évitent. Un autre groupe indigène répartit l'eau et le feu entre les espèces naturelles : opossum, abeille et le lézard varan *(Varanus eremius ?* « sand goanna ») « possèdent le feu » ; *Python variegatus* (« carpet-snake »), *Leipoa ocellata* (« scrub turkey »), lézard et porc-épic, « possèdent l'eau ». Jadis, en effet, les ancêtres du groupe en question avaient le feu, et les gens de la brousse avaient l'eau. Les premiers se joignirent aux seconds, et on partagea l'eau et le feu. Enfin, chaque totem a une affinité particulière avec une espèce d'arbre, dont on met une branche dans les tombeaux, selon le clan du défunt. L'émou possède *Bursaria* sp. ? (« box-tree »), le porc-épic et l'aigle certaines variétés d'acacia (« brigalow »), l'opossum un autre acacia *(kidji), Python variegatus* (« carpet-snake) le santal, et le lézard varan (« sand goanna ») divers *Sterculia ?* (« bottle-tree »). Dans les groupes occidentaux, les morts étaient inhumés face à l'est ou face à l'ouest, selon la moitié *(l. c.,* pp. 461-466).

Par conséquent, et bien que l'organisation sociale soit réduite au chaos en raison des nouvelles conditions d'existence imposées aux indigènes et des pressions laïques et religieuses qu'ils subissent, l'attitude spéculative subsiste. Quand il n'est plus possible de maintenir les interprétations traditionnelles, on en élabore d'autres, qui, comme les premières, sont inspirées par des motivations (au sens saussurien) et par des schèmes. Des structures sociales, jadis simplement juxtaposées dans l'espace, sont mises en correspondance, en même temps que les classifications animales et végétales propres à chaque tribu. Selon leur origine tribale, les informateurs conçoivent le schème dualiste sur le modèle de l'opposition ou de la ressemblance, et ils le formalisent en termes soit de parenté (père et fils), soit d'orients (est et ouest), soit d'éléments (terre et mer, eau et feu, air et terre), soit enfin de différences ou de ressemblances entre des espèces naturelles. Ils prennent aussi conscience de ces divers procédés, et cherchent à formuler des règles d'équivalence. Nul doute que, si le processus de détérioration venait à s'interrompre, ce syncrétisme ne puisse servir de point de départ à une société nouvelle pour élaborer un système global dont tous les aspects se trouveraient ajustés.

On voit par cet exemple comment le dynamisme logique, qui est une propriété du système, parvient à surmonter ce qui, même pour Saussure, ne constitue pas une antinomie. Outre que, comme les langues, les systèmes de classification peuvent être inégalement situés par rapport à l'arbitraire et à la motivation sans que cette dernière cesse d'y être opérante [1], le caractère dichotomique que nous leur avons reconnu explique comment les aspects arbitraires (ou qui nous apparaissent tels, car peut-on jamais affirmer qu'un choix, arbitraire pour l'observateur, n'est pas motivé du point de vue de pensée indigène ?) viennent se greffer, sans les dénaturer, sur les aspects rationnels. Nous avons représenté les systèmes de classification comme des « arbres » ; et la croissance d'un arbre illustre bien la transformation qui vient d'être évoquée. Dans ses parties inférieures, un arbre est, si l'on peut dire, puissamment motivé : il faut qu'il ait un tronc, et que celui-ci tende à la verticale. Les basses branches comportent déjà plus d'arbitraire : leur nombre, bien qu'on puisse le prévoir restreint, n'est pas fixé d'avance, non plus que l'orientation de chacune et son angle de divergence par rapport au tronc ; mais ces aspects demeurent tout de même liés par des relations réciproques, puisque les grosses branches, compte tenu de leur propre poids et des autres branches chargées de feuillage qu'elles supportent, doivent équilibrer les forces qu'elles appliquent sur un commun point d'appui. Mais, au fur et à mesure que l'attention se déplace vers des étages plus élevés, la part de la motivation s'affaiblit, et celle de l'arbitraire augmente : il n'est plus au pouvoir des branches terminales de compromettre la stabilité de l'arbre, ni de changer sa forme caractéristique. Leur multiplicité et leur insignifiance les ont affranchies des contraintes initiales, et leur distribution générale peut s'expliquer indifférem-

---

1. Comme disent les Lovedu d'Afrique du Sud : « L'idéal est de rentrer chez soi, puisque, dans le sein de sa mère, nul ne retourne jamais... » (Krige, p. 323.)

ment par une série de répétitions, à échelle de plus en plus réduite, d'un plan qui est aussi inscrit dans les gènes de leurs cellules, ou comme le résultat de fluctuations statistiques. Intelligible au départ, la structure atteint, en se ramifiant, une sorte d'inertie ou d'indifférence logique. Sans contredire à sa nature première, elle peut désormais subir l'effet d'incidents multiples et variés, qui surviennent trop tard pour empêcher un observateur attentif de l'identifier et de la classer dans un genre.

CHAPITRE VI

UNIVERSALISATION
ET PARTICULARISATION

L'antinomie que certains croient déceler entre l'histoire et le système [1] n'apparaîtrait, dans les cas qui ont été passés en revue, que si nous ignorions la relation dynamique qui s'y manifeste entre ces deux aspects. Formant transition de l'un à l'autre, il y a place entre eux pour une construction diachronique et non arbitraire. A partir de l'opposition binaire, qui offre l'exemple le plus simple qu'on puisse concevoir d'un système, cette construction se fait par agrégation, à chacun des deux pôles, de nouveaux termes choisis parce qu'ils entretiennent avec celui-ci des rapports d'opposition, de corrélation, ou d'analogie ; mais il ne s'ensuit pas que ces rapports doivent être homogènes : chaque logique « locale » existe pour son compte, elle réside dans l'intelligibilité du rapport entre deux termes immédiatement associés, et celle-ci n'est pas obligatoirement du même type pour chaque maillon de la chaîne sémantique. La situation est un peu comparable à celle où se trouveraient des joueurs inexpérimentés, qui accoleraient les pièces d'un jeu de dominos en considé-

---

1. Mais, pour se convaincre que ces deux notions n'ont qu'une valeur de limite, il suffit d'enregistrer cette réflexion désabusée d'un des champions d'une ethnologie purement historique : « La condition actuelle des clans zandé et de leurs affiliations totémiques n'est compréhensible qu'à la lumière du développement politique de la société zandé, et c'est là une bien faible lueur. Des centaines de milliers de gens d'origine ethnique différente et tous confondus — parfois, l'ethnologue travaillant en Afrique se prend à rêver d'une petite société bien installée sur son île, quelque part en Polynésie ou en Mélanésie. » (Evans-Pritchard 3, p. 121.)

rant seulement les valeurs des moitiés adjacentes, et qui, sans connaissance préalable de la composition du jeu, n'en réussiraient pas moins à prolonger la partie.

Il n'est pas nécessaire, par conséquent, que la logique du système coïncide en tous points avec l'ensemble des logiques locales qui s'y trouvent insérées. Cette logique générale peut être d'un autre ordre ; elle se définira alors par le nombre et la nature des axes utilisés, par les règles de transformation permettant de passer de l'un à l'autre, enfin, par l'inertie propre du système, c'est-à-dire sa réceptivité, plus ou moins grande selon les cas, à l'égard des facteurs immotivés.

Les classifications prétendues totémiques, les croyances et les pratiques qui s'y rattachent, ne sont qu'un aspect ou qu'un mode de cette activité systématique générale. De ce point de vue, nous n'avons guère fait, jusqu'à présent, que développer et approfondir certaines remarques de Van Gennep :

> « Chaque société ordonnée classe, de toute nécessité, non pas seulement ses membres humains, mais aussi les objets et les êtres de la nature, tantôt d'après leurs formes extérieures, tantôt d'après leurs dominantes psychiques, tantôt d'après leur utilité alimentaire, agraire, industrielle, productrice ou consommatrice... Rien ne permet de considérer que tel système de classement, par exemple le système zoologique du totémisme ou le système cosmographique, ou le système professionnel (castes), soit antérieur aux autres. » (Van Gennep, pp. 345-346.)

Que l'auteur de ces lignes était pleinement conscient de leur audace novatrice ressort bien de la note ajoutée par lui en bas de page :

> « On voit que je n'admets pas le point de vue de Durkheim, *Formes,* p. 318, qui pense que la classification cosmique des êtres (y compris les hommes) et des choses est une conséquence du totémisme ; je prétends au contraire que la forme spéciale de classification cosmique qui se constate dans le totémisme en est, non pas même une nuance, mais l'une de ses parties constitutives, primitives et essentielles ; car les peuples qui n'ont pas le totémisme possèdent aussi un système de classification, qui est lui aussi l'un des éléments primordiaux de leur système d'organisation sociale générale, et réagit en cette qualité sur les institutions magico-religieuses et laïques,

tel le système des orients, le dualisme chinois et persan, le cosmographisme assyro-babylonien, le système dit magique des correspondances sympathiques, etc. »

Pourtant, en dépit de vues si justes, la démonstration de Van Gennep tourne court, car il persiste à croire au totémisme comme réalité institutionnelle ; s'il renonce à en faire un système classificatoire dont seraient issus tous les autres, il tient à lui conserver une originalité, comme à une espèce objectivement identifiable au sein d'un genre :

« Ainsi, la notion de parenté totémique est formée de trois éléments : la parenté physiologique... la parenté sociale... et la parenté cosmique et classificatrice, qui relie tous les hommes d'un groupe aux êtres ou objets situés théoriquement dans ce groupe. Ce qui caractérise le totémisme... c'est... la combinaison particulière de ces trois éléments, tout comme une certaine combinaison de cuivre, de soufre et d'oxygène forme du sulfate de cuivre » *(l. c.).*

Parvenu si près du but, Van Gennep reste donc prisonnier du découpage traditionnel dans les cadres duquel il a accepté d'inscrire sa démonstration. Or, ni chez lui ni chez ses devanciers, on ne trouverait le moyen de fonder la comparaison imprudente qu'il invoque à l'appui de sa thèse. Si le sulfate de cuivre est un corps chimique, bien qu'aucun de ses éléments constitutifs ne lui appartienne exclusivement, c'est qu'un ensemble de propriétés différentielles résulte de leur combinaison : forme, couleur, saveur, action sur d'autres corps et sur des êtres biologiques, toutes propriétés qui ne se trouvent assemblées qu'en lui. Rien de comparable ne saurait être affirmé du totémisme, de quelque façon qu'on le définisse ; il ne constitue pas un corps du règne ethnologique, mais se ramène plutôt à un dosage imprécis d'éléments variables, dont chaque théoricien choisit arbitrairement les seuils, et dont la présence, l'absence, ou le degré, ne comportent pas d'effets spécifiques. Tout au plus peut-on, dans les cas traditionnellement diagnostiqués comme « totémiques », discerner une enflure relative du schème classificatoire au niveau des espèces, sans que la nature et la structure du schème en soient réellement changées.

Encore ne sommes-nous jamais sûrs que cette enflure soit une propriété objective du schème, et non le résultat des conditions particulières dans lesquelles s'est faite son observation. Les travaux du regretté Marcel Griaule, de G. Dieterlen, de G. Calame-Griaule, et de D. Zahan chez les Dogon et chez les Bambara, montrent, au cours de leur développement sur une période de vingt ans, comment des catégories « totémiques », d'abord isolées pour obéir aux consignes de l'ethnologie traditionnelle, ont dû être progressivement raccordées par les observateurs à des faits d'un autre ordre, et n'apparaissent plus maintenant que comme une des perspectives sous lesquelles on appréhende un système à plusieurs dimensions.

Tout ce qu'on peut donc concéder aux tenants du totémisme, c'est le rôle privilégié dévolu à la notion d'espèce considérée comme opérateur logique. Mais cette découverte est bien antérieure aux premières spéculations sur le totémisme, puisqu'elle a été formulée d'abord par Rousseau (Lévi-Strauss 6, pp. 142-146), puis, à propos des questions mêmes traitées dans le présent ouvrage, par Comte. Si Comte utilise parfois la notion de tabou, celle de totem semble lui être restée étrangère, bien qu'il eût pu connaître le livre de Long. Il est d'autant plus significatif que, discutant le passage du fétichisme au polythéisme (dans lequel il aurait probablement placé le totémisme), Comte en fasse une conséquence de l'émergence de la notion d'espèce :

> « Lorsque, par exemple, la végétation semblable des différents arbres d'une forêt de chênes a dû conduire enfin à représenter, dans les conceptions théologiques, ce que leurs phénomènes offraient de commun, cet être abstrait n'a plus été le fétiche propre d'aucun arbre, il est devenu le dieu de la forêt. Voilà donc le passage intellectuel du fétichisme au polythéisme réduit essentiellement à l'inévitable prépondérance des idées spécifiques sur les idées générales. » (52ᵉ leçon, vol. V, p. 54.)

Tylor, fondateur de l'ethnologie moderne, a bien compris le parti à tirer de l'idée de Comte, qui, remarque-t-il, est encore mieux applicable à cette catégorie spéciale de divinités que sont les espèces divinisées :

> « L'uniformité de chaque espèce ne suggère pas seule-

> ment une commune origine, mais aussi l'idée que des
> créatures si déficientes en originalité individuelle, dotées
> de qualités si strictement mesurées — on dirait volon-
> tiers : à la règle et au compas —, pourraient n'être pas
> des agents indépendants et à la conduite arbitraire, mais
> plutôt des copies à partir d'un modèle commun, ou des
> instruments au service des divinités qui les contrôlent. »
> (Tylor, vol. II, p. 243.)

*
* *

La puissance logique de l'opérateur spécifique peut
être aussi illustrée d'autres façons. C'est elle qui permet
d'intégrer au schème classificatoire des domaines très
différents les uns des autres, offrant ainsi aux classifications un moyen de dépasser leurs limites : soit en
s'étendant à des domaines extérieurs à l'ensemble initial,
par universalisation ; soit, par particularisation, en
prolongeant la démarche classificatrice au-delà de ses
bornes naturelles, c'est-à-dire jusqu'à l'individuation.

On passera rapidement sur le premier point, dont il
suffira de donner quelques exemples. La grille « spécifique » est si peu liée aux catégories sociologiques qu'elle
sert parfois, notamment en Amérique, pour ordonner
un domaine aussi limité que celui des maladies et des
remèdes. Les Indiens du sud-est des Etats-Unis font des
phénomènes pathologiques la conséquence d'un conflit
entre les hommes, les animaux et les végétaux. Irrités
contre les hommes, les animaux leur ont envoyé les
maladies ; les végétaux, alliés des hommes, ripostent en
fournissant les remèdes. Le point important est que
chaque espèce possède une maladie ou un remède
spécifique. Ainsi, selon les Chickasaw, les maux d'estomac et les douleurs de jambe relèvent du serpent, les
vomissements du chien, les douleurs du maxillaire du
cerf, les maux de ventre de l'ours, la dysenterie de la
mouffette, les saignements de nez de l'écureuil, la
jaunisse de la loutre, les troubles du bas-ventre et de la
vessie de la taupe, les crampes de l'aigle, les maladies
des yeux et la somnolence du hibou, les douleurs
articulatoires du serpent à sonnettes, etc. (Swanton 2.)

Les mêmes croyances existent chez les Pima d'Arizona, qui attribuent les maux de gorge au blaireau, les enflures, les maux de tête et la fièvre à l'ours, les maladies de la gorge et des poumons au cerf, les maladies de la petite enfance au chien et au coyote, les maux d'estomac au spermophile ou rat des prairies, les ulcères à une variété de lièvre (« jack-rabbit »), la constipation à la souris, le saignement de nez au tamias (« ground-squirrel »), les hémorragies à l'épervier et à l'aigle ; les ulcérations syphilitiques au vautour, les fièvres infantiles à l'héloderme (« Gila monster »), les rhumatismes au crapaud phrynosome (« horned-toad »)[1], la fièvre « blanche » au lézard, les maladies de foie et d'estomac au serpent à sonnettes, les ulcères et paralysies à la tortue, les douleurs internes au papillon, etc.[2] (Russell.) Chez les Hopi, distants d'un jour de marche des Pima, une classification analogue est basée sur l'organisation en confréries religieuses, dont chacune peut infliger une punition sous forme de maladie particulière : enflure abdominale, maux d'oreille, enflure pointue au sommet du crâne, surdité, eczéma des parties supérieures du corps, torsion et convulsions de la face et du cou, bronchite, mal au genou. (Voth 2, p. 109 n.) Nul doute que le problème des classifications pourrait être abordé par ce biais, et qu'on trouverait ainsi, entre groupes éloignés, des ressemblances curieuses (l'association de l'écureuil et du saignement de nez semble récurrente dans un grand nombre de populations nord-américaines), indices de liaisons logiques dont la portée pourrait être très grande.

Les catégories spécifiques et les mythes qui s'y rattachent peuvent aussi servir à organiser l'espace, et on observe donc une extension territoriale et géographique du système classificatoire. La géographie totémique des Aranda fournit un exemple classique, mais, sous ce

---

1. A l'appui des considérations présentées plus haut (p. 95-96) on notera que c'est vraisemblablement la même conduite qui suggère aux Indiens américains et aux Chinois des associations entièrement différentes. En effet, les Chinois attribuent à la chair du phrynosome ou au vin où elle a macéré des vertus aphrodisiaques, parce que le mâle étreint si vigoureusement la femelle au cours de la copulation qu'il ne la lâche pas, quand on le capture dans cette position. (Van Gulik 2, p. 286, n. 2.)

2. Pour des idées très voisines chez les Papago, cf. Densmore 1.

rapport, d'autres populations ne se sont pas montrées moins exigeantes et raffinées. On a récemment repéré et décrit, en territoire aluridja, un site rocheux de 8 km de pourtour, où chaque accident du relief correspond à une phase du rituel, de telle sorte que ce massif naturel illustre, pour les indigènes, la structure de leurs mythes et le programme de leurs cérémonies ; son versant nord relève de la moitié du soleil et du cycle rituel kerungera, le versant sud, de la moitié de l'ombre et du rituel arangulta. Sur tout le pourtour du massif, trente-huit points sont nommés et commentés. (Harney.)

L'Amérique du Nord offre aussi des exemples de géographie mythique et de topographie totémique, depuis l'Alaska jusqu'en Californie, ainsi que dans le sud-ouest et le nord-ouest du continent. Les Penobscot du Maine illustrent, à cet égard, une disposition générale des Algonkin septentrionaux à interpréter tous les aspects physiographiques du territoire tribal en fonction des pérégrinations du héros civilisateur Gluskabe, et d'autres incidents ou personnages mythiques. Un rocher allongé est la pirogue du héros, une veine de pierre blanche figure les entrailles de l'original qu'il a tué, le mont Kineo est la marmite retournée où il fit cuire la viande, etc. (Speck 2, p. 7.)

Au Soudan également, on a mis en évidence un système mythico-géographique recouvrant toute la vallée du Niger ; plus vaste, par conséquent, que le territoire d'un seul groupe et traduisant, jusque dans ses articulations les plus menues, une conception à la fois diachronique et synchronique des relations entre des groupes culturels et linguistiques différents. (Dieterlen 4, 5.)

Ce dernier exemple montre que le système classificatoire ne permet pas seulement de « meubler », si l'on peut dire, le temps social — par le moyen des mythes — et l'espace tribal — à l'aide d'une topographie conceptualisée. Le remplissage du cadre territorial s'accompagne d'un élargissement. De même que, sur le plan logique, l'opérateur spécifique effectue le passage, d'une part, vers le concret et l'individuel, d'autre part vers l'abstrait et les systèmes de catégories, de même, sur le plan sociologique, les classifications totémiques permettent à la fois de définir le statut des personnes au sein du groupe et de dilater le groupe au-delà de son cadre traditionnel.

On a dit, non sans raison, que les sociétés primitives fixent les frontières de l'humanité aux limites du groupe tribal, en dehors duquel elles ne perçoivent plus que des étrangers, c'est-à-dire des sous-hommes sales et grossiers, sinon même des non-hommes : bêtes dangereuses ou fantômes. Cela est souvent vrai, mais néglige que les classifications totémiques ont, pour une de leurs fonctions essentielles, celle de faire éclater cette fermeture du groupe sur lui-même, et de promouvoir la notion approchée d'une humanité sans frontières. Le phénomène est attesté dans toutes les terres classiques de l'organisation dite totémique. Dans une région de l'Australie occidentale, il existe « un système international de classement des clans et de leurs totems en divisions totémiques ». (Radcliffe-Brown *1*, p. 214.) C'est également vrai d'autres régions du même continent :

> « Sur un total de 300 noms d'animaux totémiques communs, j'ai constaté que dans 167 cas (56 %) les Aranda occidentaux et les Loritja utilisaient les mêmes termes ou des termes semblables ; et la comparaison entre les noms de plantes totémiques employés par les Aranda occidentaux et les Loritja montre que les mêmes mots se rencontrent dans les deux langues, pour désigner 147 des 220 espèces de plantes que j'ai recensées (67 %). » (C. Strehlow, pp. 66-67.)

On a fait des observations analogues en Amérique, chez les Sioux et les Algonkin. Parmi ces derniers, les Menomini

> « ... entretiennent la croyance générale qu'il existe une relation commune non seulement entre les individus relevant du même totem au sein de la tribu, mais aussi entre toutes les personnes nommées d'après le même totem, même si elles sont membres de tribus différentes, qu'elles appartiennent ou non à la même famille linguistique ». (Hoffman, p. 43.)

De même, chez les Chippewa :

> « Tous ceux qui avaient le même totem se considéraient comme parents, même s'ils provenaient de tribus ou de villages différents... Quand deux étrangers se rencon-

traient et découvraient qu'ils avaient le même totem, ils
entreprenaient aussitôt de faire leur généalogie... et l'un
devenait cousin, oncle ou grand-père de l'autre, bien
que le grand-père fût parfois le plus jeune des deux. Les
liens totémiques étaient tenus pour si forts qu'en cas de
dispute entre un individu ayant le même totem qu'un
spectateur et quelque cousin ou proche parent dudit
spectateur, mais de groupe totémique différent, celui-ci
prenait le parti de la personne de son totem, que peut-
être il n'avait auparavant jamais vue. » (Kinietz, pp. 69-
70.)

Cette universalisation totémique ne bouscule pas
seulement les frontières tribales, façonnant l'ébauche
d'une société internationale ; elle déborde aussi parfois
les limites de l'humanité, dans un sens non plus
sociologique mais biologique, quand les noms totémiques sont applicables aux animaux domestiques. C'est
ce qui se produit pour les chiens [1] — d'ailleurs appelés
« frères » ou « fils », selon les groupes — dans les
tribus australiennes de la péninsule du cap York (Sharp,
p. 70, Thomson) et pour les chiens et les chevaux, chez
les indiens Ioway et Winnebago. (Skinner 3, p. 198.)

*
* *

Nous avons ainsi sommairement indiqué comment les
mailles du réseau pouvaient indéfiniment s'élargir en
fonction des dimensions et de la généralité du champ.
Il nous reste à montrer comment elles peuvent aussi se
rétrécir pour filtrer et emprisonner le réel, mais cette
fois à la limite inférieure du système, en prolongeant
son action au-delà du seuil qu'on serait tenté d'assigner
à toute classification : celui après lequel il n'est plus
possible de classer, mais seulement de nommer. En
vérité, ces opérations extrêmes sont moins éloignées
qu'il ne semble, et elles sont même superposables quand
on se place au point de vue des systèmes que nous
étudions. L'espace est une société de lieux dits, comme

1. Chez les Wik Munkan, un chien s'appellera Yatot, « Extraire
les arêtes », si son maître est du clan du poisson-à-arête, Owun,
« Rendez-vous secret », si son maître est du clan du fantôme.
(Thomson.)

les personnes sont des points de repère au sein du groupe. Les lieux et les individus sont également désignés par des noms propres, qui, dans des circonstances fréquentes et communes à beaucoup de sociétés, peuvent être substitués les uns aux autres. Les Yurok de Californie offrent un exemple parmi d'autres de cette géographie personnifiée, où les pistes sont conçues comme des êtres animés, où chaque maison est nommée, et où les noms de lieux remplacent les noms personnels dans l'usage courant. (Waterman.)

Un mythe aranda traduit bien ce sentiment d'une correspondance entre l'individuation géographique et l'individuation biologique : les êtres divins primitifs étaient informes, sans membres, et fondus ensemble, jusqu'à ce que survînt le dieu Mangarkunjerkunja (le lézard gobe-mouches) qui entreprit de les séparer les uns des autres et de les façonner individuellement. En même temps (et n'est-ce pas en effet la même chose ?) il leur enseigna les arts de la civilisation et le système des sections et des sous-sections. A l'origine, les 8 sous-sections étaient réparties en 2 grands groupes : 4 de la terre et 4 de l'eau. C'est le dieu qui les a « territorialisées », en attribuant chaque site à un couple de sous-sections. Or, cette individuation du territoire correspond d'une autre manière aussi à l'individuation biologique, le mode totémique de fécondation de la mère expliquant les différences anatomiques qui s'observent entre les enfants ; ceux qui ont les traits fins furent conçus par l'opération d'un *ratapa*, esprit-embryon ; ceux aux traits larges, par projection magique d'un rhombe dans le corps d'une femme ; les enfants aux cheveux clairs sont directement des réincarnations d'ancêtres totémiques. (C. Strehlow.) Les tribus australiennes du fleuve Drysdale, au nord du Kimberley, divisent les relations de parenté, dont l'ensemble forme le « corps » social, en cinq catégories nommées d'après une partie du corps ou un muscle. Comme il est interdit d'interroger un inconnu, celui-ci annonce sa parenté en faisant mouvoir le muscle correspondant. (Hernandez, p. 229.) Dans ce cas aussi, par conséquent, le système total des rapports sociaux, lui-même solidaire d'un système total de l'univers, est projetable sur le plan anatomique. Il existe en toradja une quinzaine de termes pour nommer les points

cardinaux, qui correspondent aux parties du corps
d'une divinité cosmique. (Woensdregt.) On pourrait citer
d'autres exemples, empruntés aussi bien à l'ancienne
terminologie de parenté germanique qu'aux correspondances cosmologiques et anatomiques des indiens Pueblo
et Navaho, et des Noirs soudanais.

Il serait certainement instructif d'étudier dans le détail,
et sur un nombre suffisant d'exemples, le mécanisme de
cette particularisation homologique, dont le rapport
général aux formes de classification que nous avons
rencontrées jusqu'à présent ressort clairement de la
dérivation :

Si

(groupe *a*) : (groupe *b*) : : (espèce ours) : (espèce aigle),

alors :

(membre *x* de *a*) : (membre *y* de *b*) : : (membre *l* d'ours) : (membre
m d'aigle).

Ces formules ont l'avantage de faire ressortir un
problème traditionnellement débattu par la philosophie
occidentale, mais dont on s'est fort peu demandé s'il se
posait ou non dans les sociétés exotiques et sous quelle
forme : nous voulons dire le problème de l'organicisme.
Les équations précédentes seraient inconcevables, si une
correspondance assez générale n'était postulée entre les
« membres » de la société et, sinon seulement les
membres, les prédicats d'une espèce naturelle : parties
du corps, détails caractéristiques, manières d'être ou de
faire. Les indications qu'on possède à ce sujet suggèrent
que de nombreuses langues conçoivent une équivalence
entre les parties du corps, sans égard à la diversité des
ordres et des familles, parfois même des règnes, et que
ce système d'équivalences est susceptible de très vastes
extensions. (Harrington [1].) En plus et à côté du classificateur spécifique, fonctionnent donc des classificateurs
morphologiques dont la théorie reste à faire, mais dont
nous avons vu qu'ils opèrent sur deux plans : celui de
la détotalisation anatomique, et celui de la retotalisation
organique.

---

1. On note ainsi en Amérique les équivalences : cornes (quadrupèdes) = pédoncules oculaires (mollusques) = antennes (arthropodes) ;
pénis (vertébrés) = siphon (mollusques) ; sang (animaux) = sève
(végétaux) ; bave (du bébé = salive de l'adulte) = excrétion ; byssus
de moule = lien, corde, etc. (Harrington.)

Comme on l'a vérifié pour les autres niveaux, ceux-ci sont également solidaires. Nous rappelions il y a un instant que les Aranda remontent, de différences morphologiques empiriquement constatées, à des différences supposées dans le mode de conception totémique. Mais l'exemple des Omaha et des Osage atteste une tendance corrélative, qui consiste à introduire, dans la morphologie individuelle et empirique, des différences spécifiques symboliquement exprimées. Les enfants de chaque clan portaient, en effet, les cheveux taillés d'une manière caractéristique, qui évoquait un aspect ou un trait distinctif de l'animal ou du phénomène naturel servant d'éponyme. (La Flesche *4*, pp. 87-89.)

Ce modelage de la personne selon des schèmes spécifiques, élémentaires, ou catégoriques, n'a pas seulement des conséquences physiques, mais aussi psychologiques. Une société qui définit ses segments en fonction du haut et du bas, du ciel et de la terre, du jour et de la nuit, peut englober dans la même structure d'opposition des manières d'être sociales ou morales : conciliation et agression, paix et guerre, justice et police, bien et mal, ordre et désordre, etc. De ce fait, elle ne se borne pas à contempler dans l'abstrait un système de correspondances ; elle fournit un prétexte aux membres individuels de ces segments de se singulariser par des conduites ; et parfois, elle les y incite. Très justement, Radin (*1*, p. 187) insiste, à propos des Winnebago, sur l'influence réciproque des notions mythiques et religieuses relatives aux animaux, d'une part, et des fonctions politiques assignées aux unités sociales, d'autre part.

Les indiens Sauk offrent un exemple particulièrement instructif, en raison de la règle individualisante qui déterminait chez eux l'appartenance à l'une ou l'autre moitié. Celles-ci n'étaient pas exogamiques, et leur rôle, purement cérémoniel, se manifestait surtout à l'occasion des fêtes de nourriture, dont il est important de noter, du point de vue qui nous intéresse ici, qu'elles étaient liées aux rites d'imposition du nom. L'appartenance à chaque moitié obéissait à une règle d'alternance : le premier-né était affilié à la moitié alterne de celle de son père, le suivant, à cette moitié, et ainsi de suite. Or, ces affiliations déterminaient, au moins théorique-

ment, des conduites qu'on pourrait appeler caractériel-
les : les membres de la moitié Oskûsh (« les Noirs »)
devaient mener toutes leurs entreprises jusqu'à leur
terme ; ceux de la moitié Kishko (« les Blancs ») avaient
la faculté de renoncer. En droit sinon en fait, une
opposition par catégories influençait donc directement
le tempérament et la vocation de chacun, et le schème
institutionnel, qui rendait cette action possible, attestait
le lien entre l'aspect psychologique du destin personnel
et son aspect social qui résulte de l'imposition d'un
nom à chaque individu.

Nous atteignons ainsi le dernier niveau classificatoire :
celui de l'individuation, puisque, dans les systèmes que
nous considérons ici, les individus ne sont pas seulement
rangés dans des classes ; leur appartenance commune à
la classe n'exclut pas, mais implique que chacun y
occupe une position distincte, et qu'une homologie
existe entre le système des individus au sein de la classe
et le système des classes au sein des catégories de rang
plus élevé. Un même type d'opérations logiques relie, par
conséquent, non seulement tous les domaines internes au
système classificatoire, mais des domaines périphériques
dont on aurait pu penser que, par nature, ils lui
échappent : à un bout de l'horizon (en raison de leur
extension pratiquement illimitée et de leur indifférence
principielle) le substrat physico-géographique de la vie
sociale et cette vie sociale elle-même, mais extravasée
hors du moule qu'elle s'était creusé. Et, à l'autre bout
(en raison de sa concrétude qui est également donnée)
l'ultime diversité des êtres individuels et collectifs, dont
on a prétendu qu'ils n'étaient *nommés* que faute de
pouvoir être *signifiés*. (Gardiner.)

Les noms propres ne forment donc pas une simple
modalité pratique des systèmes classificatoires qu'il
suffirait de citer après les autres modalités. Plus encore
qu'aux linguistes, ils posent un problème aux ethnologues. Pour les linguistes, ce problème est celui de la
nature des noms propres et de leur place dans le système
de la langue. Pour nous, il s'agit de cela mais aussi
d'autre chose, car nous nous trouvons confrontés à un
double paradoxe. Nous devons établir que les noms
propres font partie intégrante de systèmes traités par
nous comme des codes : moyens de fixer des significa-

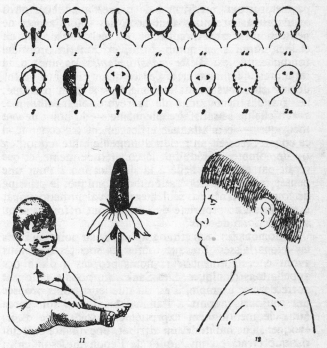

Fig. 9. — *Coupe des cheveux des enfants osage et omaha selon le clan.*

1. Tête et queue du cerf. — 2. Tête et cornes du bison. — 2 *a*. Cornes de bison. — 3. Profil de l'échine du bison se détachant contre le ciel. — 4 *b*. Tête d'ours. — 4 *c*. Tête, queue, corps des petits oiseaux. — 4*e*. Carapace de la tortue avec la tête, les pattes et la queue. — 4*e*. Tête, aile, queue de l'aigle. — 5. Points cardinaux. — 6. Flanc velu du loup. — 7. Cornes et queue du bison. — 8. Tête et queue du cerf. — 9. Tête, queue, cornes naissantes du jeune bison. — 10. Dents de reptile. — 11. Fleur de maïs. — 12. Rocher entouré d'algues flottantes (d'après LA FLESCHE 4. pp. 87 et 89).

tions en les transposant dans les termes d'autres significations. Le pourrions-nous, s'il fallait suivre l'enseignement des logiciens et de certains liguistes, et admettre
que les noms propres sont, selon la formule de Mill,
« meaningless », dépourvus de signification ? D'autre
part et surtout, les formes de pensée auxquelles nous
avons eu affaire nous sont apparues sous l'aspect de
pensées totalisantes, épuisant le réel au moyen de
classes données en nombre fini, et dont la propriété
fondamentale est d'être *transformables* les unes dans
les autres. Comment cette pensée quantifiée, aux vertus
de laquelle nous avons attribué, sur le plan pratique,
les grandes découvertes de la révolution néolithique,
aurait-elle pu se satisfaire elle-même — du point de vue
théorique — et s'attaquer efficacement au concret, si
ce concret recelait un résidu d'inintelligibilité à quoi, en
fin de compte, se réduirait la concrétude même, et qui
serait par essence rebelle à la signification ? Pour une
pensée fondée sur l'opération dichotomique, le principe
du tout ou rien n'a pas seulement une valeur heuristique,
il exprime une propriété de l'être : tout offre un sens,
sinon rien n'a de sens [1].

Reprenons les faits ethnographiques au point où nous
les avons laissés. Presque toutes les sociétés que nous
avons citées forment leurs noms propres à partir des
appellations claniques. Des Sauk, qui nous ont fourni
notre dernier exemple, il est dit que leurs noms propres
ont toujours rapport à l'animal clanique : soit parce
qu'ils le mentionnent expressément, soit parce qu'ils
évoquent une habitude, un attribut, une qualité caractéristique (vraie ou mythique) de l'éponyme, soit enfin
parce qu'ils se réfèrent à un animal ou objet qui lui est
associé. On a recensé 66 noms du clan de l'ours, 11 du
clan du bison, 33 du clan du loup, 23 du clan du
dindon, 42 du clan du poisson, 37 du clan de l'océan,
48 du clan du tonnerre, 14 du clan du renard, 34 du
clan du cerf. (Skinner 2.)

La liste des noms propres des Osage, propriété
des clans et des sous-clans, est si longue, bien que
fragmentaire, qu'elle occupe 42 pages in-4° dans La

---

1. Tout, excepté l'être de l'être, qui n'est pas une de ses propriétés.
Cf. plus bas, p. 304.

Flesche *4* (pp. 122-164). La règle de formation est la même que chez les Sauk. Ainsi, pour le clan de l'ours noir : Yeux-étincelants (de l'ours), Traces-dans-la prairie, Terrain-piétiné; Ourse-noire, Graisse-du-dos de l'ours, etc. Les Tlingit d'Alaska avaient des noms qui « tous... appartenaient à un clan déterminé, et de certains noms on prétendait même qu'ils étaient la propriété particulière d'une "maison" ou "lignée" ». (Laguna, p. 185.) Ces exemples pourraient être multipliés, car on en trouverait de semblables pour presque toutes les tribus algonkin, sioux, et pour celles de la côte nord-ouest, c'est-à-dire des trois domaines classiques du « totémisme » en Amérique du Nord.

L'Amérique du Sud offre des illustrations du même phénomène, notamment chez les Tupi Kawahib dont les clans possèdent des noms propres dérivés de l'éponyme. (Lévi-Strauss *3*.) Chez les Bororo aussi, les noms propres semblent être la propriété de certains clans, ou même de lignées puissantes. Sont réputés « pauvres » ceux qui, pour avoir un nom, dépendent du bon vouloir d'autres clans. (Cruz.)

Le lien entre les noms propres et les appellations totémiques existe en Mélanésie :

> « Le système totémique [des Iatmul] est prodigieusement riche en noms personnels relevant de séries distinctes, de telle sorte que chaque individu porte les noms d'ancêtres totémiques — esprits, oiseaux, étoiles, mammifères, ustensiles tels que pots, outils, etc. — de son clan ; un même individu peut avoir trente noms ou davantage. Chaque clan détient plusieurs centaines de tels noms ancestraux, polysyllabiques, dont l'étymologie renvoie à des mythes secrets. » (Bateson, p. 127.)

Enfin, la même situation semble avoir prévalu d'un bout à l'autre de l'Australie. « Si l'on connaissait assez bien la langue aranda, il suffirait de savoir le nom de chaque indigène pour déduire son totem. » (Pink, p. 176.) A cette observation en fait écho une autre, se rapportant aux Murngin de la terre d'Arnhem : « Les noms des vivants s'inspirent tous de quelque élément du complexe totémique et se rapportent au totem, directement ou indirectement. » (Warner, p. 390.) Les noms propres des Wik Munkan sont aussi dérivés des totems respectifs. Soit, pour les hommes dont le totem est le poisson barramundi *(Osteoglossum),* pêché à la lance : Le-barramundi-nage-dans-l'eau-et-voit-un-homme, Le-barramundi-remue-la-queue-en -nageant-au-tour-de-ses-œufs, Le b.-respire, Le-b.-a-les-yeux ouverts, Le-b.-rompt-une-lance, Le-b.-mange-un-poisson, etc. Et, pour les femmes dont le totem est le crabe : Le-crabe-a-des-œufs, La-marée-entraîne-les-crabes, Le-crabe-se-cache-dans-un-trou, etc. (McConnel.) Les tribus du fleuve Drysdale ont des noms propres dérivés des appellations totémiques : comme le souligne une formule déjà citée, « tout a rapport avec le totem ». (Hernandez.)

Il est clair que ces appellations individuelles relèvent du même système que les appellations collectives que nous avons précédemment étudiées, et que, par l'intermédiaire de celles-ci, on peut passer, à l'aide de transformations, de l'horizon d'individuation à celui des catégories les plus générales. En effet, chaque clan ou sous-clan possède un lot de noms dont le port est réservé à ses membres, et de même que l'individu est un partie du groupe, le nom individuel est une « partie » de l'appellation collective : soit que celle-ci recouvre l'animal entier, et que les noms individuels correspondent à des membres ou à des parties de l'animal ; soit que l'appellation collective procède d'une idée de l'animal conçu au plus haut niveau de généralité, et que les appellations individuelles correspondent à une de ses prédications dans le temps ou dans l'espace : Chien-aboyant, Bison-en-colère, soit enfin à une combinaison des deux procédés : Yeux-étincelants-de-l'ours. Dans le rapport ainsi énoncé, l'animal peut être sujet ou prédicat : Le-*poisson*-remue-la-queue, La-marée-entraîne-les-*crabes*, etc. Quel que soit le procédé utilisé (et on les trouve le plus souvent juxtaposés), le nom propre évoque un aspect partiel de l'entité animale ou végétale, de même qu'il correspond à un aspect partiel de l'être individuel — absolument, et, à titre particulier, dans ces sociétés où l'individu reçoit un nouveau nom à chaque moment important de sa vie. D'ailleurs, dans des sociétés voisines, les mêmes constructions sont utilisées pour former soit des noms personnels (portés par les membres individuels d'un groupe clanique), soit des noms collectifs (portés par des bandes, lignées, ou groupes de lignées, c'est-à-dire des sous-groupes d'un même clan).

On assiste, par conséquent, à deux détotalisations parallèles : de l'espèce en parties du corps et en attitudes, et du segment social en individus et en rôles. Mais, de même que nous avons pu illustrer, à l'aide d'un modèle figuré, comment la détotalisation du concept d'espèce en espèces particulières, de chaque espèce en ses membres individuels, et de chacun de ces individus en parties du corps et en organes, pouvait déboucher sur une retotalisation des parties concrètes en parties abstraites, et des parties abstraites en individu conceptualisé, de même ici, la détotalisation se poursuit sous forme de retotalisation. A propos des noms propres des Miwok de Californie, Kroeber fait des observations qui complètent nos exemples et ouvrent une perspective nouvelle :

« Il n'existe pas de subdivisions à l'intérieur des moitiés. Cependant, on trouve associée à chacune de celles-ci une longue liste d'animaux, de plantes et d'objets. En vérité, la théorie indigène est que tout ce qui existe appartient à l'un ou l'autre côté. Chaque individu, membre d'une moitié, entretient un rapport particulier avec une des choses caractéristiques de sa moitié — rapport qu'on peut considérer comme totémique — mais d'une manière et d'une seule : par son nom. Ce nom, donné dès l'enfance par un grand-père ou quelque autre parent et porté la vie durant, évoque un des animaux ou objets totémiques caractéristiques "d'une moitié".

« Ce n'est pas tout : dans la grande majorité des cas, le nom ne mentionne pas le totem, car il est formé au moyen de radicaux verbaux ou adjectifs, pour décrire une action ou une condition également applicable à d'autres totems. Ainsi, sur le verbe *hausu-s* sont formés les noms *Hausu* et *Hauchu* qui se rapportent respectivement au bâillement d'un ours qui s'éveille, et à la bouche béante du saumon sorti de l'eau. Les noms ne contiennent rien qui puisse suggérer les animaux en question — lesquels appartiennent même à des moitiés opposées. En même temps qu'ils attribuaient les noms, les vieillards expliquaient certainement quels animaux ils avaient en tête, et les porteurs de ces noms, leurs parents proches et éloignés, leur conjoint et leurs compagnons, étaient tous au courant. Mais un Miwok d'un autre district pouvait se demander s'il s'agissait d'un ours, d'un saumon, ou d'une douzaine d'autres bêtes. » (Kroeber 2, pp. 453-454.)

Le trait ne semble pas propre aux Miwok ; quand on inspecte les listes de noms claniques des tribus sioux, on rencontre beaucoup d'exemples analogues, et l'observation de Kroeber coïncide aussi avec un caractère du système de dénomination des indiens Hopi. Ainsi, le nom Cakwyamtiwa, dont le sens littéral est « Bleu (ou vert) -étant-apparu », peut, selon le clan du donneur de nom, se rapporter à la fleur éclose du tabac, ou bien à celle de *Delphinium scaposum,* ou encore à la germination des plantes en général. Le nom Lomahongioma, « Lève-toi » ou « Élève-toi gracieusement », est susceptible d'évoquer, pour la même raison, la tige du roseau ou les ailes redressées du papillon, etc. (Voth 3, pp. 68-69.)

Par sa généralité, le phénomène pose un problème psychologique qui intéresse la théorie des noms propres et qui sera évoqué plus loin. Nous nous contenterons de souligner ici que cette indétermination relative du système correspond, au moins de façon virtuelle, à la phase de retotalisation : le nom propre est formé en détotalisant l'espèce, et par prélèvement d'un aspect partiel. Mais, en soulignant exclusivement le fait du prélèvement et en laissant indéterminée l'espèce qui en est l'objet, on suggère que tous les prélèvements (et donc, tous les actes de nommer) offrent quelque chose de commun. On revendique par anticipation une unité qu'on devine au cœur de la diversité. De ce point de vue aussi, la dynamique des appellations individuelles relève des schèmes classificatoires que nous avons analysés. Elle consiste en démarches du même type, et pareillement orientées.

Il est, d'ailleurs, frappant que les systèmes de prohibitions se retrouvent avec les mêmes caractères, aussi bien sur le plan des appellations individuelles que sur celui des dénominations collectives. L'usage alimentaire de la plante ou de l'animal servant d'éponyme à un groupe social lui est parfois interdit, et parfois aussi, c'est l'usage linguistique de la plante ou de l'animal servant d'éponyme à un individu sur quoi porte l'interdiction. Or, dans une certaine mesure, le passage est possible d'un plan à l'autre : les noms propres du type que nous avons seul considéré jusqu'à présent sont généralement formés par découpage idéal du corps de l'animal, en s'inspirant des gestes du chasseur ou du cuisinier ; mais ils peuvent l'être aussi par découpage linguistique. Dans les tribus de la vallée du fleuve Drysdale, en Australie septentrionale, le nom de femme Poonben est formé à partir de l'anglais « spoon », cuiller, ustensile associé, comme on peut s'y attendre, au totem « Homme-blanc ». (Hernandez.)

Aussi bien en Australie qu'en Amérique, on connaît des prohibitions sur l'emploi des noms du mort, qui contaminent tous les mots du langage offrant avec ces noms une ressemblance phonétique. En même temps que le nom propre Mulankina, les Tiwi des îles Melville et Bathurst tabouent le mot mulikina, qui signifie : plein, rempli, assez. (Hart.) L'usage est parallèle à celui des Yurok du nord de la Californie : « Quand Tegis mourut, le nom commun *tsis* : dépouille du pic (l'oiseau) cessa d'être prononcé par ses parents ou en leur présence [1]. » (Kroeber *2*, p. 48.) Les insulaires de Dobu prohibent l'emploi des noms propres entre individus se trouvant temporairement ou durablement unis par un lien « d'espèce » : qu'ils soient compagnons de voyage, commensaux, ou qu'ils se partagent les faveurs de la même femme. (Bateson.)

De tels faits nous intéressent à un double titre. D'abord ils offrent une incontestable analogie avec les prohibitions alimentaires, abusivement rattachées au seul totémisme. De même qu'à Mota une femme est « contaminée » par une plante ou un animal, en suite de quoi elle donne naissance à un enfant soumis à la prohibition alimentaire correspondante, et qu'à Ulawa c'est le mourant qui « contamine » en s'y incarnant une espèce animale ou végétale dont la consommation sera prohibée à ses descendants, de même, par homophonie, un nom « contamine » d'autres mots, dont l'emploi devient ainsi prohibé. D'autre part, cette homophonie définit une classe de mots, frappés d'interdiction parce qu'ils appartiennent à la même « espèce », laquelle

---

1. On trouvera d'autres exemples dans Elmendorf et Kroeber 1960, dont nous ne disposions pas encore au moment où ces pages furent écrites.

acquiert de ce fait une réalité *ad hoc* comparable à celle de l'espèce animale ou végétale. Or ces « espèces » de mots marqués par une même prohibition réunissent des noms propres et des noms communs, ce qui donne une raison supplémentaire de soupçonner que la différence entre les deux types n'est pas aussi grande que nous étions près de l'admettre au départ.

*
* *

Certes, les coutumes et les procédés que nous venons d'évoquer ne se rencontrent pas dans toutes les sociétés exotiques, ni même dans toutes celles qui désignent leurs segments par des noms animaux et végétaux. Il semble que les Iroquois, qui sont dans ce dernier cas, aient un système des noms propres entièrement distinct du système des appellations claniques. Leurs noms sont le plus souvent formés d'un verbe et d'un substantif incorporé, ou d'un substantif suivi d'un adjectif : Au-centre-du-ciel, Il-soulève-le-ciel, Au-delà-du-ciel, etc. ; Fleur-pendante, Belle-fleur, Au-delà-des-fleurs ; Il-apporte-des-nouvelles, Il-annonce-la-défaite (ou la victoire), etc. ; Elle-travaille-à-la-maison, Elle-a-deux-maris, etc. ; Là-où-les-deux-rivières-s'unissent, La-croisée-des-chemins, etc. Aucune référence à l'animal éponyme, par conséquent, mais seulement, et quel que soit le clan, aux activités techniques et économiques, à la paix et à la guerre, aux phénomènes de la nature et aux corps célestes. L'exemple des Mohawk de Grand River, où l'organisation clanique s'est décomposée plus vite que dans les autres groupes, suggère comment tous ces noms purent à l'origine être arbitrairement créés. Ainsi Glaçons-charriés-par-les-eaux, pour un enfant né à l'époque du dégel, ou Elle-est-dans-le-besoin, pour le fils d'une pauvre femme [1]. (Goldenweiser, pp. 366-368.)

Pourtant, la situation ne diffère pas foncièrement de celle que nous avons décrite à propos des Miwok et des Hopi, dont les noms, théoriquement évocateurs de la plante ou de l'animal claniques, ne s'y réfèrent pas de

---

1. On trouvera chez Cooke une classification analytique d'environ 1 500 noms propres iroquois.

façon explicite et appellent une interprétation cachée. Même si cette interprétation n'est pas indispensable, il n'en reste pas moins que, chez les Iroquois aussi, les noms propres, au nombre de plusieurs centaines ou milliers, sont des propriétés claniques jalousement gardées. C'est, d'ailleurs, ce qui a permis à Goldenweiser de démontrer que les clans de la petite et de la grande tortue, de la petite et de la grande bécassine, etc., se sont formés par dédoublement : ils détiennent en commun les mêmes noms. Les noms cités par cet auteur ne résultent sans doute pas d'une détotalisation de l'animal clanique. Mais ils suggèrent une détotalisation de ces aspects de la vie sociale et du monde physique que le système des appellations claniques n'a pas, déjà, emprisonnés dans les mailles de son filet. Il se pourrait donc que la différence principale entre le système des noms propres des Iroquois et les systèmes des Miwok, des Hopi, des Omaha et des Osage (pour se limiter à quelques exemples) consiste en ce que ces tribus prolongent, jusque sur le plan des noms propres, une analyse déjà commencée au niveau des appellations claniques, tandis que les Iroquois se servent des noms propres pour entreprendre une analyse consacrée à de nouveaux objets, mais qui reste du même type formel que l'autre.

Plus troublant est le cas de diverses tribus africaines. Les Baganda ont des noms (dont plus de 2 000 ont été recueillis) qui sont autant de propriétés claniques. Comme chez les Bororo du Brésil, certains de leurs clans sont riches en noms, d'autres pauvres. Ces noms ne sont pas réservés aux êtres humains, car on les donne aussi aux collines, rivières, rochers, forêts, points d'eau, débarcadères, buissons et arbres isolés. Mais, à la différence des cas précédemment examinés, ces noms ne constituent qu'une catégorie parmi d'autres (Nsimbi), et un procédé très différent de formation des noms apparaît encore mieux dans d'autres tribus de la même région :

> « Le plus souvent, les noms personnels nyoro semblent exprimer ce qu'on pourrait décrire comme "l'état d'esprit" du ou des parents qui le donnent à l'enfant. » (Beattie, pp. 99-100.)

Le phénomène a été étudié de près dans une autre

tribu de l'Uganda, les Lugbara, où l'enfant reçoit son nom de sa mère assistée parfois de la belle-mère (mère du mari). Sur 850 noms recueillis au sein d'un même sous-clan, les trois quarts se rapportent à la conduite ou au caractère de l'un ou l'autre parent : En-paresse, parce que les parents sont paresseux. Dans-le-pot-de-bière, parce que le père est ivrogne, Donne-pas, parce que la mère nourrit mal son mari, etc. Les autres prénoms évoquent la mort, récente ou prochaine (d'autres enfants des mêmes parents, des parents eux-mêmes, ou d'autres membres du groupe), ou bien encore des attributs de l'enfant. On a noté que la plupart des noms sont désobligeants pour le père de l'enfant ou même pour sa mère, qui est pourtant l'inventeur du nom. Ces noms font allusion à l'incurie, à l'immoralité, à la destination sociale ou matérielle de l'un ou l'autre parent, ou de tous les deux. Comment une femme peut-elle, en choisissant le nom de son enfant, se décrire elle-même comme une sorcière malfaisante, une épouse infidèle, une sans famille, une miséreuse et une crève-la-faim ?

Les Lugbara disent que les noms de ce type ne sont généralement pas donnés par la mère, mais par la grand-mère (mère du père). L'antagonisme latent entre lignées alliées, qui explique que la mère se venge de l'hostilité dont elle est victime de la part de sa belle-famille, en donnant à son fils un nom humiliant pour le père de celui-ci, explique aussi que la grand-mère, unie à ses petits-enfants par un lien sentimental très fort, exprime symétriquement son antagonisme envers la femme de son fils. (Middleton.) Pourtant, cette interprétation est peu satisfaisante puisque, comme l'observe l'auteur qui la rapporte, la grand-mère provient aussi d'une lignée étrangère, et que la situation où se trouve sa belle-fille fut aussi la sienne dans le passé. Il nous semble donc que l'interprétation avancée par Beattie à propos d'un usage semblable des Banyoro est plus profonde et plus cohérente. Dans cette tribu aussi, les noms personnels évoquent « la mort, le chagrin, la pauvreté, la méchanceté entre voisins ». Mais c'est que « la personne qui donne le nom se conçoit elle-même comme agie, non comme agent : victime de l'envie et de la haine des autres ». Cette passivité morale, qui réfléchit sur l'enfant une image de soi forgée par autrui, trouve son expression sur le plan linguistique : « ... les deux verbes "perdre" et "oublier" s'emploient en lunyoro avec la chose oubliée comme sujet, et l'oublieux comme objet. Le perdant ou l'oublieux n'agit pas sur des choses, les choses agissent sur lui... ». (Beattie, p. 104 et n. 5.)

Aussi différent que soit ce mode de formation des noms personnels de celui que nous avons précédemment envisagé, les deux coexistent chez les Banyoro et les Lygbara. Des noms spéciaux sont réservés aux enfants dont des circonstances notables ont marqué la naissance.

Ainsi, chez les Lugbara : Ejua pour un jumeau, Ejurua pour une jumelle ; Ondia pour le fils, Ondinua pour la fille d'une femme supposée stérile ; Bileni (« pour la tombe »), nom du premier survivant après une série de mort-nés. Ces noms préexistent donc aux individus qui les portent, et ils leur sont attribués à cause d'une condition qui est objectivement la leur, mais où d'autres individus peuvent également se trouver, et que le groupe tient pour chargée de signification. Ils diffèrent donc en tout point des noms librement inventés, par un individu déterminé, pour un individu également déterminé, et qui traduisent un état d'esprit passager. Dirons-nous que les uns dénotent des classes, les autres des individus ? Pourtant, ce sont également des noms propres, et les cultures en question le savent si bien qu'elles les jugent substituables les uns aux autres : le cas échéant, une mère Lugbara choisit entre les deux méthodes de dénomination.

Il existe d'ailleurs des types intermédiaires. En rangeant les noms hopi dans la première catégorie, nous avons provisoirement laissé de côté un aspect par lequel ils se rapprochent de la seconde. S'ils relèvent obligatoirement d'un ordre objectif (en l'occurrence, celui des appellations claniques), la relation n'est pas avec le clan du porteur du nom (comme par exemple chez les Yuma), mais avec celui du donneur [1]. Le nom

---

1. La règle rappelle celle des tribus australiennes de Cherburg, au Queensland. Chaque individu a trois noms dont le premier se rapporte au site totémique du porteur, et les deux autres au totem paternel, bien que les affiliations totémiques soient transmises en ligne maternelle. Ainsi, une femme dont le totem personnel est l'opossum porte le nom : Butilbaru, désignant un certain lit de ruisseau desséché, et

que je porte évoque donc un aspect, non pas de la plante ou de l'animal qui me servent d'éponyme clanique, mais de la plante ou de l'animal qui servent d'éponyme clanique à mon parrain. Cette objectivité subjectivée par l'autre, dont je suis le véhicule, est sans doute voilée par l'indétermination des noms qui, comme nous l'avons vu, ne se réfèrent pas explicitement à l'éponyme ; mais elle est aussi doublement renforcée : par l'obligation où l'on se trouve, pour comprendre le nom, de remonter jusqu'aux circonstances sociales concrètes dans lesquelles le nom fut conçu et attribué ; et par la liberté relative, dont jouit le donneur de nom, de le forger suivant son inspiration pourvu qu'il respecte la contrainte initiale que le nom soit interprétable dans les termes de sa propre appellation clanique. *Mutatis mutandis,* telle était également la situation chez les Miwok où le nom, équivoque et inventé, devait être rapportable aux êtres ou choses qui relèvent de la moitié de la personne nommée.

Nous sommes donc en présence de deux types extrêmes de noms propres, entre lesquels existent toute une série d'intermédiaires. Dans un cas, le nom est une marque d'identification, qui confirme, par application d'une règle, l'appartenance de l'individu *qu'on nomme* à une classe préordonnée (un groupe social dans un système de groupes, un statut natal dans un système de statuts) ; dans l'autre cas, le nom est une libre création de l'individu *qui nomme* et qui exprime, au moyen de celui qu'il nomme, un état transitoire de sa propre subjectivité. Mais peut-on dire que, dans l'un ou l'autre cas, on nomme véritablement ? Le choix, semble-t-il, n'est qu'entre identifier l'autre en l'assignant à une classe, ou, sous couvert de lui donner un nom, de s'identifier soi-même à travers lui. On ne nomme donc jamais : on classe l'autre si le nom qu'on lui donne est fonction des caractères qu'il a, ou on se classe soi-même si, se croyant dispensé de suivre une règle, on

deux noms dérivés du totem paternel — dans cet exemple l'émou — dont le sens est : « émou remue le cou de-ci de-là », et « vieil émou montant et descendant ». Le fils d'un père opossum s'appelle « Karingo » (nom d'une petite source), Myndibambu : « Opossum quand son poitrail est fendu », et Mynwhagala : « Opossum en haut de l'arbre, maintenant redescendu », etc. (Kelly, p. 468.)

nomme l'autre « librement » : c'est-à-dire en fonction
des caractères qu'on a. Et, le plus souvent, on fait les
deux choses à la fois.

J'achète un chien de race. Si je tiens à lui conserver
sa valeur et son prestige, et à les transmettre à ses
descendants, je devrai observer scrupuleusement certaines règles en lui choisissant un nom, puisque ces règles
sont impératives dans la société des propriétaires de
chiens de race dont j'aspire à faire partie. Le plus
souvent, d'ailleurs, le nom aura été attribué au chien
sur l'initiative et sous la responsabilité du chenil où il
est né, et il sera déjà enregistré, au moment de
l'acquisition, dans les livres de la société canine qualifiée.
Le nom commencera par une initiale conventionnelle
correspondant à l'année de naissance de l'animal ;
parfois, il se complétera d'un préfixe ou d'un affixe
connotant l'élevage à la façon d'un nom patronymique.
Je resterai sans doute libre d'apostropher mon chien
autrement ; il n'en est pas moins vrai que tel caniche
nain anglais, auquel son maître donne, pour l'appeler,
le nom de Bawaw, porte dans les registres du British
Kennel Club le nom de « Top-Hill Silver Spray » formé
de deux locutions dont la première connote un chenil
déterminé, tandis que la seconde représente un nom
disponible. Seul donc, le choix du terme d'adresse peut
être laissé à l'initiative du propriétaire : le terme de
référence est stéréotypé, et puisqu'il connote à la fois
la date de naissance et l'appartenance à un groupe, il
est très exactement, comme nous le verrons plus loin,
le produit de la combinaison de ce que les ethnologues
appellent un nom clanique et un nom ordinal.

Ou bien je me crois libre de nommer mon chien à
ma fantaisie ; mais si je choisis Médor, je me classerai
comme banal ; si je choisis Monsieur, ou Lucien, je me
classerai comme original et provocateur ; et si je choisis
Pelléas, comme esthète.

Il faut aussi que le nom choisi soit, pour la civilisation
à laquelle j'appartiens, un membre concevable de la
classe des noms de chien, et que ce soit un nom
disponible — sinon absolument, au moins relativement,
c'est-à-dire que mon voisin ne l'ait pas déjà adopté. Le
nom de mon chien va donc être le produit de l'intersection de trois domaines : comme membre d'une classe,

comme membre de la sous-classe des noms disponibles au sein de la classe, enfin comme membre de la classe formée par mes intentions et par mes goûts.

On voit que le problème des rapports entre noms propres et noms communs n'est pas celui du rapport entre nomination et signification. On signifie toujours, que ce soit l'autre ou soi-même. Là seulement est le choix, un peu comme celui offert au peintre entre art figuratif et art non figuratif ; mais qui n'est que le choix d'assigner une classe à un objet identifiable, ou, par la mise hors classe de l'objet, d'en faire un moyen de se classer soi-même en s'exprimant par lui.

De ce point de vue, les systèmes d'appellations comportent aussi leurs « abstraits ». Ainsi les indiens Séminole qui, pour former les noms d'adultes, utilisent plusieurs séries d'éléments peu nombreux, et combinés entre eux sans égard pour leur sens. Soit une série « morale » : sage, fou, prudent, malin, etc. ; une série « morphologique » : carré, rond, sphérique, allongé, etc. ; une série « zoologique » : loup, aigle, castor, puma ; et à l'aide desquelles, en prélevant un terme de chaque série et en les juxtaposant, on formera le nom : Puma-fou-sphérique. (Sturtevant, p. 508.)

*
*   *

L'étude ethnographique des noms personnels s'est constamment heurtée à des obstacles qui ont été bien analysés par Thomson sur un exemple australien : celui des Wik Munkan, qui vivent dans la partie occidentale de la péninsule du cap York. D'une part, les noms propres sont dérivés des totems et ils relèvent d'un savoir sacré et ésotérique ; d'autre part, ils sont liés à la personnalité sociale et mettent en cause l'ensemble des coutumes, des rites et des prohibitions. A ce double titre, ils sont indissociables d'un système d'appellations plus complexe, qui comprend les termes de parenté normalement employés comme termes d'adresse et donc d'usage profane, et les termes sacrés qui comprennent les noms propres et les appellations totémiques. Mais, une fois reconnue cette distinction entre sacré et profane, il n'en reste pas moins que les noms propres (sacrés) et les termes de parenté (profanes), employés comme termes d'adresse, sont des termes individuels, tandis que les appellations totémiques (sacrées) et les termes de parenté (profanes), employés comme termes de référence, sont des termes de groupe. De ce fait, l'aspect sacré et l'aspect profane sont liés.

Une autre difficulté résulte des prohibitions multiples qui affectent l'emploi des noms propres. Les Wik Munkan interdisent toute mention du ou des noms pendant trois années consécutives à compter de la mort du porteur, jusqu'à ce que son cadavre momifié soit incinéré. La mention de certains noms est toujours prohibée : ainsi ceux de la sœur, et du frère de la femme. L'enquêteur qui aurait la maladresse de s'en informer recevrait comme réponse, à la place des noms demandés, des mots dont le sens réel est « sans nom », « pas de nom », ou « le deuxième né ».

Une dernière difficulté résulte du grand nombre de catégories nominales. Chez les Wik Munkan, il faut distinguer : les termes de parenté, *nämp kämpan ;* les noms de condition ou de statut ; les sobriquets, *nämp yann,* littéralement : « nom rien », tels que « infirme » ou « gaucher » ; enfin les vrais noms propres, *nämp.* Seuls les termes de parenté sont normalement utilisés comme termes d'adresse, sauf pendant les périodes de deuil durant lesquelles on emploie des noms correspondant à la nature du deuil, et dont le sens est : veuf ou veuve, ou : « atteint par la perte d'un parent », en spécifiant s'il s'agit d'un frère ou d'une sœur (aîné ou cadet), d'un enfant, d'un neveu ou d'une nièce (parallèle ou croisé), d'un grand-parent. Nous rencontrerons plus loin un usage parallèle des tribus de l'intérieur de Bornéo.

Le procédé de formation des noms propres offre un intérêt particulier. Chaque individu possède trois noms personnels. Un nom « ombilical », *nämp kort'n ;* un grand nom, *nämp pi'in ;* un petit nom, *nämp mäny.* Tous les grands et petits noms dérivent du totem ou des attributs du totem, et ils constituent donc des propriétés claniques. Les grands noms se rapportent à la tête ou à la moitié supérieure du corps de l'animal totémique, les petits noms à la jambe, la queue, ou la moitié inférieure du corps. Ainsi, un homme du clan du poisson aura pour grand nom : Pämpikän, « l'homme frappe » (la tête), et pour petit nom : Yänk « jambe » (= partie étranglée de la queue) ; et une femme du même clan, *Pämkotjattä* et *Tippunt* (graisse) « du ventre ».

Les noms « ombilicaux » sont les seuls pouvant relever d'un autre clan, et même d'un autre sexe, que ceux du porteur. Aussitôt que l'enfant est né, mais avant la délivrance du placenta, une personne qualifiée exerce une traction sur le cordon ombilical, tout en énumérant d'abord les noms masculins de la lignée paternelle, puis les noms féminins, enfin les seuls noms masculins de la lignée maternelle. Le nom qui se trouve être prononcé à l'instant où le placenta tombe sera celui porté par l'enfant. Sans doute manipule-t-on souvent le cordon de façon à garantir le nom souhaité. (Thomson.) Comme dans les cas précédemment cités, nous avons donc ici un procédé de formation du nom qui concilie les exigences d'un ordre objectif et le jeu (en partie libre dans les limites de cet ordre) des relations interpersonnelles.

Sous le rapport de la naissance, cette technique ostensiblement (mais faussement) « probabiliste » correspond à celles qu'on a observées dans d'autres tribus australiennes, à l'occasion de la mort et pour déterminer, non plus le nom du nouveau-né, mais celui du meurtrier présumé. Les Bard, Ungarinyin et Warramunga installent le cadavre entre les branches d'un arbre ou sur une plate-forme élevée ; juste en dessous, ils disposent par terre un cercle de cailloux ou une rangée de bâtons, où chaque unité représente un membre du groupe : le coupable sera dénoncé par le caillou ou le bâton dans la direction duquel s'écouleront les exsudations du cadavre. Dans le nord-ouest de l'Australie, on inhume le corps et on place sur la tombe autant de cailloux que le groupe compte de membres ou de suspects. Le caillou qu'on retrouve teinté de sang indique le meurtrier. Ou bien encore on tire les cheveux du défunt un par un, en récitant la liste des suspects : le premier cheveu qui lâche dénonce l'assassin. (Elkin *4,* pp. 305-306.)

Il est clair que tous ces procédés sont formellement du même type, et qu'ils offrent un caractère remarquable qui leur est commun avec les autres systèmes de noms propres des sociétés à classes finies. Nous avons montré plus haut que, dans de tels systèmes — qui sans doute illustrent une situation générale —, les noms étaient toujours significatifs de l'appartenance à une classe, actuelle ou virtuelle, qui peut être seulement celle de celui qu'on nomme ou celle de celui qui nomme, et qu'à cette nuance se ramenait toute la différence entre noms attribués par application d'une règle et noms inventés. Remarquons d'ailleurs que cette distinction ne correspond pas, sinon de façon superficielle, à celle faite par Gardiner entre noms « désincarnés » et noms « incarnés », les premiers étant ceux choisis dans une liste obligatoire et restreinte (comme celle des saints du calendrier), donc portés simultanément et successivement par un grand nombre d'individus, les seconds adhérant à un individu unique, tels Vercingétorix et Jugurtha. Il nous semble, en effet, que les premiers sont de nature trop complexe pour qu'on puisse les définir grâce au seul caractère retenu par Gardiner : ils classent les parents (qui ont choisi le nom de leurs enfants) dans un milieu, dans une époque et dans un style ; et ils classent leurs porteurs de plusieurs façons : d'abord parce qu'un Jean est un membre de la classe des Jeans ; ensuite parce que chaque prénom possède, consciemment ou inconsciemment, une connotation culturelle qui imprègne l'image que les autres se font du porteur, et qui, par des cheminements subtils, peut contribuer à modeler sa personnalité de manière positive ou négative [1]. Or, tout cela se vérifierait aussi dans le cas des noms « incarnés », si nous possédions le contexte ethnographique qui nous manque : le nom Vercingétorix ne nous semble adhérer au seul vainqueur de Gergovie qu'en raison de notre ignorance des réalités gauloises. La distinction de Gardiner ne concerne donc pas deux types de noms, mais deux situations où l'observateur se

---

1. « ... les parents choisissent le nom de leurs enfants... et les savants ont souvent honoré des collègues en donnant leur nom à des découvertes. Mais, souvent, il n'y a pas eu dans cet acte un choix absolument arbitraire. Les parents ont été guidés par des traditions sociales et religieuses, les savants par un droit de priorité ; chacun révèle par son choix le caractère de ses préoccupations et les limites de son horizon ». (Bröndal, p. 230.)

trouve, vis-à-vis du système des noms de sa propre société, et de celui d'une société qui lui est étrangère.

Cela dit, il est plus facile de dégager le principe du système nominal des Wik Munkan : ils forment les noms de personnes d'une manière analogue à celle que nous-mêmes adoptons quand nous formons des noms d'espèces. En effet, pour identifier un individu, ils commencent par combiner deux indicatifs de classe, l'un majeur (le « grand » nom), l'autre mineur (le « petit » nom). Cet ensemble a par lui-même un double effet : attester l'appartenance du porteur à un groupe totémique, évoqué par des signifiants notoirement connus comme sa propriété exclusive ; et circonscrire la position de l'individu au sein du groupe. La combinaison du grand nom et du petit nom n'est pas en elle-même individuante ; elle délimite un sous-ensemble auquel le porteur du nom appartient en même temps que d'autres, provisoirement définis grâce à la même combinaison. C'est donc le nom « ombilical » qui parachève l'individuation, mais son principe est tout différent. D'une part, il peut être soit un « grand », soit un « petit » nom (du même clan ou d'un autre clan) ; soit un nom masculin, soit un nom féminin (quel que soit le sexe du porteur). D'autre part, son attribution n'est pas fonction d'un système, mais d'un événement : coïncidence d'un effet physiologique (théoriquement indépendant de la volonté des hommes) et de l'instant d'une énumération.

Comparons maintenant ce trinôme avec ceux de la botanique et de la zoologie scientifiques. Soit, en botanique : *Pscilocybe mexicana* Heim, ou en zoologie : *Lutrogale perspicillata maxwelli*. Les deux premiers termes de chaque trinôme assignent l'être considéré à une classe et à une sous-classe qui appartiennent à un ensemble préordonné. Mais le troisième terme, qui est le nom de l'inventeur, boucle le système en rappelant un événement : c'est un terme de série, non de groupe.

Il y a sans doute une différence : dans les trinômes scientifiques, le nom de l'inventeur n'ajoute rien à l'identification, complète dès les deux premiers termes, il en fait hommage à son auteur. Mais cela n'est pas absolument exact ; le terme statistique a une fonction logique, et pas seulement morale. Il renvoie au système de découpage adopté par l'auteur en question ou par un confrère, et permet donc au spécialiste d'opérer les transformations indispensables pour résoudre les problèmes de synonymie : de savoir, par exemple, que *Juniperus occidentalis* Hook est le même être que *Juniperus utahensis* Engelm., alors que, sans le nom des inventeurs ou parrains, on pourrait conclure à deux êtres différents. Dans les taxinomies scientifiques, par conséquent, la fonction du terme statistique est symétrique et inverse de celle que ce terme remplit chez les Wik Munkan ; elle permet d'assimiler, non de dissimuler ; au lieu d'attester la perfection d'un mode de découpage unique, elle renvoie à une pluralité de découpages possibles.

Or, le cas des Wik Munkan n'est particulièrement démonstratif qu'en raison de la bizarrerie de la technique conçue par les indigènes, qui jette un jour cru sur la structure du système. Mais cette structure se retrouverait sans peine dans les sociétés qui nous ont fourni tous nos exemples : ainsi chez les Algonkin, où le nom personnel entier se compose de trois termes[1] : un nom dérivé de l'appellation clanique, un nom ordinal (exprimant l'ordre de naissance dans la famille), et un titre militaire, soit, cette fois, un terme « mécanique » et deux termes « statistiques » d'inégale puissance. Il y a plus de titres militaires que de noms ordinaux, et la probabilité que la même combinaison se reproduise pour deux personnes distinctes est d'autant plus faible que, si le premier terme relève d'un groupe obligatoire en tant que groupe, le choix exercé parmi tous les possibles par le donneur du nom sera fait, entre autres soucis, dans celui d'éviter les duplications. C'est une occasion de souligner que le caractère « mécanique » ou « statistique » n'est pas intrinsèque : il se définit par rapport à la personne du donneur et à celle du porteur. Le nom dérivé de l'appellation clanique identifie sans équivoque le porteur comme membre d'un clan, mais la manière de le choisir dans une liste dépend de conditions historiques complexes : noms actuellement vacants, personnalité et intentions du donneur. Inversement, les

---

1. Deux termes chez les Lacandon du Mexique, de langue maya, qui forment les noms à l'aide d'un binôme composé d'un nom animal et d'un nom ordinal. (Tozzer, pp. 42-43 et 46-47.)

termes « statistiques » définissent sans équivoque une position individuelle dans le système des statuts nataux ou dans la hiérarchie militaire ; mais le fait d'occuper ces positions résulte de circonstances démographiques, psychologiques et historiques, c'est-à-dire d'une indétermination objective du futur porteur.

Cette impossibilité de définir le nom propre autrement que comme moyen d'assigner une position, dans un système qui comporte plusieurs dimensions, ressort aussi d'un autre exemple, emprunté à nos sociétés contemporaines. Pour le groupe social pris dans son ensemble, des noms tels que Jean Dupont, Jean Durand, dénotent, pour le second terme, la classe, et, pour le premier, l'individu. Jean Dupont appartient d'abord à la classe Dupont, et, dans cette classe, il occupe une position non équivoque comme Jean. A l'intérieur de la classe Dupont, il est Dupont Jean, distinct de Dupont Pierre, de Dupont André, etc. Mais il s'agit si peu d'un nom « propre » qu'au sein d'un groupe plus restreint la relation logique entre les termes s'inverse. Imaginons une famille dont, selon l'habitude, tous les membres s'adressent par leur prénom, et où le hasard a fait qu'un même prénom, Jean, soit porté par le frère et le beau-frère. L'équivoque sera dissipée grâce à l'apposition discriminative du patronyme au prénom. Ainsi, quand une personne de la famille dira à une autre : « Jean Dupont a téléphoné », elle ne se référera plus, en fait, au même binôme : le patronyme est devenu un surnom. Pour les membres de la famille en question, il existe d'abord une classe des Jean, au sein de laquelle « Dupont » et « Durand » opèrent l'individuation. Selon qu'on se place dans la perspective de l'état civil ou dans celle d'une société particulière, les termes du binôme inversent leurs fonctions.

Mais, si le même terme peut ainsi jouer, en raison de sa seule position, le rôle d'indicatif de classe ou de déterminant individuel, il est vain de se demander, comme beaucoup d'ethnographes l'ont fait, si les appellations en usage dans telle ou telle société constituent vraiment des noms propres. Skinner l'admet pour les Sauk, mais il en doute à propos de leurs voisins Menomini, dont les noms seraient plutôt des titres honorifiques, limités en nombre, et auxquels un individu accède sa vie durant sans pouvoir les transmettre à ses descendants. (Skinner 2, p. 17.) De même, chez les Iroquois :

> « Il est clair que le nom individuel [...] n'est guère comparable à notre nom personnel. Il faut y voir plutôt une sorte de désignation cérémonieuse, et aussi une expression plus intime de l'appartenance au clan que celle impliquée par le port du nom de clan. » (Goldenweiser, p. 367.)

Quant aux noms propres des Wik Munkan :

> « Bien que je les aie appelés des noms personnels, ce sont en réalité des noms de groupe qui dénotent les liens d'appartenance et de solidarité vis-à-vis d'un groupe totémique. » (Thomson, p. 159.)

Ces scrupules s'expliquent, parce que la liste des noms qui sont la propriété et le privilège de chaque clan est souvent limitée, et que deux personnes ne peuvent simultanément porter le même nom. Les Iroquois ont des « gardiens » à la mémoire desquels ils confient le répertoire des noms claniques, et qui connaissent à tout moment l'état des noms disponibles. Quand un enfant naît, le « gardien » est convoqué pour dire quels sont les noms « libres ». Chez les Yurok de Californie, un enfant peut demeurer sans nom pendant six ou sept ans, jusqu'à ce qu'un nom de parent devienne vacant par le décès du porteur. En revanche, le tabou sur le nom du mort disparaît au bout d'une année, si un jeune membre de la lignée remet le nom en circulation.

Plus embarrassants encore semblent ces noms qui, comme ceux des jumeaux ou du premier survivant d'une série de mort-nés en Afrique, assignent à certains individus une place dans un système taxinomique rigide et restreint. Les Nuer réservent aux jumeaux les noms des oiseaux qui volent lourdement : pintade, francolin, etc. Ils tiennent en effet les jumeaux pour des êtres d'origine surnaturelle, comme les oiseaux (Evans-Pritchard 2, discussion dans Lévi-Strauss 6), et les Kwakiutl de la Colombie britannique expriment une croyance analogue en associant les jumeaux aux poissons. C'est ainsi que les noms de Tête-de-saumon et de Queue-de-saumon sont réservés aux enfants dont la naissance précède ou suit immédiatement celle de jumeaux. Ceux-ci sont censés descendre soit des poissons-chandelles (s'ils ont de petites mains), soit de *Oncorhynchus kisutch* (« silver salmon »), soit de *Oncorhynchus nerka* (« sockeye salmon »). Le diagnostic est fait par un vieillard, lui-même né jumeau. Dans le premier cas, il nomme le jumeau Homme-qui-rassasie et la jumelle, Femme-qui-rassasie. Dans le second cas, les noms respectifs sont : Unique, Fille-de-nacre ; et : Travailleur-de-tête, Danseuse-de-tête, dans le troisième. (Boas *4* part I, pp. 684-693.)

Les Dogon du Soudan suivent une méthode très stricte pour attribuer les noms propres, puisqu'elle consiste à repérer la position de chaque individu d'après un modèle généalogique et mythique où chaque nom est lié à un sexe, à une lignée, à un ordre de naissance, et à la structure qualitative du groupe de germains où l'individu est inclus : jumeau lui-même ; premier ou deuxième né avant ou après des jumeaux ; garçon né après une ou deux filles, ou inversement ; garçon né entre deux filles, ou inversement, etc. (Dieterlen *3*.)

Enfin, on hésite souvent à considérer comme des noms propres les noms ordinaux rencontrés chez la plupart des Algonkin et des Sioux, chez les Mixe (Radin *2*), les Maya (Tozzer), et dans le sud de l'Asie (Benedict), etc. Limitons-nous à un seul exemple, celui des Dakota, où le système est particulièrement développé, avec les noms suivants correspondant à l'ordre de naissance des sept premières filles et des six premiers garçons :

	filles	*garçons*
1	Wino'ne	Tcaske'
2	Ha'pe	Hepo'
3	Ha'psti	Hepi'
4	Wiha'ki	Watca'to
5	Hapo'nA	Hake'
6	HapstinA	Tatco'
7	Wihake'da	—

(Wallis, p. 39.)

On peut ranger dans la même catégorie les termes qui remplacent les noms propres au cours des différentes étapes de l'initiation. Les tribus australiennes du nord de la terre de Dampier ont une série de neuf noms donnés aux novices avant l'avulsion dentaire, puis avant la circoncision, avant la saignée rituelle, etc. Les Tiwi des îles Melville et Bathurst, au large de l'Australie septentrionale, donnent aux novices des noms spéciaux selon leur grade ; il y a sept noms d'hommes, couvrant la période qui va de la 15e à la 26e année, et sept noms de femmes, allant de la 10e à la 21e année. (Hart, pp. 286-287.)

Pourtant, les problèmes qui se posent dans de tels cas ne sont pas différents de celui que soulève l'usage, connu dans nos sociétés contemporaines, de donner au fils premier-né le prénom de son grand-père paternel. « Le nom du grand-père » peut être aussi considéré comme un titre, dont le port est à la fois obligatoire et réservé. Du nom au titre, on passe donc par une transition insensible, qui n'est liée à aucune propriété intrinsèque des termes considérés, mais au rôle structural qu'ils jouent dans un système classificatoire dont il serait vain de prétendre les isoler.

CHAPITRE VII

L'INDIVIDU COMME ESPÈCE

Le système nominal des Penan, qui vivent en nomades dans l'intérieur de Bornéo, permet de préciser le rapport entre des termes auxquels nous serions enclins à réserver la qualité de nom propre, et d'autres dont, au premier abord, la nature pourrait sembler différente. Selon son âge et sa situation de famille, un Penan peut être, en effet, désigné par trois sortes de termes : soit un nom personnel, soit un teknonyme (« père d'un tel », « mère d'un tel »), ou enfin par ce qu'on serait tenté d'appeler un nécronyme, exprimant la relation familiale d'un parent décédé avec le sujet : « père mort », « nièce morte », etc. Les Penan occidentaux n'ont pas moins de vingt-six nécronymes distincts correspondant au degré de parenté, à l'âge relatif du défunt, au sexe et à l'ordre de naissance des enfants jusqu'au neuvième.

Les règles d'emploi de ces noms sont d'une surprenante complexité. En simplifiant beaucoup, on peut dire qu'un enfant est connu par son nom propre jusqu'à ce que meure un de ses ascendants. S'il s'agit d'un grand-père, l'enfant est alors appelé Tupou. Si le frère de son père meurt, il devient Ilun, et le restera jusqu'à ce que meure un autre parent. A ce moment, il recevra un nouveau nom. Avant de se marier et d'avoir des enfants, un Penan peut ainsi passer par une série de six ou sept nécronymes, ou davantage.

A la naissance du premier enfant, le père et la mère adoptent un teknonyme exprimant leur relation à cet enfant nommément désigné. Ainsi Tama Awing, Tinen Awing, « père (ou mère) de Awing ». Que l'enfant meure, et le teknonyme sera remplacé par un nécronyme : « enfant premier-né mort ». A la prochaine naissance, un nouveau teknonyme supplantera le nécronyme, et ainsi de suite.

La situation est encore compliquée par les règles particulières qui prévalent entre germains. Un enfant est appelé par son nom si tous ses frères et sœurs sont vivants. Quand l'un d'eux meurt, il adopte un nécronyme : « germain aîné (ou cadet) mort », mais, dès la naissance d'un nouveau frère ou d'une sœur, le nécronyme est abandonné, et le sujet reprend l'usage de son nom. (Needham *1, 4*.)

Beaucoup d'obscurités subsistent dans cette description ; on comprend mal comment les différentes règles réagissent les unes sur les autres, bien qu'elles semblent fonctionnellement liées. En gros, le système est définissable par trois types de périodicités : vis-à-vis de ses ascendants, un individu va de nécronyme en nécronyme ; vis-à-vis de ses germains, d'autonyme (terme par lequel, dans un tel système, il est commode de désigner les noms propres) en nécronyme ; vis-à-vis de ses enfants enfin, de teknonyme en nécronyme. Mais quel est le rapport logique entre les trois types de termes ? et quel est le rapport logique entre les trois types de périodicité ? Teknonyme et nécronyme se réfèrent à un lien de parenté, ce sont donc des termes « relationnels ». L'autonyme n'a pas ce caractère, et de ce point de vue, il s'oppose aux formes précédentes : il détermine seulement un « soi » par contraste avec d'autres « soi ». Cette opposition (implicite dans l'autonyme) entre soi et autre permet en retour de distinguer le teknonyme du nécronyme. Le premier, qui inclut un nom propre (qui n'est pas celui du sujet), peut se définir comme exprimant une *relation à un soi autre*. Le nécronyme, d'où tout nom propre est absent, consiste dans l'énoncé d'une relation de parenté, qui est celle d'un autre, non nommé, avec un soi, également non nommé. On peut donc la définir comme une *relation autre*. Enfin, cette relation est négative, puisque le nécronyme ne la mentionne que pour la proclamer abolie.

De cette analyse le rapport entre autonyme et nécronyme découle clairement. C'est celui d'une symétrie inversée :

	autonyme	nécronyme
relation présente (+) ou absente (—) :	—	+
opposition entre soi (+) et autre (—) :	+	—

En même temps, une première conclusion se dégage : l'autonyme, que nous n'hésitons pas à considérer comme un nom propre, et le nécronyme, qui a les caractères d'un simple indicatif de classe, appartiennent en fait au même groupe. On passe de l'un à l'autre au moyen d'une transformation.

Venons-en maintenant au teknonyme. Quel est son rapport avec les deux autres types, et d'abord avec le nécronyme ? On serait tenté de dire que le teknonyme connote la venue d'un autre soi à la vie, le nécronyme le passage d'un autre soi à la mort, mais les choses ne sont pas si simples, car cette interprétation n'expliquerait pas que le teknonyme mentionne le soi d'un autre (un autonyme lui étant incorporé), tandis que le nécronyme se réduit à une négation de la relation autre, sans faire référence à un soi. Il n'y a donc pas de symétrie formelle entre les deux types.

Dans l'étude qui sert de point de départ à notre analyse, Needham fait une intéressante remarque :

> « Quelque chose qui ressemble vaguement aux noms de mort apparaît dans l'ancien usage anglais de "widow" comme un titre..., dans l'usage contemporain, en France et en Belgique du mot *veuve*, et dans d'autres usages analogues dans plusieurs régions de l'Europe. Mais tout cela est, à presque tous les égards, trop différent des noms de mort pour suggérer une interprétation. » (Needham *1*, p. 426.)

C'est se décourager trop vite. Il n'a manqué à Needham, pour apercevoir la portée de sa remarque, que de noter, dans les exemples qu'il cite, le lien qu'ils attestent entre le droit au nécronyme et le port antérieur d'une appellation entièrement comparable à un tekno-

nyme. L'usage français traditionnel est d'incorporer
« veuve » au nom propre ; mais on n'incorpore pas
le masculin « veuf », et pas davantage « orphelin ».
Pourquoi cet exclusivisme ? Le patronyme appartient
aux enfants de plein droit ; on peut dire que, dans nos
sociétés, c'est un classificateur de lignée. La relation
des enfants au patronyme ne change donc pas du fait
de la mort des parents. Cela est encore plus vrai
de l'homme, dont le rapport à son patronyme reste
immuable, qu'il soit célibataire, marié, ou veuf.

Il n'en est pas de même pour la femme. Si, perdant
son mari, elle devient « veuve un-tel », c'est parce que,
du vivant de son mari, elle était « femme un-tel »,
autrement dit, elle avait déjà abandonné son autonyme
pour un terme exprimant sa relation à un soi autre, ce
qui est la définition que nous avons admise du teknonyme. Sans doute ce mot serait-il impropre en la
circonstance ; pour maintenir le parallélisme, on pourrait forger celui d'andronyme (grec ἀνήρ, époux), mais
cela ne semble pas utile, l'identité de structure étant
immédiatement perceptible sans recourir à une création
verbale. Dans l'usage français, par conséquent, le droit
au nécronyme est fonction du port antérieur d'un terme
analogue à un teknonyme : c'est parce que mon soi est
défini par ma relation à un soi autre que mon identité
n'est préservable, à la mort de cet autre, que par
cette relation inchangée dans la forme, mais désormais
affectée du signe négatif. La « veuve Dumont » est la
femme d'un Dumont non pas aboli, mais qui n'existe
plus que dans sa relation à cet autre qui se définit par
lui.

On objectera que, dans cet exemple, les deux termes
sont construits pareillement en joignant une relation de
parenté à un déterminant patronymique, alors que, chez
les Penan, et comme nous l'avons souligné, le nom
propre est absent du nécronyme. Avant de résoudre
cette difficulté, tournons-nous vers la série des germains,
où l'alternance joue entre l'autonyme et le nécronyme.
Pourquoi l'autonyme, et pas un terme analogue au
teknonyme, disons un « fratronyme » du type « frère
(ou sœur) de un tel » ? La réponse est facile : le nom
personnel de l'enfant qui vient de naître (mettant ainsi
fin au port du nécronyme par ses frères et sœurs) est

mobilisé par ailleurs : il sert à former le teknonyme des parents, qui l'ont en quelque sorte capturé pour l'incorporer au système particulier grâce auquel ils se définissent. Le nom du dernier-né est donc disjoint de la série des germains, et les autres germains, ne pouvant se définir par lui, ni par celui de leur frère ou sœur disparu (puisqu'on se trouve, si l'on peut dire, en « clé de vie » et non plus en « clé de mort »), retombent au seul parti qui leur reste : le port de leur propre nom qui est aussi leur nom propre, mais à défaut, soulignons-le, de relations autres, rendues les unes indisponibles parce qu'affectées à un emploi différent, les autres non pertinentes, parce que le signe du système a changé.

Ce point éclairci, deux problèmes seulement restent à résoudre : l'usage de teknonymes par les parents, et l'absence de nom propre dans les nécronymes, problème sur lequel nous avions buté tout à l'heure. Bien qu'en apparence le premier soulève une question de fond, le second une question de forme, il s'agit en vérité d'un seul problème, justiciable d'une même solution. *On ne prononce pas le nom des morts,* et cela suffit à expliquer la structure du nécronyme. Quant au teknonyme, l'inférence est claire : si, quand naît un enfant, il devient interdit d'appeler les parents par leur nom, c'est qu'ils sont « morts », et que la procréation n'est pas conçue comme l'adjonction, mais comme la substitution d'un nouvel être aux anciens.

C'est de cette façon, d'ailleurs, qu'on doit comprendre la coutume des Tiwi qui prohibent l'usage des noms propres pendant l'initiation, et à l'occasion des couches d'une femme :

> « La naissance d'un enfant est, pour l'indigène, une très mystérieuse affaire, car il croit que la femme enceinte entretient des rapports intimes avec le monde des esprits. Pour cette raison, le nom, partie intégrante d'elle-même, est investi d'un caractère fantomatique, ce qu'exprime la tribu en traitant son mari comme si elle n'existait pas, comme si, en fait, elle était morte et n'était plus sa femme pour le moment. Elle est en contact avec les esprits, et il en résultera un enfant pour son mari. » (Hart, pp. 288-289.)

Pour les Penan, une observation de Needham suggère une interprétation du même type : le teknonyme, dit-il, n'est pas honorifique, et personne n'est honteux de rester sans descendance : « Si vous n'avez pas d'enfant, commentez les informateurs, ce n'est pas votre faute. Vous le regretterez, parce qu'il n'y a personne pour vous remplacer, personne pour se rappeler votre nom. Mais vous n'avez pas de honte. Pourquoi en auriez-vous ? » (*L. c.*, p. 417.)

La même explication vaut pour la couvade, car il serait faux de dire que l'homme y prend la place de l'accouchée. Tantôt mari et femme sont astreints aux mêmes précautions, parce qu'ils se confondent avec leur enfant qui, dans les semaines ou mois suivant la naissance, est exposé à de graves dangers. Tantôt, comme souvent en Amérique du Sud, le mari est tenu à des précautions plus grandes encore que sa femme, parce qu'en raison des théories indigènes sur la conception et la gestation c'est plus particulièrement sa personne qui se confond avec celle de l'enfant. Ni dans l'une, ni dans l'autre hypothèse, le père ne joue le rôle de la mère : il joue le rôle de l'enfant. Il est rare que les ethnologues se soient mépris sur le premier point ; mais il est plus rare encore qu'ils aient compris le second.

Trois conclusions se dégagent de notre analyse. En premier lieu, les noms propres, loin de constituer une catégorie à part, forment groupe avec d'autres termes qui diffèrent des noms propres, bien qu'ils leur soient unis par des relations structurales. Or, les Penan eux-mêmes conçoivent ces termes comme des indicatifs de classe : on dit qu'on « entre » dans un nécronyme, non qu'on le prend ou le reçoit.

En second lieu, dans ce système complexe, les noms propres occupent une place subordonnée. Au fond, il n'y a que les enfants qui portent ouvertement leur nom, parce qu'ils sont trop jeunes pour être structuralement qualifiés par le système familial et social, ou parce que le moyen de cette qualification est provisoirement suspendu au bénéfice de leurs parents. Le nom propre souffre ainsi d'une véritable dévalorisation logique. Il est la marque du « hors-classe » ou de l'obligation temporaire, où sont des candidats à la classe, de se définir eux-mêmes comme hors-classe (c'est le cas des germains reprenant l'usage de leur autonyme), ou bien encore par leur relation à un hors-classe (comme font les parents en assumant le teknonyme). Mais, dès que la mort creuse une lacune dans la texture sociale, l'individu s'y trouve en quelque sorte aspiré. Grâce au port du nécronyme, dont la priorité logique sur les autres formes est absolue, il remplace son nom propre, simple numéro d'attente, par une position dans le système, qui peut donc être considéré au niveau le plus général comme formé de classes discrètes et quantifiées. Le nom propre est le revers du nécronyme, dont le teknonyme offre à son tour une image inversée. En apparence, le cas des Penan est à l'opposé de celui des Algonkin, des Iroquois et des Yurok ; chez les uns, il faut attendre qu'un parent meure pour s'affranchir du nom qu'on porte ; chez les autres, il faut souvent attendre qu'un parent meure pour accéder au nom qu'il porte. Mais en fait, la dévalorisation logique du nom n'est pas moins grande dans le second cas dans le premier :

> « Le nom individuel n'est jamais employé en référence ou en adresse quand il s'agit de parents : c'est le terme de parenté qui sert en tout cas. Et, même quand on parle à un non-parent, le nom individuel est rarement utilisé, car on préfère un terme de parenté choisi en fonction de l'âge relatif de celui qui parle et de celui à qui il s'adresse. C'est seulement quand, dans la conversation, on se réfère à des non-parents, qu'il est habituel d'employer le nom personnel, qui, même dans ce cas, sera évité si le contexte suffit à montrer de qui on veut parler. » (Goldenweiser, p. 367.)

Chez les Iroquois aussi par conséquent, et en dépit de la différence plus haut signalée, l'individu n'est mis « hors classe » que s'il est impossible de faire autrement [1].

1. Pour éviter l'usage des noms personnels, les Yurok de Californie ont conçu un système d'appellations formées d'un radical correspondant au lieu de résidence — village ou maison — et d'un suffixe, qui diffère pour les hommes et pour les femmes, décrivant le statut conjugal. Les noms masculins sont formés d'après le lieu de naissance de la femme, les noms féminins d'après le lieu de naissance du mari. Selon le suffixe, le nom indique s'il s'agit d'un mariage patrilocal et par achat, ou bien matrilocal, ou encore d'une union libre ; si le mariage s'est trouvé dissous du fait de la mort d'un conjoint, ou par divorce, etc. D'autres affixes entrant dans les noms d'enfants et de célibataires se rapportent au lieu de naissance de la mère vivante ou

On a invoqué toutes sortes de croyances pour expliquer la prohibition si fréquente du nom des morts. Ces croyances sont réelles et bien attestées, mais faut-il y voir l'origine de la coutume, ou l'un des facteurs qui ont contribué à la renforcer, sinon même une de ses conséquences ? Si nos interprétations sont exactes, la prohibition du nom des morts apparaît comme une propriété structurale de certains systèmes de dénomination. Ou bien les noms propres sont déjà des opérateurs de classe, ou bien ils offrent une solution provisoire en attendant l'heure de la classification ; ils représentent donc toujours la classe au niveau le plus modeste. A la limite, et comme chez les Penan, ce ne sont plus que des moyens, temporairement hors classe, de former des classes, ou bien encore des traites, tirées sur la solvabilité logique du système, c'est-à-dire sur sa capacité escomptée de fournir en temps utile une classe au créancier. Seuls les nouveaux venus, c'est-à-dire les enfants qui naissent, posent un problème : ils sont là. Or, n'importe quel système qui traite l'individuation comme une classification (et nous avons vu que c'est toujours le cas) risque de voir sa structure remise en cause, chaque fois qu'il admet un membre nouveau.

Ce problème comporte deux types de solution, entre lesquels existent d'ailleurs des formes intermédiaires. Si le système envisagé consiste en *classes de positions,* il suffira qu'il jouisse d'une réserve de positions libres, suffisante pour y situer les enfants qui naissent. Les positions disponibles excédant toujours le chiffre de la population, la synchronie est à l'abri des caprices de la diachronie, au moins théoriquement ; c'est la solution iroquois. Les Yurok ont vu moins grand : chez eux, les enfants doivent faire antichambre. Mais, comme on est tout de même assuré de les classer au bout de quelques

décédée, ou du père décédé. Les seuls noms utilisés sont donc de l'un des types suivants : Marié avec une femme de ——— ; Mariée avec un homme de ——— ; A un « demi »-mari dans sa maison natale de ——— ; Est « à demi » marié avec une femme de ——— ; Veuf appartenant à ——— ; Divorcé (e) d'une femme (d'un homme) de ——— ; Femme de ——— qui permet à un homme de vivre avec elle, a un amant, ou a des enfants illégitimes ; Son père était de ——— ; Leur mère décédée était de ——— ; Célibataire de ———, etc. (Waterman, pp. 214-218 ; Kroeber *in* : Elmendorf and Kroeber, pp. 372-374, n. 1.)

années, ils peuvent rester temporairement dans l'indistinction, en attendant de recevoir une position dans une classe qui leur est garantie par la structure du système.

Quand le système consiste en *classes de relations,* tout change. Au lieu qu'un individu disparaisse et qu'un autre le remplace dans une position étiquetée au moyen d'un nom propre qui survit à chacun, pour que la relation devienne elle-même terme de classe, il faut que s'effacent les noms propres qui posaient les termes en relation comme autant d'êtres distincts. Les unités dernières du système ne sont plus des classes d'un seul, où défilent l'un après l'autre des occupants vivants, mais des rapports classés entre morts réels, ou même virtuels (les parents qui se définissent comme morts par contraste à la vie qu'ils ont créée), et vivants réels, ou même virtuels (les enfants nouveau-nés qui ont un nom propre pour permettre aux parents de se définir par rapport à eux, et jusqu'à ce que la mort réelle d'un ascendant leur permette, à leur tour, de se définir par rapport à lui). Dans ces systèmes, les classes sont donc formées de différents types de relations dynamiques unissant des entrées et des sorties, tandis que, chez les Iroquois et dans les autres sociétés du même type, elles se fondent sur un inventaire de positions statiques, qui peuvent être vacantes ou occupées [1].

---

1. Il en résulte qu'à la différence des systèmes de positions, dont la nature discontinue est manifeste, les systèmes de relations se situent plutôt du côté du continu. Un autre usage penan le montre clairement, bien que Needham *(2),* qui l'a également rapporté, écarte une interprétation qui nous semble très vraisemblable. Entre membres d'une même famille restreinte, les appellations réciproques « grand-parent » et « petit-enfant » remplacent les termes habituels et plus rapprochés, quand un membre de la paire considérée est frappée par un deuil. N'est-ce pas que la personne endeuillée est censée se trouver quelque peu décalée en direction de la mort, donc plus éloignée qu'elle ne l'était de ses parents les plus proches ? Du fait de la mort, les mailles du réseau de parenté deviendraient plus lâches. Needham répugne à l'admettre, parce qu'il aperçoit plusieurs problèmes là où il n'y en a qu'un : la personne endeuillée n'appelle pas « petit-enfant » un fils, une fille, un neveu ou nièce, ou leur conjoint, parce que le même deuil les atteint directement ou indirectement, mais par voie de réciprocité tout simplement. Tous les exemples cités par Needham le confirment, sauf celui du jeune enfant, victime d'un petit malheur (chute, coup reçu, vol de nourriture par un chien) et qu'on appelle, en la circonstance, par le nécronyme habituellement réservé à ceux qui ont perdu un grand-parent. Mais notre interprétation

La prohibition du nom des morts ne pose donc pas à l'ethnologie un problème séparé : le mort perd son nom, pour la même raison que — chez les Penan — le vivant perd le sien en pénétrant dans le système, et assume un nécronyme, c'est-à-dire devient terme d'une relation dont l'autre terme — puisqu'il est mort — n'existe plus que dans la relation qui définit un vivant par rapport à lui ; pour la même raison, enfin, que le père et la mère perdent aussi leur nom en assumant un teknonyme, résolvant ainsi (jusqu'à la mort d'un de leurs enfants) la difficulté qui résulte, pour le système, de la procréation d'un membre surnuméraire. Celui-ci devra attendre « à la porte » en qualité de personne dénommée, jusqu'à ce qu'une sortie lui permette de faire son entrée, et que deux êtres, dont l'un était précédemment hors système, et dont l'autre le devient, se confondent dans une des classes de relations dont le système est formé.

Certaines sociétés soignent jalousement les noms et les rendent pratiquement inusables. D'autres les gaspillent et les détruisent au terme de chaque existence individuelle ; elles s'en débarrassent alors en les prohibant, et fabriquent d'autres noms à la place. Mais ces attitudes, en apparence contradictoires, ne font qu'exprimer deux aspects d'une propriété constante des systèmes classificatoires : ils sont finis et indéformables. Par ses règles et ses coutumes, chaque société ne fait qu'appliquer une grille rigide et discontinue sur le flux continu des générations, auquel elle impose ainsi une structure. Pour que prévale l'une ou l'autre attitude, il suffit d'un coup de pouce logique : soit que le système des noms propres forme la plus fine étamine du filtre, dont il est par conséquent solidaire ; soit qu'on le laisse au dehors, mais avec tout de même pour fonction d'individuer le continu, et d'aménager ainsi de manière formelle une discontinuité où l'on voit alors une condition préalable au classement. Dans les deux cas aussi, les morts, dont s'éloigne constamment la grille, perdent leurs noms : soit que les vivants les leur prennent, comme symboles

couvre aussi ce cas, puisque l'enfant est métaphoriquement endeuillé par le dommage subi, et qu'en raison de son très jeune âge une modeste atteinte à son intégrité actuelle (chute) ou virtuelle (perte de nourriture) suffit à le repousser tant soit peu du côté de la mort.

de positions qui doivent être toujours occupées [1], soit que les noms des morts s'abolissent sous l'effet du même mouvement qui, à l'autre bout de la grille, oblitère les noms des vivants.

Entre les deux formes, le système nominal des Tiwi, auquel nous avons fait plusieurs fois allusion, occupe une place intermédiaire. D'abord, les noms propres sont méticuleusement réservés à chaque porteur :

> « Il est impossible que deux personnes portent le même nom... Bien que les Tiwi soient actuellement au nombre de 1 100 ou presque, et que chaque individu ait en moyenne 3 noms, une étude minutieuse de ces 3 300 noms n'en révèle pas deux qui soient identiques. » (Hart, p. 281.)

Or, cette prolifération des noms est encore accrue par le nombre et la diversité des prohibitions qui s'y rapportent. Ces prohibitions s'appliquent dans deux directions : comme nous l'avons indiqué en citant un exemple [2], elles frappent d'abord tous les mots d'usage courant qui ressemblent phonétiquement aux noms du défunt ; et aussi, en plus de ces derniers, tous les noms que le défunt avait lui-même donnés à d'autres personnes, que ce soient ses propres enfants ou ceux d'autrui. Un jeune enfant qui n'aurait qu'un seul nom, reçu de son père, deviendrait sans nom si celui-ci mourait, et il resterait dans cet état jusqu'à ce qu'un autre nom lui vienne d'ailleurs (*l. c.*, p. 282). En effet, chaque fois qu'une femme se remarie, son époux donne des noms nouveaux non seulement aux enfants de son prédécesseur, mais à tous ceux que sa femme a engendrés au cours de sa vie, quel qu'en ait été le père. Comme les Tiwi pratiquent la polygynie au principal bénéfice

---

1. Dans le mythe fox d'origine de la mort, il est dit à celui qu'un deuil a frappé : « Maintenant, voici ce que tu dois faire ; toujours, il faudra que vous (toi et le défunt) preniez congé l'un de l'autre (par le moyen d'une fête d'adoption). Alors l'âme du défunt s'en ira au loin, sûrement et rapidement. Tu devras adopter quelqu'un ; et tu devras nourrir envers lui exactement les mêmes sentiments qu'envers ton parent mort, et tu seras, vis-à-vis de l'adopté, exactement dans le même rapport de parenté. C'est le seul moyen pour que l'âme de ton parent s'éloigne sûrement et rapidement. » (Michelson *I*, p. 411.) Le texte exprime éloquemment que, dans ce cas aussi, le vif chasse le mort.

2. P. 213.

des vieillards, un homme ne peut guère espérer se marier avant l'âge de trente-cinq ans, et les femmes passent de mari en mari, à cause de la différence d'âge entre les conjoints, qui rend très probable que les maris meurent avant leurs femmes. Personne ne peut donc se targuer d'un nom définitif avant la mort de sa mère (*id.,* p. 283).

Un système si étrange resterait incompréhensible si une hypothèse n'en suggérait l'explication : relations et positions y sont mises sur le même pied. Aussi toute abolition de la relation entraîne celle des noms propres qui en étaient fonction, que ce soit socialement (noms conférés par le défunt) ou linguistiquement (mots qui ressemblent aux noms du défunt). Et toute création de relation nouvelle déclenche un processus de renomination au sein du domaine de la relation.

*
* *

Certains ethnographes ont abordé le problème des noms propres sous l'angle des termes de parenté :

> « Du point de vue logique, on peut situer les termes de parenté entre les noms propres et les pronoms. Leur place est intermédiaire, et ils mériteraient d'être appelés des pronoms individualisés ou des noms personnels généralisés. » (Thurnwald, p. 357.)

Mais, si cette transition est également possible, c'est que, dans la perspective de l'ethnologie, les noms propres apparaissent toujours comme des termes généralisés ou à vocation généralisante. A cet égard, ils ne diffèrent pas foncièrement des noms d'espèces, comme l'atteste la tendance du langage populaire à attribuer, selon leur espèce respective, des noms humains aux oiseaux. En français, le moineau est Pierrot, le perroquet Jacquot, la pie Margot, le pinson Guillaume, le troglodyte Bertrand ou Robert, le râle d'eau Gérardine, la chevêche Claude, le grand duc Hubert, le corbeau Colas, le cygne Godard... Ce dernier nom se rapportait aussi à une condition socialement significative, car, au XVIIe siècle, on le donnait aux maris dont les femmes étaient en couches [1]. (Witkowski, pp. 501-502. N'est-ce pas que les noms d'espèces possèdent, de leur côté, certains caractères des noms propres ? A la suite de Bröndal [2], Gardiner l'admet pour les locutions de la zoologie et de la botanique scientifiques :

> « Le nom *Brassica rapa* évoque aisément l'image du botaniste, classant des spécimens qui se ressemblent beaucoup aux yeux du profane, et à l'un desquels il donne le nom *Brassica rapa,* exactement comme les parents nomment leur bébé. Rien de tel ne nous vient à l'esprit à propos du mot *rave,* et pourtant, *Brassica rapa* n'est pas autre chose que le nom scientifique du chou-rave commun. On peut trouver une raison supplémentaire de considérer *Brassica rapa* comme un nom propre, ou au moins d'en faire davantage un nom propre que *rave,* dans le fait qu'on ne dise pas *ceci est une Brassica rapa,* ou *ceux-ci sont des Brassicas rapas,* bien qu'on puisse dire : *ceux-ci sont de beaux spécimens de Brassica rapa.* En parlant ainsi, nous nous référons au nom de n'importe quel exemplaire individuel du type, alors que, quand nous parlons d'un certain végétal comme d'une *rave,* nous nous référons à sa ressemblance avec d'autres êtres végétaux de même espèce. La différence d'attitude linguistique se réduit à une simple nuance, mais elle est réelle. Dans un des cas, le son du mot, que nous décrivons habituellement comme "le mot même", ressort davantage que dans l'autre cas. » (Gardiner, p. 52.)

Cette interprétation illustre la thèse centrale de l'auteur, pour qui « les noms propres sont des marques d'identification reconnaissables, non par l'intellect, mais par la sensibilité » (*l. c.,* p. 41). Or, nous avons nous-mêmes fondé l'assimilation des termes botaniques et

---

1. Il est très significatif que même une série aussi restreinte et aussi simple comprenne des termes qui relèvent de niveaux logiques différents. « Pierrot » peut être un indicatif de classe, puisqu'il est permis de dire : « Il y a trois pierrots sur le balcon. » Mais « Godard » est un terme d'adresse. Comme l'écrit excellemment le rédacteur de l'article sous ce mot dans le Dictionnaire de Trévoux (éd. de 1732) : « Godard est le nom qu'on donne aux cygnes. On le leur dit quand on les appelle, qu'on veut les faire venir à soi, *Godard, Godard ;* viens *Godard* viens. Tiens *Godard.* » Jacquot, et peut-être Margot, semblent avoir un rôle intermédiaire. Sur les noms propres humains donnés aux oiseaux, cf. Rolland, *Faune,* t. II.

2. « Au point de vue de l'éternité, les espèces particulières de plantes et d'animaux et les corps simples sont des *unica* de même nature que, par exemple, Sirius ou Napoléon. » (Bröndal, p. 230.)

zoologiques à des noms propres, en montrant que, dans un très grand nombre de sociétés, les noms propres sont formés de la même façon que les sciences naturelles forment les noms d'espèces. Il en résulte une conclusion diamétralement opposée à celle de Gardiner :

Fig. 10. — *Brassica rapa* (d'après Ed. LAMBERT, *Traité pratique de Botanique.* Paris, 1883).

les noms propres nous sont apparus voisins des noms d'espèces, surtout dans les cas où ils jouent clairement le rôle d'indicatifs de classe, donc quand ils appartiennent à un système signifiant. Au contraire, Gardiner prétend expliquer la même analogie par le caractère non signifiant des termes scientifiques, qu'il réduit, comme les noms propres, à de simples sonorités distinctives. S'il avait raison, on aboutirait à un étrange paradoxe : pour le profane, ignorant le latin et la botanique, *Brassica rapa* se réduit bien à une sonorité distinctive, mais il ne sait pas de quoi ; en l'absence de toute information extérieure, il ne pourrait donc pas percevoir cette locution comme nom propre, mais seulement comme mot de sens inconnu, sinon même *flatus vocis*. C'est d'ailleurs ce qui se produit dans certaines tribus australiennes, où les espèces totémiques reçoivent des noms tirés du langage sacré qui n'éveillent, dans l'esprit

des non-initiés, aucune association d'ordre animal ou
végétal. Si donc *Brassica rapa* offre le caractère de nom
propre, ce peut être seulement pour le botaniste, qui
est aussi seul à dire : « Voici de beaux spécimens de
Brassica rapa. » Or, pour le botaniste, il s'agit de tout
autre chose que d'une sonorité distinctive, puisqu'il
connaît à la fois le sens des mots latins et les règles de
la taxinomie.

L'interprétation de Gardiner se trouverait ainsi limitée
au cas du demi-profane qui reconnaîtrait en *Brassica
rapa* un nom d'espèce botanique, sans savoir de quelle
plante il s'agit. C'est là rejoindre, en dépit des dénéga-
tions de l'auteur (p. 51), l'idée bizarre de Vendryes
(p. 222) pour qui un nom d'oiseau devient un nom
propre quand on est incapable de discerner l'espèce à
laquelle l'oiseau appartient. Mais tout ce que nous
avons dit jusqu'à présent suggère que la connexion entre
nom propre et nom d'espèce n'est pas contingente. Elle
tient au fait qu'une locution du type *Brassica rapa* est
doublement « hors discours » : parce qu'elle relève du
langage scientifique, et parce qu'elle est formée de mots
latins. Elle entre donc avec difficulté dans la chaîne
syntagmatique ; sa nature paradigmatique ressort ainsi
au premier plan. De même, c'est en raison du rôle
paradigmatique tenu par les noms propres dans un
système de signes extérieur au système de la langue
que leur insertion dans la chaîne syntagmatique brise
perceptiblement la continuité de celle-ci : en français,
par l'absence d'article qui les précède, et par l'emploi
d'une majuscule pour les transcrire.

Les indiens Navaho semblent s'être fait une notion
assez claire des problèmes que nous venons de discuter.
Un de leurs mythes écarte par avance l'interprétation
de Gardiner :

> « Un jour, Souris rencontra Ours et lui demanda si
> son nom n'était pas "Cac". Ours se mit en colère et
> voulut frapper Souris, qui se cacha derrière son dos et
> en profita pour enflammer sa toison. Incapable d'éteindre
> le feu, Ours promit à Souris de lui livrer quatre
> incantations magiques si elle venait à son secours. Depuis
> lors, il suffit de se munir de quelques poils de souris pour
> n'avoir rien à craindre de l'ours. » (Haile-Wheelwright,
> p. 46.)

Le mythe souligne plaisamment la différence entre nom d'espèce et sonorité distinctive. Pour les Navaho, une des raisons de cette différence tient à ce que le nom spécifique est, pour partie au moins, un nom propre. Dans le récit qu'on vient de lire, Souris offense Ours parce qu'elle l'interpelle incorrectement et en employant un mot burlesque. Or, les termes botaniques des Navaho (on a moins bien étudié leur vocabulaire zoologique) consistent généralement en un trinôme, dont le premier élément est le nom véritable, le second décrit l'utilisation et le troisième, l'aspect. La plupart des gens, semble-t-il, ne connaissent que le terme descriptif. Quant au « vrai nom », c'est un terme d'adresse qu'utilisent les prêtres pour parler à la plante : un nom propre, par conséquent, et qu'il est essentiel de bien connaître et de prononcer correctement. (Wyman et Harris ; Leighton.)

Nous n'utilisons pas la nomenclature scientifique pour nouer un dialogue avec les plantes et les animaux. Pourtant, nous donnons volontiers aux animaux, et nous empruntons aux plantes, certains des noms qui servent de termes d'adresse entre humains : nos filles se prénomment parfois Rose ou Violette, et réciproquement, plusieurs espèces animales sont admises à partager, avec des hommes ou des femmes, les prénoms que ceux-ci portent habituellement. Mais pourquoi, comme nous l'avons déjà noté, ce libéralisme profite-t-il surtout aux oiseaux ? Par la structure anatomique, la physiologie et le genre de vie, ils se situent plus loin des hommes que les chiens, auxquels on ne donne pas de prénom humain sans provoquer un sentiment de malaise, sinon même un léger scandale. Il nous semble que l'explication est déjà contenue dans cette remarque.

Si, plus aisément que d'autres classes zoologiques, les oiseaux reçoivent des prénoms humains selon l'espèce à laquelle ils appartiennent, c'est qu'ils peuvent se permettre de ressembler aux hommes, pour autant que, précisément, ils en diffèrent. Les oiseaux sont couverts de plumes, ailés, ovipares, et physiquement aussi, ils sont disjoints de la société humaine par l'élément où ils ont le privilège de se mouvoir. Ils forment, de ce fait, une communauté indépendante de la nôtre, mais qui, en raison de cette indépendance même, nous apparaît comme une société autre, et homologue de celle où nous vivons : l'oiseau est épris de liberté ; il se construit une demeure où il vit en famille et nourrit ses petits ; il entretient souvent des rapports sociaux avec les autres membres de son espèce ; et il communique avec eux par des moyens acoustiques qui évoquent le langage articulé.

Par conséquent, toutes les conditions sont objectivement réunies pour que nous concevions le monde des oiseaux comme une société humaine métaphorique : ne lui est-elle pas, d'ailleurs, littéralement parallèle à un autre niveau ? La mythologie et le folklore attestent, par d'innombrables exemples, la fréquence de ce mode de représentation ; telle la comparaison, déjà citée, faite par les indiens Chickasaw entre la société des oiseaux et une communauté humaine [1].

Or, cette relation métaphorique, imaginée entre la société des oiseaux et la société des hommes, s'accompagne d'un procédé de dénomination qui, lui, est d'ordre métonymique (nous ne nous croyons pas lié, dans ce travail, par les subtilités des grammairiens, et la synecdoque — « espèce de métonymie » dit Littré — ne sera pas traitée par nous comme un trope distinct) : quand on baptise des espèces d'oiseaux Pierrot, Margot, ou Jacquot, on prélève ces prénoms sur un lot qui est l'apanage des êtres humains, et le rapport des prénoms d'oiseaux aux prénoms humains est donc celui de la partie au tout.

La situation est symétrique et inverse pour les chiens. Non seulement ceux-ci ne forment pas une société indépendante, mais, comme animaux « domestiques », ils font partie de la société humaine, tout en y occupant

---

1. Cf. plus haut, p. 145.

Notre interprétation est confirmée *a contrario* par le cas de ces animaux qui reçoivent également des prénoms humains, bien qu'ils ne soient pas des oiseaux : Jean Lapin, Robin Mouton, Bernard (ou Martin) l'Ane, Pierre (ou Alain) le Renard, Martin l'Ours, etc. (Sébillot, II, p. 97, III, pp. 19-20.) En effet, ces animaux ne constituent pas une série naturelle : les uns sont domestiques, les autres sauvages ; les uns herbivores, les autres carnivores ; les uns aimés (ou dédaignés), les autres redoutés... Il s'agit donc d'un système artificiel, formé sur la base d'oppositions caractéristiques entre les tempéraments et les genres de vie, et tendant à reconstituer métaphoriquement, au sein du règne animal, un modèle en miniature de la société humaine : procédé dont le *Roman de Renart* offre une illustration caractéristique.

une place si humble que nous ne songerions pas, suivant l'exemple de certains Australiens et Amérindiens, à les appeler comme des humains, qu'il s'agisse de noms propres ou de termes de parenté[1]. Bien au contraire, nous leur affectons une série spéciale : Azor, Médor, Sultan, Fido, Diane (ce dernier, prénom humain sans doute, mais d'abord perçu comme mythologique), etc., qui sont presque tous des noms de théâtre formant une série parallèle à ceux qu'on porte dans la vie courante, autrement dit, des noms métaphoriques. Par conséquent, lorsque le rapport entre espèces (l'humaine et l'animale) est socialement conçu comme métaphorique, le rapport entre les systèmes de dénominations respectifs prend le caractère métonymique ; et quand le rapport entre espèces est conçu comme métonymique, les systèmes de dénominations assument un caractère métaphorique.

Voici maintenant un autre cas : celui du bétail, dont la position sociale est métonymique (il fait partie de notre système techno-économique), mais différente de celle des chiens en ce que le bétail est plus ouvertement traité comme objet, le chien comme sujet (ce que suggèrent, d'une part, le nom collectif par lequel nous désignons le premier, d'autre part le tabou alimentaire qui frappe la consommation du chien dans notre culture ; la situation est différente chez les pasteurs africains qui traitent le bétail comme nous traitons les chiens). Or, les noms que nous donnons au bétail relèvent d'une autre série que ceux des oiseaux ou des chiens ; ce sont généralement des termes descriptifs, qui évoquent la couleur du pelage, le port, le tempérament : Rustaud, Rousset, Blanchette, Douce, etc. (Cf. Lévi-Strauss 2, p. 280.) Ces noms ont souvent un caractère métaphorique ; mais ils diffèrent des noms donnés aux chiens en ce qu'ils sont des épithètes provenant de la chaîne syntagmatique, tandis que les seconds proviennent d'une série paradigmatique ; les uns relèvent donc davantage de la parole, les autres plutôt de la langue.

Considérons enfin les noms donnés aux chevaux. Non pas les chevaux ordinaires qui, selon la classe et la

_____

1. Cf. plus haut, pp. 201-203 ; et moins encore — comme font les Dayak — à nommer des humains d'après eux : père (ou mère) de tel ou tel chien... (Geddes.)

profession du propriétaire, peuvent se situer à distance plus ou moins rapprochée du bétail ou des chiens, et dont la place est rendue plus incertaine encore par les transformations techniques rapides qui ont marqué notre époque, mais les chevaux de course, dont la position sociologique est nettement tranchée par rapport aux cas déjà examinés. D'abord, comment qualifier cette position ? On ne peut dire que les chevaux de course forment une société indépendante à la façon des oiseaux, puisqu'ils sont un produit de l'industrie humaine, et qu'ils naissent et vivent juxtaposés dans des haras conçus à leur intention, comme des individus isolés. Ils ne font pas davantage partie de la société humaine, que ce soit au titre de sujets ou d'objets ; ils sont plutôt la condition désocialisée de l'existence d'une société particulière : celle qui vit des hippodromes ou qui les fréquente. A ces différences en correspond une autre dans le système de dénomination, bien que la comparaison appelle ici deux réserves : les noms donnés aux chevaux de courses sont choisis en application de règles particulières, différentes pour les pur-sang et les demi-sang ; et ils témoignent d'un éclectisme qui relève davantage de la littérature savante que de la tradition orale. Cela dit, il n'est pas douteux que les noms des chevaux de course contrastent de façon significative avec ceux des oiseaux, des chiens, ou du bétail. Ils sont rigoureusement individualisés puisqu'il est exclu, comme chez les Tiwi, que deux individus portent le même nom ; et bien qu'ils partagent avec les noms donnés au bétail une formation par prélèvement sur la chaîne syntagmatique : Océan, Azimut, Opéra, Belle-de-Nuit, Télégraphe, Luciole, Orviétan, Week-end, Lapis-Lazuli, etc., ils s'en distinguent par l'absence de connotation descriptive : leur création est absolument libre pour autant qu'elle respecte l'exigence d'une individuation sans ambiguïté, et les règles particulières auxquelles nous avons fait allusion. Par conséquent, tandis que le bétail reçoit des noms descriptifs formés à partir des mots du discours, les chevaux de course reçoivent comme noms des mots du discours qui ne les décrivent pas, ou qui les décrivent rarement. Si les noms du premier type ressemblent à des surnoms, les autres méritent d'être appelés des sous-noms, car c'est dans ce second domaine que règne l'arbitraire le plus poussé.

Pour résumer : oiseaux et chiens sont pertinents sous le rapport de la société humaine : soit qu'ils l'évoquent par leur propre vie sociale (que les hommes conçoivent comme une imitation de la leur) ; soit que, sans vie sociale propre, ils fassent partie de la nôtre.

Comme les chiens, le bétail fait partie de la société humaine ; mais il en fait partie, si l'on peut dire, asocialement, puisqu'il se situe à la limite de l'objet. Enfin, les chevaux de course forment, comme les oiseaux, une série disjointe de la communauté humaine, mais, à la façon du bétail, dépourvue de sociabilité intrinsèque.

Si donc les oiseaux sont des *humains métaphoriques* et les chiens, des *humains métonymiques,* le bétail est, lui, un *inhumain métonymique* et les chevaux de course sont des *inhumains métaphoriques* : le bétail n'est contigu qu'à défaut de ressemblance, les chevaux de course ressemblants qu'à défaut de contiguïté. Chacune de ces deux catégories offre l'image « en creux » d'une des deux autres catégories, qui sont elles-mêmes dans un rapport de symétrie inversée.

Sur le plan des appellations, on retrouve l'équivalent linguistique de ce système de différences psycho-sociologiques. Les noms d'oiseaux et de chiens relèvent du système de la langue. Mais, tout en offrant le même caractère paradigmatique, ils diffèrent puisque les premiers sont des prénoms réels, les seconds des prénoms de convention. Les noms d'oiseaux sont extraits du lot des prénoms humains ordinaires, dont ils constituent une partie ; tandis que les noms de chiens reproduisent virtuellement dans sa totalité un lot de noms qui ressemblent, du point de vue formel, aux prénoms humains, bien qu'ils soient rarement portés par des humains ordinaires.

Les noms du bétail et des chevaux relèvent davantage de la parole, puisque les uns et les autres sont tirés de la chaîne syntagmatique. Mais les noms du bétail en demeurent les plus rapprochés, car, comme termes descriptifs, ce sont à peine des noms propres. On appelle Douce la vache dont on dit habituellement « qu'elle est douce ». Les noms donnés au bétail surnagent donc comme des témoins d'un discours écoulé, et ils peuvent à tout moment reprendre, dans le discours, leur fonction d'épithète : même quand on parle au bétail, son caractère d'objet ne lui permet jamais d'être que *ce dont on parle*. Les noms des chevaux de course sont « en discours » d'une autre façon : non pas « encore dans le discours », mais « faits avec du discours ». Il faut, pour trouver des noms aux chevaux, désintégrer la chaîne syntagmatique, et transformer ses unités discrètes en noms propres qui ne pourront pas figurer à un autre titre dans le discours, à moins que le contexte ne lève l'ambiguïté. La différence provient de ce que le bétail est rangé dans la partie inhumaine de la société humaine, tandis que les chevaux de course (qui relèvent objectivement de la même catégorie) offrent d'abord l'image d'une anti-société, à une société restreinte qui n'existe que par eux. De tous les systèmes de dénomination, celui qu'on leur applique est le plus franchement inhumain, comme est aussi la plus barbare la technique de démolition linguistique mise en œuvre pour l'édifier.

En fin de compte, on aboutit à un système à trois dimensions :

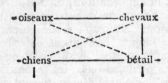

Sur le plan horizontal, la ligne supérieure correspond à la relation métaphorique, positive ou négative : entre des sociétés humaine et animale (oiseaux), ou entre la société des hommes et l'anti-société des chevaux ; la ligne inférieure, à la relation métonymique entre la société des hommes d'une part, les chiens et le bétail de l'autre, qui sont membres de la première à titre soit de sujets ou d'objets.

Sur le plan vertical, la colonne de gauche associe les oiseaux et les chiens, qui ont à la vie sociale un rapport soit métaphorique, soit métonymique. La colonne de droite associe les chevaux et le bétail, qui sont sans rapport à la vie sociale, bien que le bétail en fasse partie (métonymie) et que les chevaux de course offrent avec elle une ressemblance négative (métaphore).

Enfin, il faut ajouter deux axes obliques, puisque les noms donnés aux oiseaux et au bétail sont formés par prélèvement métonymique (soit sur un ensemble paradigmatique, soit sur une chaîne syntagmatique), tandis que les noms donnés aux chiens et aux chevaux sont formés par reproduction métaphorique (soit d'un ensemble paradigmatique, soit d'une chaîne syntagmatique). Nous avons donc affaire à un système cohérent.

*
* *

L'intérêt qu'offrent à nos yeux ces usages ne tient pas seulement aux rapports systématiques qui les unissent [1]. Bien qu'empruntés à notre civilisation où ils occupent une place modeste, ils nous mettent de plain-pied avec des usages différents, auxquels les sociétés qui les observent attachent une extrême importance. L'attention que nous avons prêtée à certains aspects de nos mœurs que d'aucuns jugeront futiles se justifie donc à un double titre : d'abord, nous espérons former par ce moyen une idée plus générale et plus claire de la nature des noms propres ; ensuite et surtout, nous sommes conduits à nous interroger sur les motifs secrets de la curiosité ethnographique : la fascination qu'exercent sur nous des coutumes, en apparence très éloignées des nôtres, le sentiment contradictoire de présence et d'étrangeté dont elles nous affectent, ne tiennent-ils pas à ce que ces coutumes sont beaucoup plus proches qu'il ne semble de nos propres usages, dont elles nous présentent une image énigmatique et qui demande à être décryptée ? C'est en tout cas ce que confirme une comparaison des faits qui viennent d'être

1. Ce livre était déjà achevé, quand M.M. Houis a obligeamment appelé notre attention sur le travail de V. Larock. Bien que nous ne l'ayons pas utilisé parce qu'il se situe dans une perspective assez différente de la nôtre, il nous semblerait injuste de ne pas rendre hommage, en le mentionnant, à cette première tentative d'interprétation des noms de personnes d'un point de vue ethnographique.

analysés, avec certains aspects du système nominal des Tiwi, que nous avions provisoirement laissés de côté.

On se souvient que les Tiwi font une consommation effrénée de noms propres : d'abord parce que chaque individu a plusieurs noms ; ensuite parce que tous ces noms doivent être distincts ; en troisième lieu parce que chaque remariage (et nous avons vu qu'ils sont fréquents) implique que tous les enfants déjà engendrés par une femme reçoivent des noms nouveaux ; et enfin, parce que la mort d'un individu frappe de prohibition non seulement les noms qu'il porte, mais aussi tous ceux qu'au cours de son existence il a pu être amené à conférer [1]. Dans de telles conditions, comment les Tiwi réussissent-ils à fabriquer sans arrêt des noms neufs ?

Il faut distinguer plusieurs cas. Un nom propre peut être remis en circulation par le fils du défunt, s'il décide de l'assumer après la période durant laquelle son emploi était prohibé. Beaucoup de noms sont ainsi placés en réserve, constituant une sorte d'épargne onomastique dans laquelle il est loisible de puiser. Néanmoins, et si l'on suppose constants les taux de natalité et de mortalité, on peut prévoir qu'en raison de la durée prolongée du tabou la cagnotte diminuera régulièrement, à moins qu'un brusque déséquilibre démographique n'exerce une action compensatrice. Le système doit donc disposer d'autres procédés.

Il en existe en effet plusieurs, dont le principal résulte de l'extension aux noms communs de la prohibition frappant les noms propres, quand on observe entre eux une ressemblance phonétique. Pourtant, ces noms communs démonétisés par l'usage courant ne sont pas totalement détruits : ils passent dans la langue sacrée, réservée au rituel, où ils perdent progressivement leur signification, la langue sacrée étant, par définition, inintelligible aux non-initiés et, pour les initiés eux-mêmes, partiellement affranchie de fonction signifiante. Or, les mots sacrés dont le sens est perdu peuvent servir à forger des noms propres, par adjonction d'un suffixe. C'est ainsi que le mot *matirandjingli* du langage sacré, dont le sens est obscur, devient le nom propre *Materandjingimirli*. Le procédé est systématiquement employé, et

---

1. Cf. plus haut, p. 240.

l'on a pu écrire que le langage sacré est surtout fait de mots qui sont devenus tabou, *pukimani,* en raison de la contamination du langage ordinaire par la prohibition frappant les noms des morts. Le langage sacré est lui-même exempt de cette contamination. (Hart.)

Ces faits sont importants à deux points de vue. D'abord, il est clair que ce système compliqué est parfaitement cohérent : les noms propres contaminent les noms communs ; ceux-ci, expulsés du langage ordinaire, passent dans la langue sacrée, laquelle permet de former des noms propres en retour. Ce mouvement cyclique est entretenu, si l'on peut dire, par une double pulsation : les noms propres, primitivement dépourvus de sens, gagnent du sens en adhérant aux noms communs, et ceux-ci lâchent leur sens en passant dans la langue sacrée, ce qui leur permet de redevenir des noms propres. Le système fonctionne donc par pompage alternatif de la charge sémantique, des noms communs aux noms propres, et de la langue profane à la langue sacrée. En fin de compte, l'énergie consommée provient du langage ordinaire, qui fabrique des mots nouveaux pour les besoins de la communication, au fur et à mesure que d'anciens mots lui sont enlevés. L'exemple démontre admirablement le caractère secondaire des interprétations avancées pour expliquer la prohibition du nom des morts, que ce soit par les ethnologues ou par les indigènes. Car ce n'est pas la crainte des fantômes qui peut avoir donné naissance à un système aussi bien ajusté. Elle est plutôt venue s'y greffer.

Cela paraîtra encore plus certain si l'on remarque que le système Tiwi présente des analogies frappantes, sur le plan humain, avec celui que nous avons mis en évidence, dans notre propre société, en analysant les diverses façons de nommer les animaux, et dans lequel, est-il besoin de le dire, la crainte des morts n'intervient d'aucune façon. Chez les Tiwi aussi, le système repose sur une sorte d'arbitrage, exercé au moyen des noms propres, entre une chaîne syntagmatique (celle du langage ordinaire) et un ensemble paradigmatique (la langue sacrée dont c'est le caractère essentiel, puisque les mots y deviennent, en perdant leur signification, progressivement inaptes à former une chaîne syntagmatique). De plus, les noms propres sont liés métaphoriquement aux noms communs par l'effet d'une ressemblance phonétique positive, tandis que les mots sacrés sont liés métonymiquement aux noms propres (à titre de moyens ou de fins), par l'effet d'une ressemblance négative, fondée sur l'absence ou la pauvreté de contenu sémantique.

Même si on le définit, au niveau le plus général, comme consistant en un échange de mots entre langue profane et langue sacrée par l'intermédiaire des noms propres, le système tiwi éclaire des phénomènes que des aspects mineurs de notre culture nous avaient seuls permis d'aborder. Nous comprenons mieux que des termes d'une langue doublement « sacrée » (parce que latine et scientifique), tel *Brassica rapa,* puissent avoir le caractère de noms propres ; non pas, comme le voulait Gardiner et comme Hart semblait prêt à l'admettre, parce qu'ils sont privés de signification, mais parce que, en dépit des apparences, ils font partie d'un système global où la signification n'est jamais entièrement perdue : sinon, la langue sacrée des Tiwi ne serait pas une langue, mais un conglomérat de gestes oraux. Or, on ne saurait mettre en doute qu'une langue sacrée, même obscure, ne conserve une vocation signifiante. Nous reviendrons sur cet aspect du problème.

Pour le moment, il nous faut relever un autre type de langue « sacrée » que nous utilisons, à la façon des Tiwi, pour introduire des noms propres dans le langage ordinaire, quitte à transformer en noms propres les noms communs relevant du domaine approprié. Ainsi que nous l'avons déjà noté, nous empruntons leurs noms aux fleurs, dont nous faisons des noms propres pour nos filles, mais nous ne nous arrêtons pas là puisque l'imagination des horticulteurs dote les fleurs nouvellement créées de noms propres, qui sont empruntés aux êtres humains. Or, ce chassé-croisé offre des particularités remarquables : les noms que nous empruntons aux fleurs et que nous donnons (principalement aux personnes de sexe féminin) sont des noms communs appartenant au langage ordinaire (à la rigueur, une femme peut se prénommer Rosa, mais certainement pas *Rosa centifolia*) ; mais ceux que nous leur rendons proviennent d'une langue « sacrée », puisque le patronyme ou le prénom s'accompagne d'un titre, qui lui confère une mystérieuse dignité. On ne nomme pas habituellement une fleur nouvelle « Elizabeth », « Doumer » ou « Brigitte », mais « Queen-Elizabeth », « Président-Paul-Doumer », « Madame-Brigitte-Bardot »[1]. De plus on ne tient pas compte du sexe du porteur (en l'occurrence, le genre grammatical du nom de la fleur) pour le nommer : *une* rose, *un* glaïeul, peuvent recevoir indifféremment un nom de femme ou un nom d'homme, ce qui évoque une des règles d'attribution du nom « ombilical » chez les Wik Munkan[2].

Or, ces usages relèvent manifestement du même groupe que tous ceux que nous avons envisagés, qu'ils proviennent aussi de notre culture ou de celle d'insulaires australiens ; on y note, en effet, la même équivalence entre relation métonymique et relation métaphorique, qui, depuis le début, nous a paru jouer entre eux le rôle de dénominateur commun. Les noms que nous empruntons aux fleurs pour en faire des noms propres ont valeur de métaphore : belle comme la rose, modeste comme la violette, etc. Mais les noms tirés de langues « sacrées », que nous leur rendons en échange, ont valeur de métonymie, et cela de deux façons : *Brassica rapa* retire au *chou-rave* sa suffisance pour en faire une espèce d'un genre, la partie d'un tout. Le nom Impératrice-Eugénie, donné à une variété nouvelle de fleur, opère une transformation symétrique et inverse, puisqu'elle se fait sentir au niveau du signifiant au lieu que ce soit à celui du signifié : cette fois, la fleur est qualifiée *au moyen* de la partie d'un tout ; non pas n'importe quelle Eugénie, mais une Eugénie particulière ; non pas Eugénie de Montijo avant son mariage, mais après ; non pas un individu biologique, mais une personne dans un rôle social déterminé, etc.[3]. Un type

---

1. Cette tendance est déjà apparente dans la tradition populaire qui, lorsqu'elle attribue à certaines fleurs des prénoms humains, insère généralement ceux-ci dans une locution : « Beau Nicolas » pour la coquelourde, « Marie Cancale » pour la rose des blés ou nielle, « Joseph Foireux » pour la fleur de coucou, etc. (Rolland, *Flore*, t. II.) De même en anglais, les noms de fleur : « Jack in the Pulpit », « Jack behind the Garden Gate », etc.

2. Cf. plus haut, p. 222.

3. On notera l'inversion du cycle par rapport au système tiwi. Chez nous, le cycle va du langage ordinaire au nom propre, du nom propre à la langue « sacrée », pour revenir finalement au langage ordinaire.

de nom « sacré » est donc « métonymisant », l'autre
« métonymisé », et cette opposition vaut pour les cas
déjà examinés. On se souvient que, si les humains
prennent des noms aux fleurs, ils donnent certains
de leurs noms aux oiseaux ; ces noms sont aussi
« métonymisants », puisqu'ils consistent le plus souvent
en diminutifs tirés de la langue populaire et qu'ils
traitent la communauté des oiseaux (à l'inverse de celle
des fleurs) comme équivalente, dans sa totalité, à un
sous-groupe humble et bon-enfant de la société humaine.
De la même façon, on dirait volontiers que les noms
métaphoriques, donnés aux chiens et au bétail, situent
le rôle du trope au niveau du signifiant et à celui du
signifié, respectivement.

Aussi systématiques qu'apparaît donc l'ensemble des
procédés de dénomination que nous avons passés en
revue, ils posent un problème : ces procédés équivalents,
liés les uns aux autres par des rapports de transformation, opèrent à des niveaux de généralité différents. Les
prénoms humains donnés aux oiseaux s'appliquent à
n'importe quel membre individuel d'une espèce déterminée : toute pie s'appelle Margot. Mais les noms donnés
aux fleurs : Queen-Elizabeth, Impératrice-Eugénie, etc.,
recouvrent seulement la variété ou la sous-variété. Plus
restreint encore est le champ d'application des noms
donnés aux chiens et au bétail : dans l'intention du
propriétaire de l'animal ils dénotent un seul individu,
bien qu'en fait chaque nom puisse être porté par
plusieurs : il n'y a pas qu'un chien qui s'appelle Médor.
Seuls les noms des chevaux de course et d'autres bêtes
de race sont absolument individualisés : pendant les
vingt-six années du cycle alphabétique, aucun autre
cheval de trot que celui ainsi baptisé ne fut, n'est, ou
ne sera dénommé Orviétan III.

Mais c'est, à notre avis, la preuve la plus claire qu'on
puisse souhaiter que, les noms propres et les noms
d'espèces faisant partie du même groupe, il n'existe
aucune différence fondamentale entre les deux types.

Ce langage fournit le nom commun rose, qui devient d'abord Rose,
prénom féminin, puis retourne au langage ordinaire par l'intermédiaire
de la langue sacrée, sous la forme : Princesse Margaret-Rose,
nommant une variété de rose dont (si la fleur a du succès) ce sera
vite le nom commun.

Plus précisément, la raison de la différence n'est pas dans leur nature linguistique, mais dans la manière dont chaque culture découpe le réel, et dans les limites variables qu'elle assigne, en fonction des problèmes qu'elle pose (et qui peuvent différer pour chaque société particulière au sein du groupe social), à l'entreprise de classification. C'est donc en vertu d'une détermination extrinsèque qu'un certain niveau de classification requiert des appellations qui peuvent être, selon les cas, des noms communs ou des noms propres. Mais nous ne rejoignons pas pour autant la thèse durkheimienne de l'origine sociale de la pensée logique. Bien qu'il existe indubitablement un rapport dialectique entre la structure sociale et le système des catégories, le second n'est pas un effet, ou un résultat du premier : ils traduisent l'un et l'autre, au prix de laborieux ajustements réciproques, certaines modalités historiques et locales des rapports entre l'homme et le monde, qui forment leur commun substrat.

Ces précisions étaient indispensables pour nous permettre de souligner, sans risque de malentendu, le caractère à la fois sociologique et relatif qui s'attache à la notion d'espèce comme à celle d'individu. Considérés sous l'angle biologique, des hommes relevant d'une même race (à supposer que ce terme ait un sens précis) sont comparables aux fleurs individuelles qui bourgeonnent, s'épanouissent et se fanent sur le même arbre : ce sont autant de spécimens d'une variété ou d'une sous-variété ; de même, tous les membres de l'espèce *Homo sapiens* sont logiquement comparables aux membres d'une espèce animale ou végétale quelconque. Pourtant, la vie sociale opère dans ce système une étrange transformation, car elle incite chaque individu biologique à développer une personnalité, notion qui n'évoque plus le spécimen au sein de la variété, mais plutôt un type de variété ou d'espèce qui n'existe probablement pas dans la nature (bien que le milieu tropical tende parfois à l'ébaucher) et qu'on pourrait appeler « mono-individuelle ». Ce qui disparaît, quand une personnalité meurt, consiste en une synthèse d'idées et de conduites, aussi exclusive et irremplaçable que celle opérée par une espèce florale, à partir de corps chimiques simples utilisés par toutes les espèces. La perte d'un proche ou celle d'un personnage public : homme politique, écrivain ou artiste, quand elle nous affecte, le fait donc de la même façon que nous ressentirions l'irréparable privation d'un parfum, si *Rosa centifolia* s'éteignait. De ce point de vue, il n'est pas faux de dire que certains modes de classement, arbitrairement isolés sous l'étiquette du totémisme, connaissent un emploi universel : chez nous, ce « totémisme » s'est seulement humanisé. Tout se passe comme si, dans notre civilisation, chaque individu avait sa propre personnalité pour totem : elle est le signifiant de son être signifié.

En tant qu'ils relèvent d'un ensemble paradigmatique[1], les noms propres forment donc la frange d'un système général de classification : ils en sont, à la fois, le prolongement et la limite. Quand ils entrent en scène, le rideau se lève sur le dernier acte de la représentation logique. Mais la longueur de la pièce et le nombre d'actes sont des faits de civilisation, non de langue. Le caractère plus ou moins « propre » des noms n'est pas déterminable de façon intrinsèque, ni par leur seule comparaison avec les autres mots du langage ; il dépend du moment auquel chaque société déclare achevée son œuvre de classification. Dire qu'un mot est perçu comme nom propre, c'est dire qu'il se situe à un niveau au-delà duquel aucune classification n'est requise, non pas absolument, mais au sein d'un système culturel déterminé. Le nom propre demeure toujours du côté de la classification.

Dans chaque système, par conséquent, les noms propres représentent des *quanta de signification,* au-dessous desquels on ne fait plus rien que montrer. Nous atteignons ainsi à la racine l'erreur parallèle commise par Peirce et par Russell, le premier en définissant le nom propre comme un « index », le second en croyant

1. Même Vercingétorix qui, pour Gardiner, est un parfait exemple de nom « incarné ». Sans faire d'hypothèse sur la place de Vercingétorix dans le système nominal des Gaulois, il est clair que, pour nous, il désigne ce guerrier des anciens temps jouissant d'un nom exclusif et à consonance curieuse, qui n'est pas Attila, ni Genséric, ni Jugurtha, ni Gengis Khan... Quant à Popocatepetl, autre exemple cher à Gardiner, tout collégien, même ignorant la géographie, sait que ce nom renvoie à une classe dont fait aussi partie Titicaca. On classe comme on peut, mais on classe.

découvrir le modèle logique du nom propre dans le pronom démonstratif. C'est admettre, en effet, que l'acte de nommer se situe dans un continu où s'accompli-rait insensiblement le passage de l'acte de signifier à celui de montrer. Au contraire, nous espérons avoir établi que ce passage est discontinu, bien que chaque culture en fixe autrement les seuils. Les sciences naturel-les situent leur seuil au niveau de l'espèce, de la variété, ou de la sous-variété, selon les cas. Ce seront donc des termes de généralité différente qu'elles percevront chaque fois comme noms propres. Mais le sage — et parfois le savant — indigène, qui pratique aussi ces modes de classification, les étend par la même opération mentale jusqu'aux membres individuels du groupe social, ou, plus exactement, jusqu'aux positions singuliè-res que des individus — dont chacun forme une sous-classe — peuvent occuper, simultanément ou en succes-sion. D'un point de vue formel, il n'y a donc pas de différence foncière entre le zoologiste ou le botaniste attribuant à une plante récemment découverte la position *Elephantopus spicatus* Aubl., qui lui était ménagée par le système (quand même elle n'y était pas inscrite à l'avance), et le prêtre omaha définissant les paradigmes sociaux d'un nouveau membre du groupe en lui confé-rant le nom disponible : *Sabot-usé-de-vieux-bison*. Ils savent ce qu'ils font dans les deux cas.

CHAPITRE VIII

LE TEMPS RETROUVÉ

Quand on prend une vue d'ensemble de démarches et de procédés dont nous avons surtout cherché jusqu'ici à dresser l'inventaire, on est d'abord frappé par le caractère systématique des relations qui les unissent. De plus, ce système se présente immédiatement sous un double aspect : celui de sa cohérence interne ; et celui de sa capacité d'extension, qui est pratiquement illimitée.

Comme l'ont montré nos exemples, dans tous les cas, un axe (qu'il est commode d'imaginer vertical) supporte la structure. Il unit le général au spécial, l'abstrait au concret ; mais, que ce soit dans un sens ou dans l'autre, l'intention classificatrice peut toujours aller jusqu'à son terme. Celui-ci se définit en fonction d'une axiomatique implicite pour qui tout classement procède par paires de contrastes : on s'arrête seulement de classer quand vient le moment où il n'est plus possible d'opposer. A proprement parler par conséquent, le système ignore les échecs. Son dynamisme interne s'amortit au fur et à mesure que la classification progresse le long de son axe, soit dans l'une ou dans l'autre direction. Et quand le système s'immobilise, ce n'est ni en raison d'un obstacle imprévu résultant des propriétés empiriques des êtres ou des choses, ni parce que son mécanisme serait grippé : c'est qu'il a achevé sa course, et pleinement rempli sa fonction.

Quand l'intention classificatrice remonte, si l'on peut dire, vers le haut : dans le sens de la plus grande généralité et de l'abstraction la plus poussée, aucune diversité ne l'empêchera d'appliquer un schème sous l'action duquel le réel subira une série d'épurations progressives, dont le terme sera fourni, en conformité avec l'intention de la démarche, sous l'aspect d'une simple opposition binaire (haut et bas, droite et gauche, paix et guerre, etc.), et au-delà duquel il est, pour des raisons intrinsèques, aussi bien inutile qu'impossible d'aller. La même opération pourra être répétée sur d'autres plans : que ce soit celui de l'organisation interne du groupe social, que les classifications dites totémiques permettent d'élargir aux dimensions d'une société inter-nationale, par application d'un même schème organisa-teur à des groupes toujours plus nombreux ; ou le plan spatio-temporel, grâce à une géographie mythique qui, comme le montre un mythe aranda déjà cité[1], permet d'organiser l'inépuisable variété d'un paysage par réduc-tions successives aboutissant de nouveau à une opposi-tion binaire (ici, entre directions et éléments, puisque le contraste est placé entre terre et eau).

Vers le bas, le système ne connaît pas non plus de limite externe, puisqu'il réussit à traiter la diversité qualitative des espèces naturelles comme la matière symbolique d'un ordre, et que sa marche vers le concret, le spécial et l'individuel n'est même pas arrêtée par l'obstacle des appellations personnelles : il n'est pas jusqu'aux noms propres qui ne puissent servir de termes à une classification.

Il s'agit donc d'un système total, que les ethnologues se sont vainement efforcés de mettre en lambeaux pour en confectionner des institutions distinctes, dont le totémisme reste la plus célèbre. Mais, par ce moyen, on aboutit seulement à des paradoxes qui confinent à l'absurdité : c'est ainsi que Elkin (*4*, pp. 153-154), dans un ouvrage de synthèse au demeurant admirable, prenant le totémisme pour point de départ de son analyse de la pensée et de l'organisation religieuses des indigènes australiens, mais vite confronté à sa richesse spéculative, esquive la difficulté en ouvrant une rubrique spéciale pour le « totémisme classificatoire ». Il fait ainsi de la classification une forme spéciale du totémisme, alors que, comme nous croyons l'avoir établi, c'est le toté-misme ou prétendu tel qui constitue, non pas même un

1. Cf. plus haut, pp. 203-206.

mode, mais un aspect ou un moment de la classification. Ignorant tout du totémisme (et sans doute grâce à cette ignorance, qui lui évitait d'être dupe d'un fantôme), Comte a compris, mieux que les ethnologues contemporains, l'économie et la portée d'un système classificatoire dont, à défaut des documents qui auraient confirmé sa thèse, il avait en gros apprécié l'importance dans l'histoire de la pensée :

> « Jamais, depuis cette époque, les conceptions humaines n'ont pu retrouver, à un degré aucunement comparable, ce grand caractère d'unité de méthode et d'homogénéité de doctrine qui constitue l'état pleinement normal de notre intelligence, et qu'elle avait alors spontanément acquis... » (Comte, 53e leçon, p. 58.)

Sans doute Comte assigne-t-il à une période de l'histoire — âges du fétichisme et du polythéisme — cette « pensée sauvage » qui n'est pas, pour nous, la pensée des sauvages, ni celle d'une humanité primitive ou archaïque, mais la pensée à l'état sauvage, distincte de la pensée cultivée ou domestiquée en vue d'obtenir un rendement. Celle-ci est apparue en certains points du globe et à certains moments de l'histoire, et il est naturel que Comte, privé d'informations ethnographiques (et du sens ethnographique que seuls la collecte et le maniement d'informations de ce type permettent d'acquérir), ait saisi la première sous sa forme rétrospective, comme un mode d'activité mentale antérieur à l'autre. Nous comprenons mieux aujourd'hui que les deux puissent coexister et se compénétrer, comme peuvent (au moins en droit) coexister et se croiser des espèces naturelles, les unes à l'état sauvage, les autres telles que l'agriculture ou la domestication les ont transformées, bien que — du fait même de leur développement et des conditions générales qu'il requiert — l'existence de celles-ci menace d'extinction celles-là. Mais, qu'on le déplore ou qu'on s'en réjouisse, on connaît encore des zones où la pensée sauvage, comme les espèces sauvages, se trouve relativement protégée : c'est le cas de l'art, auquel notre civilisation accorde le statut de parc national, avec tous les avantages et les inconvénients qui s'attachent à une formule aussi artificielle ; et c'est surtout le cas de tant de secteurs de la vie sociale non encore défrichés et où, par indifférence ou par impuissance, et sans que nous sachions pourquoi le plus souvent, la pensée sauvage continue de prospérer.

Les caractères exceptionnels de cette pensée que nous appelons sauvage et que Comte qualifie de spontanée tiennent surtout à l'ampleur des fins qu'elle s'assigne. Elle prétend être simultanément analytique et synthétique, aller jusqu'à son terme extrême dans l'une et l'autre direction, tout en restant capable d'exercer une médiation entre ces deux pôles. Comte a très bien noté l'orientation analytique :

> « Les superstitions mêmes qui nous paraissent aujourd'hui les plus absurdes... ont eu primitivement... un caractère philosophique vraiment progressif, comme entretenant habituellement une énergique stimulation à observer avec constance des phénomènes dont l'exploration ne pouvait, à cette époque, inspirer directement aucun intérêt soutenu » (*id.,* p. 70).

L'erreur de jugement qui paraît dans la dernière proposition explique pourquoi Comte s'est complètement mépris sur l'aspect synthétique : esclaves de « l'infinie variété des phénomènes » et comme le confirme, croit-il, leur « exploration judicieuse », les sauvages contemporains ignoreraient toute « nébuleuse symbolisation » (p. 63). Or, « l'exploration judicieuse des sauvages contemporains », telle que précisément l'ethnographie la pratique, infirme sur ces deux points le préjugé positiviste. Si la pensée sauvage se définit à la fois par une dévorante ambition symbolique, et telle que l'humanité n'en a plus jamais éprouvé de semblable, et par une attention scrupuleuse entièrement tournée vers le concret, enfin par la conviction implicite que ces deux attitudes n'en font qu'une, n'est-ce pas précisément qu'elle repose, aussi bien du point de vue théorique que du point de vue pratique, sur cet « intérêt soutenu » dont Comte lui dénie la capacité ? Mais quand l'homme observe, expérimente, classe et spécule, il n'est pas plus poussé par les superstitions arbitraires que par les caprices du hasard dont nous avons vu, au début de ce travail, qu'il était naïf de leur attribuer un rôle dans la découverte des arts de la civilisation [1].

1. Cf. pp. 26-27.

S'il fallait choisir entre les deux explications, on préférerait encore celle de Comte, mais à condition de la débarrasser d'abord du paralogisme sur lequel elle se fonde. Pour Comte, en effet, toute l'évolution intellectuelle procède de « l'inévitable ascendant primitif de la philosophie théologique », c'est-à-dire de l'impossibilité où l'homme s'est trouvé, au départ, d'interpréter les phénomènes naturels sans les assimiler « à ses propres actes, les seuls dont il puisse jamais croire comprendre le mode essentiel de production » (*id.*, 51ᵉ leçon ; IV, p. 347). Mais comment le pourrait-il si, par une démarche simultanée et inverse, il n'attribuait à ses propres actes une puissance et une efficacité comparables à celles des phénomènes naturels ? Cet homme, que l'homme extériorise, ne peut servir à modeler un dieu que si les forces de la nature lui sont déjà intériorisées. L'erreur de Comte, et de la plupart de ses successeurs, fut de croire que l'homme a pu, avec quelque vraisemblance, peupler la nature de volontés comparables à la sienne, sans prêter à ses désirs certains attributs de cette nature en laquelle il se reconnaissait ; car s'il avait débuté par le seul sentiment de son impuissance, celui-ci ne lui aurait jamais fourni un principe d'explication.

En vérité, la différence entre l'action pratique, douée de rendement, et l'action magique ou rituelle, dépourvue d'efficacité, n'est pas celle qu'on croit apercevoir quand on les définit respectivement par leur orientation objective ou subjective. Cela peut sembler vrai si l'on considère les choses du dehors, mais, du point de vue de l'agent, la relation s'inverse : il conçoit l'action pratique comme subjective dans son principe et centrifuge dans son orientation, puisqu'elle résulte de son immixtion dans le monde physique. Tandis que l'opération magique lui semble être une addition à l'ordre objectif de l'univers : pour celui qui l'accomplit, elle présente la même nécessité que l'enchaînement des causes naturelles où, sous forme de rites, l'agent croit seulement insérer des maillons supplémentaires. Il s'imagine donc qu'il l'observe du dehors, et comme si elle n'émanait pas de lui.

Cette rectification des perspectives traditionnelles permet d'éliminer le faux problème que soulève, pour certains, le recours « normal » à la fraude et à la supercherie au cours des opérations magiques. Car, si le système de la magie repose tout entier sur la croyance que l'homme peut intervenir dans le déterminisme naturel en le complétant ou en modifiant son cours, il n'importe guère qu'il le fasse un peu plus ou un peu moins : la fraude est consubstantielle à la magie et, à proprement parler, le sorcier ne « triche » jamais. Entre sa théorie et sa pratique, la différence n'est pas de nature, mais de degré.

En second lieu, la question si controversée des rapports de la magie et de la religion s'éclaircit. Car si, en un sens, on peut dire que la religion consiste en une *humanisation des lois naturelles* et la magie, en une *naturalisation des actions humaines* — traitement de certaines actions humaines *comme si* elles étaient une partie intégrante du déterminisme physique —, il ne s'agit pas là des termes d'une alternative ou des étapes d'une évolution. L'anthropomorphisme de la nature (en quoi consiste la religion) et le physiomorphisme de l'homme (par quoi nous définissons la magie) forment deux composantes toujours données, et dont le dosage seulement varie. Comme on l'a noté plus haut, chacune implique l'autre. Il n'y a pas plus de religion sans magie, que de magie qui ne contienne au moins un grain de religion. La notion d'une surnature n'existe que pour une humanité qui s'attribue à elle-même des pouvoirs surnaturels, et qui prête en retour, à la nature, les pouvoirs de sa superhumanité.

Pour comprendre la pénétration dont font preuve les prétendus primitifs, quand ils observent et interprètent les phénomènes naturels, il n'est donc pas besoin d'invoquer l'exercice de facultés disparues ou l'usage d'une sensibilité surnuméraire. L'Indien américain qui déchiffre une piste au moyen d'imperceptibles indices, l'Australien qui identifie sans hésiter les empreintes de pas laissées par un membre quelconque de son groupe (Meggitt), ne procèdent pas autrement que nous faisons nous-mêmes, quand nous conduisons une automobile et jugeons d'un seul coup d'œil, sur une légère orientation des roues, une fluctuation du régime du moteur, ou même, sur l'intention supposée d'un regard, du moment de dépasser ou d'éviter une voiture. Pour incongrue qu'elle puisse paraître, cette comparaison est riche d'enseignements ; car ce qui aiguise nos facultés, stimule notre perception, donne l'assurance à nos jugements, c'est, d'une part, que les moyens dont nous disposons et les risques que nous courons sont incomparablement accrus par la puissance mécanique du moteur, d'autre part que la tension, qui résulte du sentiment de cette force incorporée, s'exerce dans une série de dialogues avec d'autres conducteurs dont les intentions, semblables à la nôtre, se traduisent en signes que nous nous acharnons à déchiffrer parce que, précisément, ce sont des signes, qui sollicitent l'intellection.

Transposée sur le plan de la civilisation mécanique, nous retrouvons donc cette réciprocité de perspectives où l'homme et le monde se font miroir l'un à l'autre, et qui nous a paru pouvoir seule rendre compte des propriétés et des capacités de la pensée sauvage. Un observateur exotique jugerait sans doute que la circulation automobile dans le centre d'une grande ville ou sur une autoroute surpasse les facultés humaines ; et elle les surpasse en effet, pour autant qu'elle ne met exactement face à face ni des hommes ni des lois naturelles, mais des systèmes de forces naturelles humanisées par l'intention des conducteurs, et des hommes transformés en forces naturelles par l'énergie physique dont ils se font les médiateurs. Il ne s'agit plus de l'opération d'un agent sur un objet inerte, ni de l'action en retour d'un objet, promu au rôle d'agent, sur un sujet qui se serait dépossédé en sa faveur sans rien lui demander en retour, c'est-à-dire de situations comportant, d'un côté ou de l'autre, une certaine dose de passivité : les êtres en présence s'affrontent à la fois comme des sujets et comme des objets ; et, dans le code qu'ils utilisent, une simple variation de la distance qui les sépare a la force d'une muette adjuration.

*
*　*

Dès lors, on comprend qu'une observation attentive et méticuleuse, tout entière tournée vers le concret, trouve, dans le symbolisme, à la fois son principe et son aboutissement. La pensée sauvage ne distingue pas le moment de l'observation et celui de l'interprétation, pas plus qu'on n'enregistre d'abord, en les observant, les signes émis par un interlocuteur pour chercher ensuite à les comprendre : il parle, et l'émission sensible apporte avec elle sa signification. C'est que le langage articulé se décompose en éléments dont chacun n'est pas un signe, mais le moyen d'un signe : unité distinctive qui ne saurait être remplacée par une autre sans que change la signification, et qui peut être elle-même dépourvue des attributs de cette signification, qu'elle exprime en se joignant ou en s'opposant à d'autres unités.

Cette conception des systèmes classificatoires comme systèmes de signification ressortira encore mieux si on nous permet d'évoquer rapidement deux problèmes traditionnels : celui du rapport entre le prétendu totémisme et le sacrifice ; et celui que posent les ressemblances offertes, dans le monde entier, par les mythes qui servent à expliquer l'origine des appellations claniques.

Que l'histoire des religions ait pu voir dans le totémisme l'origine du sacrifice reste, après tant d'années, un sujet d'étonnement. Quand même on conviendrait, pour les besoins de la cause, de prêter au totémisme un semblant de réalité, les deux institutions n'en apparaîtraient que plus contrastées, et incompatibles, comme Mauss, non sans hésitation ni repentir, a souvent été conduit à l'affirmer.

Nous ne prétendons pas que des sociétés segmentaires, dont les clans portent des noms animaux ou végétaux, n'ont pu pratiquer certaines formes de sacrifice : il suffit d'évoquer le sacrifice du chien chez les Iroquois pour se convaincre du contraire. Mais, chez les Iroquois, le chien ne sert d'éponyme à aucun clan, et le système sacrificiel est donc indépendant de celui des affinités claniques. Surtout, il existe une autre raison qui rend les deux systèmes mutuellement exclusifs : si l'on admet que, dans les deux cas, une affinité est implicitement reconnue entre un homme ou un groupe d'hommes d'une part, un animal ou un végétal d'autre part (soit à titre d'éponyme d'un groupe d'hommes, soit à titre de chose sacrifiée tenant lieu d'homme, ou servant de médium au sacrificateur humain), il est clair que, dans le cas du totémisme, aucune autre espèce ou phénomène naturel n'est substituable à l'éponyme : on ne peut jamais prendre une bête pour une autre. Si je suis membre du clan de l'ours, je ne puis pas appartenir à celui de l'aigle, puisque, comme nous l'avons vu, la seule réalité du système consiste dans un réseau d'écarts différentiels entre des termes posés comme discontinus. Dans le cas du sacrifice, c'est l'inverse : bien que des choses distinctes soient souvent destinées, de façon préférentielle, à certaines divinités ou à certains types de sacrifice, le principe fondamental est celui de la substitution : à défaut de la chose prescrite, n'importe quelle autre peut la remplacer, pourvu que persiste l'intention qui seule importe, et bien que le zèle lui-même puisse varier. Le sacrifice se situe donc dans le règne de la continuité :

> « Quand un concombre tient lieu de victime sacrifiée, les Nuer en parlent comme si c'était un bœuf, et, en s'exprimant de la sorte, ils vont un peu au-delà de la simple affirmation que le concombre remplace le bœuf. Bien sûr, ils ne prétendent pas que les concombres sont des bœufs, et quand ils se réfèrent comme à un bœuf à tel concombre particulier en situation d'être sacrifié, ils disent seulement qu'il est assimilable à un bœuf dans ce contexte particulier ; et ils agissent en conséquence, accomplissant chaque rite du sacrifice, autant qu'il est possible, exactement comme ils font quand la victime est un bœuf. La ressemblance est conceptuelle, non perceptuelle ; le ''est'' se fonde sur une analogie qualitative qui n'implique pas l'expression d'une symétrie : en concombre est un bœuf, mais un bœuf n'est pas un concombre. » (Evans-Pritchard 2, p. 128.)

Entre le système du totémisme et celui du sacrifice, il y a donc deux différences fondamentales : le premier est un système quantifié, tandis que le second admet un passage continu entre ses termes : en tant que victime sacrificielle, un concombre vaut un œuf, un œuf un poussin, un poussin une poule, une poule une chèvre, une chèvre un bœuf ; d'autre part, cette gradation est orientée : faute de bœuf on sacrifie un concombre, mais l'inverse serait une absurdité. Au contraire, pour le totémisme ou prétendu tel, les relations sont toujours réversibles : dans un système d'appellations claniques où ils figureraient l'un et l'autre, le bœuf serait vraiment équivalent au concombre, en ce sens qu'il est possible de les confondre et qu'ils sont pareillement propres à manifester l'écart différentiel entre les deux groupes qu'ils connotent respectivement. Mais ils ne peuvent remplir ce rôle que dans la mesure où (à l'opposé du sacrifice) le totémisme les proclame distincts, donc non substituables entre eux.

Si l'on veut, maintenant, approfondir la raison de ces différences, on la trouvera dans les rôles respectivement dévolus par chaque système aux espèces naturelles. Le totémisme repose sur une homologie postulée entre deux séries parallèles — celle des espèces naturelles et celle des groupes sociaux — dont, ne l'oublions pas, les termes respectifs ne se ressemblent pas deux à deux ; seule la relation globale entre les séries est homomorphique : corrélation formelle entre deux systèmes de différences, dont chacun constitue un pôle d'opposition. Dans le sacrifice, la série (continue et non plus discontinue, orientée et non plus réversible) des espèces naturelles joue le rôle d'intermédiaire entre deux termes polaires, dont l'un est le sacrificateur et l'autre la divinité, et entre lesquels, au départ, il n'existe pas d'homologie, ni même de rapport d'aucune sorte : le but du sacrifice étant précisément d'instaurer un rapport, qui n'est pas de ressemblance, mais de contiguïté, au moyen d'une série d'identifications successives qui peuvent se faire dans les deux sens, selon que le sacrifice est piaculaire ou qu'il représente un rite de communion : soit donc, du sacrifiant au sacrificateur, du sacrificateur à la victime, de la victime sacralisée à la divinité ; soit dans l'ordre inverse.

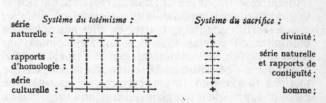

Ce n'est pas tout. Une fois le rapport entre l'homme et la divinité assuré par sacralisation de la victime, le sacrifice le rompt par la destruction de cette même victime. Une solution de continuité apparaît ainsi du fait de l'homme ; et comme celui-ci avait préalablement

établi une communication entre le réservoir humain et
le réservoir divin, ce dernier devra automatiquement
remplir le vide, en libérant le bienfait escompté. Le
schème du sacrifice consiste en une opération irréversible
(la destruction de la victime) afin de déclencher, sur un
autre plan, une opération également irréversible (l'octroi
de la grâce divine), dont la nécessité résulte de la mise
en communication préalable de deux « récipients » qui
ne sont pas au même niveau.

On voit que le sacrifice est une opération *absolue* ou
extrême, qui porte sur un objet *intermédiaire*. De ce
point de vue, il ressemble, tout en s'y opposant, aux
rites dits « sacrilèges » tels que l'inceste, la bestialité,
etc., qui sont des opérations *intermédiaires* portant sur
des objets *extrêmes* ; nous l'avons démontré dans un
précédent chapitre à propos d'un sacrilège mineur : la
comparution d'une femme indisposée pendant que se
déroulent les rites de la chasse aux aigles, chez les
indiens Hidatsa[1]. Le sacrifice cherche à établir une
connexion souhaitée entre deux domaines initialement
séparés : comme le langage le dit fort bien, son but est
d'obtenir qu'une divinité lointaine *comble* les vœux
humains. Il croit y parvenir en reliant d'abord les deux
domaines par le moyen d'une victime sacralisée (objet
ambigu qui tient en effet de l'un et de l'autre), puis en
abolissant ce terme connectant : le sacrifice crée ainsi
un déficit de contiguïté, et il induit (ou croit induire),
par l'intentionnalité de la prière, le surgissement d'une
continuité compensatrice sur le plan où la carence
initiale, ressentie par le sacrificateur, traçait par anticipation, et comme en pointillé, la voie à suivre à la divinité.

Il ne suffit donc pas que, dans les rites australiens de
multiplication connus sous le nom d'intichiuma, on
observe parfois une consommation de l'espèce totémique, pour qu'on puisse en faire une forme primitive de
sacrifice ou même une forme aberrante : la ressemblance
est aussi superficielle que celle qui conduirait à identifier
baleine et poisson. D'ailleurs, ces rites de multiplication
ne sont pas régulièrement liés aux classifications dites
totémiques ; même en Australie, ils ne les accompagnent
pas toujours, et, par le monde, on connaît de nombreux

1. Cf. plus haut, p. 68.sq.

exemples de rites de multiplication sans « totémisme »,
et de « totémisme » sans rites de multiplication.

Surtout, la structure des rites de type intichiuma, et
les notions implicites sur quoi ils reposent, sont très
éloignées de celles que nous avons décelées dans le
sacrifice. Dans les sociétés à intichiuma, la production
(magique) et la consommation (réelle) des espèces naturelles sont normalement disjointes, par l'effet d'une
identité postulée entre chaque groupe d'hommes et une
espèce totémique, et d'une distinction promulguée ou
constatée, d'une part, entre les groupes sociaux, d'autre
part entre les espèces naturelles. Le rôle de l'intichiuma
est donc, périodiquement et pour un bref instant, de
rétablir la contiguïté entre production et consommation :
comme s'il fallait que, de temps à autre, les groupes
humains et les espèces naturelles se comptent deux à
deux et par paires d'alliés, avant que chacun aille
prendre dans le jeu la place qui lui revient : les espèces,
pour nourrir ces hommes qui ne les « produisent »
pas, les hommes pour « produire » ces espèces qu'ils
s'interdisent de consommer. Dans l'intichiuma par conséquent, les hommes avèrent momentanément leur identité substantielle avec leurs espèces totémiques respectives, par la double règle que chaque groupe produit ce
qu'il consomme et consomme ce qu'il produit, et que
ces choses sont pareilles pour chacun et différentes pour
tous ; grâce à quoi le jeu normal de réciprocité ne
risquera plus de créer des confusions entre les définitions
fondamentales qui doivent être périodiquement répétées.
Si l'on désigne la série naturelle par des majuscules et
la série sociale par des minuscules,

$$A \quad B \quad C \quad D \quad E \quad \ldots\ldots\ldots N$$
$$a \quad b \quad c \quad d \quad e \quad \ldots\ldots\ldots n$$

l'intichiuma rappelle l'affinité entre A et a, B et b, C
et c, N et n, attestant que si, dans le cours normal de
l'existence, le groupe b s'incorpore par consommation
alimentaire les espèces A, C, D, E... N, le groupe a les
espèces B, C, D, E... N, et ainsi de suite, il s'agit d'un
échange entre groupes sociaux et d'un arbitrage entre
ressemblance et contiguïté, non du remplacement d'une
ressemblance par une autre ressemblance, ou d'une

contiguïté par une autre contiguïté [1]. Le sacrifice recourt
à la comparaison comme moyen d'effacer les différences, et afin d'établir la contiguïté ; les repas dits
totémiques instaurent la contiguïté, mais seulement en
vue de permettre une comparaison, dont le résultat
escompté est de confirmer les différences.

Les deux systèmes s'opposent donc par leur orientation, métonymique dans un cas, métaphorique dans
l'autre. Mais cette antisymétrie les laisse encore sur le
même plan, alors qu'en fait ils se situent, d'un point de
vue épistémologique, à des niveaux différents.

Les classifications totémiques ont un double fondement objectif : les espèces naturelles existent vraiment,
et elles existent bien sous forme de série discontinue ;
de leur côté, les segments sociaux existent aussi. Le
totétisme ou prétendu tel se borne à concevoir une
homologie de structure entre les deux séries, hypothèse
parfaitement légitime puisque les segments sociaux sont
institués, et qu'il est au pouvoir de chaque société de
rendre l'hypothèse plausible en y conformant ses règles
et ses représentations. Au contraire, le système du
sacrifice fait intervenir un terme non existant : la
divinité ; et il adopte une conception objectivement
fausse de la série naturelle, puisque nous avons vu qu'il
se la représente comme continue. Pour exprimer le
décalage entre le totémisme et le sacrifice, il ne suffit
donc pas de dire que le premier est un système de
références, le second un système d'opérations ; que l'un
élabore un schème d'interprétation tandis que l'autre
propose (ou croit proposer) une technique pour obtenir

1. Les Indiens du Canada oriental ne mangent pas de viande de
cerf pendant qu'ils chassent le cerf, ni de truites pendant la saison de
la pêche. (Jenness *I*, p. 60.) Ils consomment donc seulement quand
ils ne tuent pas, et ils tuent seulement quand ils ne consomment pas.
La réciprocité entre l'homme et l'espèce animale est du même type
que celle qui, dans certaines tribus australiennes, s'établit entre deux
groupes d'hommes *à l'occasion* d'une espèce naturelle. D'autre part,
il s'agit au Canada d'une réciprocité diachronique, et non pas
synchronique comme en Australie. La même différence apparaît aussi
chez les Pueblo du groupe keresan : « Chaque année le [chef de la
brousse] choisissait quelques espèces sauvages, tant animales que
végétales, sur lesquelles il se concentrait pour provoquer leur abondance ; la liste des espèces choisies était modifiée d'une année sur
l'autre. » (L.A. White, p. 306.) C'est donc bien un intichiuma, mais
placé sur l'axe des successivités au lieu de l'axe des simultanéités.

certains résultats : l'un est vrai, l'autre faux. Plus exactement, les systèmes classificatoires se situent au niveau de la langue : ce sont des codes plus ou moins bien faits, mais toujours en vue d'exprimer des sens, tandis que le système du sacrifice représente un discours particulier, et dénué de bons sens quoiqu'il soit fréquemment proféré.

*

*   *

Dans un autre travail, nous avons brièvement évoqué les mythes d'origine des institutions dites totémiques, et nous avons montré que, même dans des régions éloignées et malgré des affabulations différentes, ces mythes apportent un même enseignement, à savoir : 1) que ces institutions reposent sur une correspondance globale entre deux séries, non sur des correspondances particulières entre leurs termes ; 2) que cette correspondance est métaphorique, non métonymique ; 3) enfin, qu'elle ne devient manifeste qu'après que chaque série a été préalablement appauvrie par suppression d'éléments, de façon que leur discontinuité interne ressorte nettement. (Lévi-Strauss 6, pp. 27-28 et 36-37.)

Par sa précision et par sa richesse (d'autant plus frappantes que les mythes analysés nous sont seulement connus dans des versions abrégées ou mutilées [1]), cette leçon contraste singulièrement avec l'insignifiance des mythes qui rendent compte des appellations propres à chaque clan. Ils se ressemblent tous à travers le monde, mais surtout par leur pauvreté. L'Australie possède certainement des mythes complexes qui se prêtent à une analyse sémantique inspirée de celle que nous avons appliquée à des mythes d'autres régions. (Stanner 2.) Pourtant, les spécialistes de ce continent sont accoutumés à recueillir des mythes où l'attribution à un groupe totémique d'un ancêtre mi-humain, mi-animal résulte d'un simple constat : le mythe prend acte que l'ancêtre est apparu à tel endroit, qu'il a parcouru tel trajet, accompli ici et là certaines actions qui le désignent

1. Firth (2) vient de publier des versions plus complètes du mythe de Tikopia.

comme l'auteur d'accidents du terrain qu'on peut encore observer, enfin qu'il s'est arrêté ou a disparu en un lieu déterminé. A proprement parler, par conséquent, le mythe se ramène à la description d'un itinéraire, et il n'ajoute rien ou presque aux faits remarquables qu'il prétend fonder : qu'un trajet, que les points d'eau, les bosquets ou les rochers qui le jalonnent offrent pour un groupe humain une valeur sacrée, et que ce groupe proclame son affinité avec telle ou telle espèce naturelle : chenille, autruche ou kangourou.

Sans doute, et comme T.G.H. Strehlow l'a souligné, l'emploi exclusif du *pidgin* a longtemps obligé les enquêteurs à se contenter de versions aussi sommaires que ridicules. Mais, outre que l'on dispose aujourd'hui de nombreux textes avec traduction juxtalinéaire, et d'adaptations qui sont l'œuvre de spécialistes compétents, d'autres régions du monde, où les obstacles linguistiques furent plus vite surmontés, fournissent des mythes qui sont exactement du même type. Limitons-nous ici à trois exemples, tous américains, dont les deux premiers proviennent respectivement du nord et du sud des États-Unis, et le troisième du Brésil central.

Pour expliquer leurs appellations claniques, les Menomini disent que l'ours, quand il fut doté de la forme humaine, s'établit avec sa femme non loin de l'embouchure de la rivière Menomini, où ils pêchaient les esturgeons qui constituaient leur seule nourriture (les clans de l'ours et de l'esturgeon appartiennent à la même phratrie). Un jour, trois oiseaux-tonnerre se posèrent sur un banc rocheux qu'on remarque dans le lac Winnebago, au lieu dit Fond-du-Lac. Après s'être changés en hommes, ils rendirent visite aux ours, et tombèrent d'accord avec eux pour convoquer plusieurs animaux dont le mythe précise le lieu de naissance ou de résidence. Tous se mirent en chemin. Parvenu à Green Bay, sur le lac Michigan, le loup, qui ne savait pas nager, dut à une vague complaisante d'être transporté sur l'autre rive. En témoignage de gratitude, il adopta la vague comme un des totems de son clan. Un incident analogue qu'on situe près de Mackinaw, aussi sur le lac Michigan, eut pour résultat l'association de l'ours noir et de l'aigle chauve. C'est également en raison de rencontres fortuites et de services rendus, que s'établirent des relations entre les autres clans : élan, grue, chien, cerf, castor, etc. (Hoffman, Skinner *1*.)

Si le clan hopi de la moutarde sauvage porte ce nom en même temps que ceux du chêne, du coq sauvage et du guerrier, c'est qu'au cours d'une migration légendaire on tenta d'arrêter les pleurs d'un enfant en lui offrant des feuilles de moutarde et une branche de chêne, cueillies et coupée en chemin ; après quoi on rencontra le coq, puis le guerrier. Le clan du blaireau et du papillon est ainsi nommé parce que ses ancêtres emmenèrent avec eux un homme-blaireau dont ils avaient fait la connaissance, peu avant de capturer un papillon pour distraire un enfant ; mais l'enfant était malade, et ce fut Blaireau qui le guérit avec des simples. Les ancêtres du clan du lapin et du tabac trouvèrent la plante et rencontrèrent l'animal ; ceux du clan Patki prirent, en s'inspirant d'incidents de route, les noms du lac, du nuage, de la pluie, de la neige et du brouillard. Quelque part entre le site actuel de Phoenix (Arizona) et le Petit-Colorado, les ancêtres du clan de l'ours découvrirent une carcasse d'ours, d'où leur nom ; mais une autre bande trouva le cuir, dont des petits rongeurs avaient arraché le poil pour tapisser leur terrier. De ce cuir, on fit des courroies, et depuis lors, le clan de la courroie et le clan de l'ours sont associés ; une troisième bande prit le nom des rongeurs, et s'allia aux clans précédents. (Voth *4*, Parsons.)

Passons maintenant à l'Amérique du Sud. Les Bororo racontent que, si le soleil et la lune appartiennent au clan Badegeba de la moitié Cera, c'est en raison d'une dispute entre un père et un fils qui voulaient s'approprier les noms de ces corps célestes. Une transaction intervint, réservant au père les noms de Soleil et de Chemin-du-soleil. Le tabac appartient au clan Paiwe, parce qu'un Indien de ce clan en découvrit fortuitement les feuilles dans le ventre d'un poisson qu'il vidait avant de le cuire. Le chef du clan Badegeba « noir » possédait jadis certains oiseaux noirs *(Phimosus infuscatus)* et rouges *(ibis rubra),* mais son collègue Badegeba « rouge » les lui vola et il fallut consentir à un partage selon la couleur. (Colbacchini.)

Tous ces mythes d'origine des appellations claniques se ressemblent tellement qu'il est inutile de citer des exemples provenant d'autres régions du monde, comme l'Afrique où ils abondent aussi. Quels sont donc leurs caractères communs ? D'abord, une concision qui ne laisse aucune place à des dimensions apparentes, souvent riches d'un sens caché. Un récit réduit aux contours essentiels ne tient, pour l'analyste, aucune surprise en réserve. En second lieu, ces mythes sont faussement étiologiques (à supposer qu'un mythe puisse l'être vraiment), pour autant que le genre d'explication qu'ils apportent se réduit à un exposé à peine modifié de la situation initiale ; de ce point de vue, ils offrent un caractère redondant. Plutôt qu'étiologique, leur rôle semble être démarcatif : ils n'expliquent pas vraiment une origine, et ils ne désignent pas une cause ; mais ils invoquent une origine ou une cause (en elles-mêmes *insignifiantes*) pour monter en épingle quelque détail ou pour « marquer » une espèce. Ce détail, cette espèce, acquièrent une valeur différentielle, non pas en fonction de l'origine particulière qui leur est attribuée, mais du simple fait qu'ils sont dotés d'une origine, alors que d'autres détails ou espèces n'en ont pas. L'histoire s'introduit subrepticement dans la structure, sous une forme modeste et presque négative : elle ne rend pas raison du présent, mais elle opère un tri entre les éléments du présent, octroyant, à certains d'entre eux seulement, le privilège d'avoir un passé. Par conséquent, la pauvreté des mythes totémiques vient de ce que chacun a exclusivement pour fonction de fonder une différence comme différence : ils sont les unités constitutives d'un système. La question de la signification ne se pose pas au niveau de chaque mythe pris isolément, mais au niveau du système dont ils forment les éléments.

Or, nous retrouvons ici un paradoxe déjà discuté dans un autre chapitre [1] : les systèmes qui nous occupent sont, en tant que systèmes, malaisément « mythologisables », parce que leur être synchronique virtuel est engagé dans un conflit incessant avec la diachronie : par hypothèse, les éléments du système sont en deçà du mythe, mais, par destination, l'ensemble est toujours au-delà ; on dirait que le mythe court après pour le rejoindre. Il n'y parvient qu'exceptionnellement, parce

---

1. Cf plus haut, pp. 86-92.

que le système est constamment aspiré par l'histoire ; et quand on croit qu'il a réussi, un nouveau doute se fait jour : les représentations mythiques correspondent-elles à une structure actuelle qui modèle la pratique sociale et religieuse, ou traduisent-elles seulement l'image figée au moyen de laquelle des philosophes indigènes se donnent l'illusion de fixer une réalité qui les fuit ? Aussi importantes que soient les découvertes de Marcel Griaule en Afrique, on se demande souvent si elles relèvent plutôt de l'une ou de l'autre interprétation.

Les plus anciennes théories sur le totémisme sont comme infectées par ce paradoxe, qu'elles n'ont pas su clairement formuler. Si McLennan, et à sa suite Robertson Smith et Frazer (IV, pp. 73-76, 264-265), ont soutenu avec une telle conviction que le totémisme était antérieur à l'exogamie (proposition dépourvue de sens à nos yeux), c'est que celui-ci leur apparaissait simplement dénotatif, alors qu'ils soupçonnaient le caractère systématique de la seconde : or, le système ne peut s'établir qu'entre des éléments déjà dénotés. Mais, pour apercevoir aussi le totémisme comme système, il aurait fallu le situer dans le contexte linguistique, taxinomique, mythique et rituel, dont ces auteurs avaient commencé par l'isoler, occupés qu'ils étaient à tracer les contours d'une institution arbitraire.

En fait, et comme nous l'avons montré, les choses ne sont pas si simples. L'ambiguïté du totémisme est réelle, si l'institution imaginée dans l'espoir de la lever ne l'est pas. En effet, selon le point de vue qu'on adopte, le prétendu totémisme offre ou exclut les caractères d'un système : c'est une grammaire vouée à se détériorer en lexique. A la différence des autres systèmes de classification qui sont surtout *conçus* (tels les mythes) ou *agis* (tels les rites), le totémisme est presque toujours *vécu*, c'est-à-dire qu'il adhère à des groupes concrets et à des individus concrets, parce qu'il est un *système héréditaire de classification* [1].

Dès lors, on comprend qu'un conflit permanent apparaisse entre le caractère structural de la classification

---

1. Sans doute, certaines formes de totémisme ne sont pas, à proprement parler, héréditaires ; mais même dans ce cas, le système est supporté par des hommes concrets.

et le caractère statistique de son support démographique. Comme un palais charrié par un fleuve, la classification tend à se démanteler, et ses parties s'agencent entre elles autrement que ne l'eût voulu l'architecte, sous l'effet des courants et des eaux mortes, des obstacles et des détroits. Dans le totémisme par conséquent, la fonction l'emporte inévitablement sur la structure ; le problème qu'il n'a cessé de poser aux théoriciens est celui du rapport entre la structure et l'événement. Et la grande leçon du totémisme, c'est que la forme de la structure peut parfois survivre, quand la structure elle-même succombe à l'événement.

Il y a donc une sorte d'antipathie foncière entre l'histoire et les systèmes de classification. Cela explique peut-être ce qu'on serait tenté d'appeler le « vide totémique », puisque, même à l'état de vestiges, tout ce qui pourrait évoquer le totémisme semble remarquablement absent de l'aire des grandes civilisations d'Europe et d'Asie. La raison n'est-elle pas que celles-ci ont choisi de s'expliquer à elles-mêmes par l'histoire, et que cette entreprise est incompatible avec celle qui classe les choses et les êtres (naturels et sociaux) au moyen de groupes finis ? Les classifications totémiques répartissent sans doute leurs groupes entre une série originelle et une série issue : la première comprend les espèces zoologiques et botaniques sous leur aspect surnaturel, la seconde les groupes humains sous leur aspect culturel, et l'on affirme que la première existait avant la seconde, l'ayant en quelque façon engendrée. Néanmoins, la série originelle continue de vivre dans la diachronie à travers les espèces animales et végétales, parallèlement à la série humaine. Les deux séries existent dans le temps, mais elles y jouissent d'un régime atemporel, puisque, réelles l'une et l'autre, elles y voguent de conserve, demeurant telles qu'elles étaient à l'instant de leur séparation. La série originelle est toujours là, prête à servir de système de référence pour interpréter ou rectifier les changements qui se produisent dans la série issue. Théoriquement sinon pratiquement, l'histoire est ubordonnée au système.

Mais, quand une société prend le parti de l'histoire, la classification en groupes finis devient impossible, parce que la série issue, au lieu de reproduire une série originelle, se confond avec elle pour former une série unique dont chaque terme est issu par rapport à celui qui le précède, et originel par rapport à celui qui le suit. Au lieu d'une homologie donnée une fois pour toutes entre deux séries, chacune pour son compte finie et discontinue, on postule une évolution continue au sein d'une seule série, qui accueille des termes en nombre illimité.

Certaines mythologies polynésiennes se situent à ce point critique où la diachronie l'emporte irrévocablement sur la synchronie, rendant impossible l'interprétation de l'ordre humain comme une projection fixe de l'ordre naturel, puisque celui-ci engendre l'autre, qui le prolonge au lieu de le refléter :

> « Feu et Eau s'unirent, et de leur mariage naquirent la terre, les rochers, les arbres, et tout le reste. La seiche lutta avec le feu et fut battue. Le feu lutta avec les rochers, qui vainquirent. Les grosses pierres combattirent les petites ; celles-ci furent victorieuses. Les petites pierres luttèrent avec l'herbe, et l'herbe remporta la victoire. L'herbe lutta avec les arbres, elle fut battue et les arbres gagnèrent. Les arbres luttèrent avec les lianes, ils furent battus et les lianes furent victorieuses. Les lianes pourrirent, les vers s'y multiplièrent, et de vers, ils se transformèrent en hommes. » (G. Turner, pp. 6-7.)

Cet évolutionnisme exclut toute synthèse de type totémique, car les choses et les êtres naturels n'offrent pas le modèle statique d'une diversité également statique entre groupes humains : ils s'ordonnent comme genèse d'une humanité dont ils préparent l'avènement. Mais cette incompatibilité pose à son tour un problème : si elle existe, comment les systèmes classificatoires parviennent-ils soit à éliminer l'histoire, soit, quand c'est impossible, à l'intégrer ?

Nous avons suggéré ailleurs que la maladroite distinction entre les « peuples sans histoire » et les autres pourrait être avantageusement remplacée par une distinction entre ce que nous appelions, pour les besoins de la cause, les sociétés « froides » et les sociétés « chaudes » : les unes cherchant, grâce aux institutions qu'elles se donnent, à annuler de façon quasi automatique l'effet que les facteurs historiques pourraient avoir sur leur équilibre et leur continuité ; les autres intériorisant résolument le devenir historique pour en faire le moteur de leur développement. (Charbonnier, pp. 35-47 ; Lévi-Strauss *4*, pp. 41-43.) Encore faut-il distinguer plusieurs types d'enchaînements historiques. Tout en étant dans la durée, certains offrent un caractère récurrent : ainsi le cycle annuel des saisons, celui de la vie individuelle ou celui des échanges de biens et de services au sein du groupe social. Ces enchaînements ne posent pas de problème, parce qu'ils se répètent périodiquement dans la durée sans que leur structure soit nécessairement altérée ; le but des sociétés « froides » est de faire en sorte que l'ordre de succession temporelle influe aussi peu que possible sur le contenu de chacun. Sans doute n'y parviennent-elles qu'imparfaitement ; mais c'est la norme qu'elles se fixent. Outre que les procédés qu'elles mettent en œuvre sont plus efficaces que ne veulent l'admettre certains ethnologues contemporains (Vogt), la vraie question n'est pas de savoir quels résultats réels elles obtiennent, mais quelle intention durable les guide, car l'image qu'elles se font d'elles-mêmes est une partie essentielle de leur réalité.

A cet égard, il est aussi fastidieux qu'inutile d'entasser les arguments pour prouver que toute société est dans l'histoire et qu'elle change : c'est l'évidence même. Mais, en s'acharnant sur une démonstration superflue, on risque de méconnaître que les sociétés humaines réagissent de façons très différentes à cette commune condition : certaines l'acceptent de bon ou de mauvais gré et, par la conscience qu'elles en prennent, amplifient ses conséquences (pour elles-mêmes et pour les autres sociétés) dans d'énormes proportions ; d'autres (que pour cette raison nous appelons primitives) veulent l'ignorer et tentent, avec une adresse que nous mésestimons, de rendre aussi permanents que possible des états, qu'elles considèrent « premiers », de leur développement.

Pour qu'elles y parviennent, il ne suffit pas que leurs institutions exercent une action régulatrice sur les enchaînements récurrents, en limitant l'incidence des facteurs démographiques, en amortissant les antagonismes qui se manifestent au sein du groupe ou entre groupes, enfin, en perpétuant le cadre où se déroulent les activités individuelles et collectives [1] ; il faut aussi que ces chaînes d'événements non récurrents, et dont les effets s'accumulent pour produire des bouleversements économiques et sociaux, soient rompues aussitôt qu'elles se forment, ou que la société dispose d'un procédé efficace pour prévenir leur formation. On connaît ce procédé, qui consiste, non pas à nier le devenir historique, mais à l'admettre comme une forme sans contenu : il y a bien un avant et un après, mais leur seule signification est de se refléter l'un l'autre. C'est ainsi que toutes les activités des Aranda septentrionaux reproduisent celles que leurs ancêtres totémiques sont toujours censés pratiquer :

> « L'ancêtre *gurra* chasse, tue et mange des péramèles ("bandicoot") et ses fils continuent de s'adonner à la même quête. Les hommes-larves "witchetty" de Lukara passent chaque jour de leur vie à extraire des larves des racines des acacias. [...] L'ancêtre *ragia* (prunier sauvage) se nourrit de ces baies qu'il ne cesse d'amasser dans un grand récipient de bois. L'ancêtre écrevisse continue toujours d'élever barrage après barrage en travers des flots dont il suit la course ; et il ne cessera jamais de harponner les poissons... [mais, réciproquement]... si on traite les mythes des Aranda septentrionaux comme un tout, on y trouvera le compte rendu détaillé de toutes les formes d'activité auxquelles se livrent encore les indigènes de l'Australie centrale. A travers ses mythes,

1. Au début d'une récente étude, G. Balandier annonce avec fracas qu'il est grand temps, pour la science sociale, de « saisir la société dans sa vie même et dans son devenir ». Après quoi il décrit, de façon d'ailleurs très pertinente, des institutions dont le but est, selon ses propres termes, de « regrouper » des lignages menacés par la dispersion ; de « corriger » leur émiettement ; de « rappeler » leur solidarité, d'« établir » une communication entre les ancêtres, d'« empêcher que les membres disjoints du clan ne deviennent étrangers les uns aux autres », de fournir « un instrument de protection contre les conflits », de « contrôler » et de « maîtriser » les antagonismes et les renversements, au moyen d'un rituel « minutieusement réglé » qui est « un facteur de renforcement des structures sociales et politiques ». On sera facilement d'accord avec lui, tout en doutant qu'il le soit lui-même avec ses prémisses, pour reconnaître que des institutions, dont il avait commencé par contester qu'elles fussent fondées sur des « rapports logiques » et des « structures fixées » (p. 23), démontrent en fait la « prévalence de la logique sociale traditionnelle » (p. 33) et que « le système classique révèle ainsi, durant une longue période, une surprenante capacité "assimilatrice" » (p. 34). Dans tout cela, il n'y a de « surprenant » que la surprise de l'auteur.

on aperçoit l'indigène attelé à ses tâches quotidiennes : chassant, pêchant, récoltant les plantes sauvages, faisant la cuisine et façonnant divers instruments. Tous ces travaux ont commencé avec les ancêtres totémiques ; et, dans ce domaine aussi, l'indigène respecte aveuglément la tradition : il reste fidèle aux armes primitives qu'employaient ses lointains aïeux, et l'idée de les améliorer ne lui vient jamais à l'esprit. » (T.G.H. Strehlow, pp. 34-35.)

Nous préférons ce témoignage à tous ceux, provenant d'autres régions du monde, qu'on aurait pu citer dans le même sens, parce qu'il émane d'un ethnologue né et élevé parmi les indigènes, parlant couramment leur langue, et qui leur est resté profondément attaché. On ne peut donc soupçonner de sa part ni incompréhension ni malveillance. Il nous est sans doute difficile (comme à lui, si l'on en croit la suite de son texte) de ne pas juger défavorablement une attitude qui contredit de façon flagrante ce besoin avide de changement qui est propre à notre civilisation. Pourtant, la fidélité têtue à un passé conçu comme modèle intemporel, plutôt que comme une étape du devenir, ne trahit nulle carence morale ou intellectuelle : elle exprime un parti adopté consciemment ou inconsciemment, et dont le caractère systématique est attesté, dans le monde entier, par cette justification inlassablement répétée de chaque technique, de chaque règle, et de chaque coutume, au moyen d'un argument unique : les ancêtres nous l'ont appris. Comme pour nous dans d'autres domaines jusqu'à une époque récente, l'ancienneté et la continuité sont les fondements de la légitimité. Mais cette ancienneté est posée dans l'absolu, puisqu'elle remonte à l'origine du monde, et cette continuité n'admet ni orientation, ni degrés.

L'histoire mythique offre donc le paradoxe d'être simultanément disjointe et conjointe par rapport au présent. Disjointe, puisque les premiers ancêtres étaient d'une autre nature que les hommes contemporains : ceux-là furent des créateurs, ceux-ci sont des copistes ; et conjointe puisque, depuis l'apparition des ancêtres, il ne s'est rien passé sinon des événements dont la récurrence efface périodiquement la particularité. Il reste à montrer comment la pensée sauvage parvient non seulement à surmonter cette double contradiction, mais à en tirer la matière d'un système cohérent où une diachronie, en quelque sorte domptée, collabore avec la synchronie sans risque qu'entre elles ne surgissent de nouveaux conflits.

Grâce au rituel, le passé « disjoint » du mythe s'articule, d'une part, avec la périodicité biologique et saisonnière, d'autre part avec le passé « conjoint » qui unit, tout au long des générations, les morts et les vivants. Ce système synchro-diachronique a été bien analysé par Sharp (p. 71) qui classe les rites des tribus australiennes de la péninsule du cap York en trois catégories. Les *rites de contrôle* sont positifs ou négatifs ; ils visent à accroître ou à restreindre les espèces ou phénomènes totémiques, tantôt au bénéfice, tantôt au détriment de la collectivité, en fixant la quantité d'esprits ou de substance spirituelle dont on permettra la libération, dans les centres totémiques établis par les ancêtres en divers points du territoire tribal. Les *rites historiques* ou commémoratifs recréent l'atmosphère sacrée et bénéfique des temps mythiques — époque du « rêve », disent les Australiens — dont ils reflètent, comme dans un miroir, les protagonistes et leurs hauts faits. Les *rites de deuil* correspondent à une démarche inverse : au lieu de confier à des hommes vivants la charge de personnifier de lointains ancêtres, ces rites assurent la reconversion, en ancêtres, d'hommes qui ont cessé d'être des vivants. On voit donc que le système du rituel a pour fonction de surmonter et d'intégrer trois oppositions : celle de la diachronie et de la synchronie ; celle des caractères périodique ou apériodique qu'elles peuvent présenter l'une et l'autre ; enfin, au sein de la diachronie, celle du temps réversible et du temps irréversible, puisque, bien que le présent et le passé soient théoriquement distincts, les rites historiques transportent le passé dans le présent, et les rites de deuil le présent dans le passé, et que les deux démarches ne sont pas équivalentes : des héros mythiques, on peut vraiment dire qu'ils reviennent, car toute leur réalité est dans leur personnification ; mais les humains meurent pour de bon. Soit le schéma (voir page suivante).

Dans l'Australie centrale, ce système est complété ou renforcé par l'usage des churinga ou tjurunga, qui a donné lieu à beaucoup de spéculations anciennes et récentes, mais que les considérations qui précèdent aident à expli-

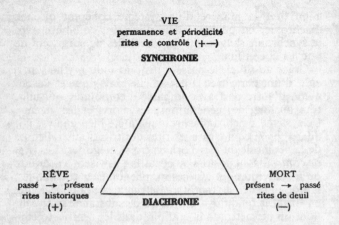

quer. Les rites commémoratifs et funéraires postulent qu'entre le passé et le présent le passage est possible dans les deux sens ; ils n'en fournissent pas la preuve. Ils se prononcent sur la diachronie, mais ils le font encore en termes de synchronie, puisque le seul fait de les célébrer équivaut à changer le passé en présent. On conçoit donc que certains groupes aient cherché à avérer, sous une forme tangible, l'être diachronique de la diachronie au sein de la synchronie même. Il est significatif, de ce point de vue, que l'importance des churinga soit surtout grande chez les Aranda occidentaux et septentrionaux, et qu'elle aille en décroissant jusqu'à s'effacer complètement au fur et à mesure qu'on s'avance vers le nord. En effet, dans ces groupes aranda, le problème du rapport entre diachronie et synchronie est rendu plus épineux encore du fait qu'ils se représentent les ancêtres totémiques non comme des héros individualisés dont tous les membres du groupe totémique seraient les descendants directs, à la façon des Arabana et des Warramunga (Spencer et Gillen, pp. 161-162), mais sous la forme d'une multitude indistincte, qui devrait exclure en principe jusqu'à la notion de continuité généalogique. En fait et comme on l'a vu dans un autre chapitre [1], tout se passe d'un certain point de vue chez ces Aranda comme si, avant de naître, chaque individu tirait

1. Cf. plus haut, p. 96.

au sort l'ancêtre anonyme dont il sera la réincarnation. A cause, sans doute, du raffinement de leur organisation sociale, qui prodigue à la synchronie le bénéfice des distinctions nettes et des définitions précises, même le rapport entre le passé et le présent leur apparaît en termes de synchronie. Le rôle des churinga serait ainsi de compenser l'appauvrissement corrélatif de la dimension diachronique : ils sont le passé matériellement présent, et ils offrent le moyen de concilier l'individuation empirique et la confusion mythique.

On sait que les churinga sont des objets en pierre ou en bois, de forme approximativement ovale avec des extrémités pointues ou arrondies, souvent gravés de signes symboliques ; parfois aussi, simples morceaux de bois ou galets non travaillés. Quelle que soit son apparence, chaque churinga représente le corps physique d'un ancêtre déterminé, et il est solennellement attribué, génération après génération, au vivant qu'on croit être cet ancêtre réincarné. Les churinga sont entassés et cachés dans des abris naturels, loin des pistes fréquentées. On les sort périodiquement pour les inspecter et les manier, et, à chacune de ces occasions, on les polit, on les graisse et on les colore, non sans leur adresser des prières et des incantations. Par leur rôle et par le traitement qu'on leur réserve, ils offrent ainsi des analogies frappantes avec les documents d'archives que nous enfouissons dans des coffres ou confions à la garde secrète des notaires, et que, de temps à autre, nous inspectons avec les ménagements dus aux choses sacrées, pour les réparer si c'est nécessaire, ou pour les confier à de plus élégants dossiers. Et, dans de telles occasions, nous aussi récitons volontiers les grands mythes dont la contemplation des pages déchirées et jaunies ravive le souvenir : faits et gestes de nos ancêtres, histoire de nos demeures depuis leur construction ou leur première cession.

Il n'est donc pas utile de chercher, aussi loin que fait Durkheim, la raison du caractère sacré des churinga : quand une coutume exotique nous captive en dépit (ou à cause) de son apparente singularité, c'est généralement qu'elle nous présente, comme un miroir déformant, une image familière et que nous reconnaissons confusément pour telle, sans réussir encore à l'identifier. Durkheim

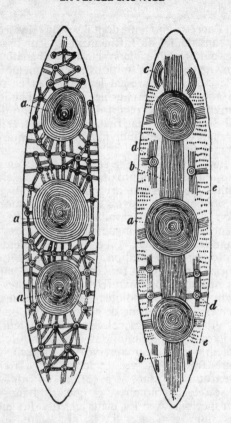

Fig. 11, — *Churinga d'un homme Aranda du totem grenouille.*
Les grands cercles concentriques (a) représentent trois arbres célèbres
qui marquent le site totémique, près de la rivière Hugh, Les lignes
droites qui les unissent (b) figurent les grosses racines, et les lignes
courbes (c), les petites. Les petits cercles concentriques (d) représentent
des arbres de moindre importance avec leurs racines, et les pointillés
(e) sont les traces laissées par les grenouilles en sautillant sur le sable
au bord de l'eau. Les grenouilles elles-mêmes sont figurées sur une
face du churinga (à gauche) par le réseau compliqué de lignes (leurs
membres) reliant des petits cercles concentriques (les corps). D'après
SPENCER (B.) et GUILLEN (F.J.), *The Native Tribes of Central
Australia,* new ed., London 1938, pp. 145-147.

(pp. 167-174) voulait que les churinga fussent sacrés,
parce qu'ils portent la marque totémique, gravée ou

dessinée. Mais d'abord, on sait aujourd'hui que cela n'est pas toujours vrai : T.G.H. Strehlow signale chez les Aranda septentrionaux des churinga de pierre, plus précieux que les autres, et qu'il décrit comme « des objets rudes et insignifiants, grossièrement polis pour avoir été frottés les uns contre les autres au cours des cérémonies » (p. 54) ; et chez les Aranda méridionaux, il a vu des churinga qui sont « de simples morceaux de bois... ne portant aucun signe, et enduits d'une couche épaisse d'ocre rouge et de graisse mélangés » (p. 73). Le churinga peut même être un galet poli, un rocher naturel, ou un arbre (p. 95). D'autre part, et selon l'intention même de Durkheim, son interprétation des churinga devait confirmer une de ses thèses fondamentales : celle du caractère emblématique du totémisme. Les churinga étant les choses les plus sacrées que connussent les Aranda, il fallait expliquer ce caractère par une figuration emblématique du totem, pour démontrer que le totem représenté est plus sacré que le totem réel. Mais, comme nous l'avons déjà dit, il n'y a pas de totem réel [1] : l'animal individuel joue le rôle de signifiant, et le caractère sacré s'attache, non à lui ou à son icône, mais au signifié dont ils tiennent indifféremment lieu. Enfin, un document ne devient pas sacré du seul fait de porter un timbre prestigieux, par exemple celui des Archives Nationales : il porte le timbre, parce qu'il a d'abord été reconnu sacré ; et sans lui, il le resterait.

Pas davantage ne peut-on dire, suivant une autre interprétation que Durkheim ramène d'ailleurs à la précédente, que le churinga *est* le corps de l'ancêtre.

1. Cf. plus haut, p. 179.

« Chez les humains, il n'y a pas de chef unique qui commande à toute une tribu, mais autant de chefs que de bandes ; de même les espèces animales et végétales n'ont pas un patron unique : il y a des patrons différents pour chaque localité. Les patrons sont toujours plus grands que les autres animaux ou plantes de même espèce, et dans le cas des oiseaux, des poissons et des quadrupèdes, ils sont toujours de couleur blanche. Il arrive de temps à autre que les Indiens les aperçoivent et les tuent, mais le plus souvent, ils se tiennent hors de la vue des humains. Comme le faisait remarquer un vieil Indien, ils ressemblent au gouvernement à Ottawa. Jamais un Indien ordinaire n'a pu voir "le gouvernement". On le renvoie de bureau en bureau, de fonctionnaire en fonctionnaire, et chacun de ceux-ci prétend souvent qu'il est "le patron" ; mais le vrai gouvernement, on ne le voit jamais : car il a soin de se tenir caché. » (Jenness *I*, p. 61.)

Cette formule aranda, recueillie par C. Strehlow, doit être prise dans son acception métaphorique. En effet, l'ancêtre ne perd pas son corps parce qu'à l'instant de la conception il abandonne son churinga (ou l'un d'eux) au profit de sa prochaine incarnation : le churinga apporte plutôt la preuve tangible que l'ancêtre et son descendant vivant sont une seule chair. Sinon, comment se pourrait-il qu'à défaut de découvrir le churinga original sur le site où la femme a été mystiquement fécondée on en fabrique un autre qui en tient lieu ? Par ce caractère probatoire, les churinga ressemblent aussi aux documents d'archives, surtout aux titres de propriété qui passent par les mains de tous les acquéreurs successifs (et qui peuvent être reconstitués en cas de perte ou de destruction), sauf qu'il s'agit ici, non de la détention d'un bien immobilier par un propriétaire, mais d'une personnalité morale et physique par un usufruitier. D'ailleurs, et quoique, pour nous aussi, les archives constituent les plus précieux et les plus sacrés de tous les biens, il nous arrive, à la façon des Aranda, de confier ces trésors à des groupes étrangers. Et si nous envoyons le testament de Louis XIV aux États-Unis, ou si ceux-ci nous prêtent la Déclaration d'Indépendance ou la Cloche de la Liberté, c'est la preuve que, selon les termes mêmes de l'informateur aranda,

> « ... nous sommes en paix avec nos voisins : car nous ne pouvons nous prendre de querelle ni entrer en conflit avec des gens qui ont la garde de nos tjurunga et qui ont confié leurs tjurunga à nos soins ». (T.G.H. Strehlow, p. 161.)

Mais pourquoi tenons-nous tant à nos archives ? Les événements auxquels elles se rapportent sont attestés indépendamment, et de mille façons : ils vivent dans notre présent et dans nos livres ; par eux-mêmes ils sont dépourvus d'un sens qui leur vient tout entier de leurs répercussions historiques, et des commentaires qui les expliquent en les reliant à d'autres événements. Des archives on pourrait dire, paraphrasant un argument de Durkheim : après tout, ce sont des morceaux de papier [1]. Pour peu

---

1. « ...en eux-mêmes, les churinga sont des objets de bois et de pierre comme tant d'autres... ». (Durkheim, p. 172.)

que toutes aient été publiées, rien ne serait changé à notre savoir et à notre condition si un cataclysme anéantissait les pièces authentiques. Pourtant, nous ressentirions cette perte comme un dommage irréparable, nous atteignant au plus profond de notre chair. Et ce ne serait pas sans raison : si notre interprétation des churinga est exacte, leur caractère sacré tient à la fonction de signification diachronique qu'ils sont seuls à assurer, dans un système qui, parce que classificatoire, est complètement étalé dans une synchronie qui réussit même à s'assimiler la durée. Les churinga sont les témoins palpables de la période mythique : cet alcheringa qu'à leur défaut on pourrait encore concevoir, mais qui ne serait plus physiquement attesté. De même, si nous perdions nos archives, notre passé ne serait pas pour autant aboli : il serait privé de ce qu'on serait tenté d'appeler sa saveur diachronique. Il existerait encore comme passé ; mais préservé seulement dans des reproductions, des livres, des institutions, une situation même, tous contemporains ou récents. Par conséquent, lui aussi serait étalé dans la synchronie.

La vertu des archives est de nous mettre en contact avec la pure historicité. Comme nous l'avons déjà dit des mythes d'origine des appellations totémiques, leur valeur ne tient pas à la signification intrinsèque des événements évoqués : ceux-ci peuvent être insignifiants ou même complètement absents, s'il s'agit d'un autographe de quelques lignes ou d'une signature sans contexte. De quel prix cependant serait la signature de Jean-Sébastien Bach, pour qui n'entend pas de lui trois mesures sans avoir le cœur battant ! Quant aux événements mêmes, nous avons dit qu'ils sont attestés autrement que par les actes authentiques, et ils le sont généralement mieux. Les archives apportent donc autre chose : d'une part, elles constituent l'événement dans sa contingence radicale (puisque seule l'interprétation, qui n'en fait point partie, peut le fonder en raison) ; d'autre part, elles donnent une existence physique à l'histoire, car en elles seulement est surmontée la contradiction d'un passé révolu et d'un présent où il survit. Les archives sont l'être incarné de l'événementialité.

Nous retrouvons donc par ce biais, au sein de la pensée sauvage, cette histoire pure à laquelle les mythes totémiques nous avaient déjà confrontés. Il n'est pas inconcevable que certains des événements qu'ils relatent soient réels, même si le tableau qu'ils en brossent est symbolique et déformé. (Elkin *4*, p. 210.) Toutefois, la question n'est pas là, puisque tout événement historique résulte, dans une large mesure, du découpage de l'historien. Même si l'histoire mythique est fausse, elle n'en exhibe pas moins, à l'état pur et sous la forme la plus marquée (d'autant plus, pourrait-on dire, qu'elle est fausse), les caractères propres de l'événement historique, lesquels tiennent, d'une part, à sa contingence : l'ancêtre est apparu en tel endroit ; il est allé ici, puis là ; il a fait tel et tel geste... ; d'autre part, à son pouvoir de susciter des émotions intenses et variées :

> « L'Aranda septentrional est attaché à son sol natal par toutes les fibres de son être. Il parle toujours de son "lieu de naissance" avec amour et respect. Et aujourd'hui, les larmes lui viennent aux yeux quand il évoque un site ancestral que l'homme blanc a, parfois involontairement, profané... L'amour du pays, la nostalgie du pays, apparaissent aussi constamment dans les mythes qui se rapportent aux ancêtres totémiques. » (T.G.H. Strehlow, pp. 30-31.)

Or, cet attachement passionné au terroir s'explique surtout dans une perspective historique :

> « Les montagnes, les ruisseaux, les sources et mares ne sont pas seulement pour lui [l'indigène] des aspects du paysage beaux ou dignes d'attention... Chacun fut l'œuvre d'un des ancêtres dont il descend. Dans le paysage qui l'entoure, il lit l'histoire des faits et gestes des êtres immortels qu'il vénère ; êtres qui, pour un bref instant, peuvent encore assumer la forme humaine ; êtres dont beaucoup lui sont connus par expérience directe, en tant que pères, grands-pères, frères, mères et sœurs. Le pays entier est pour lui comme un arbre généalogique ancien, et toujours vivant. Chaque indigène conçoit l'histoire de son ancêtre totémique comme une relation de ses propres actions au commencement des temps et à l'aube même de la vie, quand le monde, tel qu'on le connaît aujourd'hui, était encore livré à des mains toutes-puissantes qui le modelaient et le formaient » (*ibid.*, pp. 30-31).

Si l'on prend garde que ces événements et ces sites sont les mêmes qui fournissent la matière des systèmes symboliques auxquels les précédents chapitres ont été

consacrés, on devra reconnaître que les peuples dits primitifs ont su élaborer des méthodes raisonnables pour insérer, sous son double aspect de contingence logique et de
turbulence affective, l'irrationalité dans la rationalité.
Les systèmes classificatoires permettent donc d'intégrer
l'histoire ; même et surtout, celle qu'on pourrait croire
rebelle au système. Car il ne faut pas s'y tromper : les
mythes totémiques, qui relatent avec componction des
incidents futiles et qui s'attendrissent sur des lieux dits,
ne rappellent, en fait d'histoire, que la petite : celle des
plus pâles chroniqueurs. Les mêmes sociétés dont l'organisation sociale et les règles de mariage requièrent pour
leur interprétation l'effort des mathématiciens, et dont
la cosmologie étonne les philosophes, ne voient pas de
solution de continuité entre les hautes spéculations auxquelles elles se livrent dans ces domaines et une histoire
qui n'est pas celle des Burckhardt ou des Spengler, mais
celle des Lenôtre et des La Force. Considéré sous ce jour,
le style des aquarellistes aranda paraîtra peut-être moins
insolite. Et rien ne ressemble davantage, dans notre civilisation, aux pèlerinages que les initiés australiens font
périodiquement aux lieux sacrés sous la conduite de leurs
sages, que nos visites-conférences aux maisons de Goethe
ou de Victor Hugo, dont les meubles nous inspirent des
émotions aussi vives qu'arbitraires. Comme pour les churinga d'ailleurs, l'essentiel n'est pas que le lit de Van Gogh
soit celui-là même où il est avéré qu'il dormit : tout ce
qu'attend le visiteur est qu'on puisse le lui montrer.

CHAPITRE IX

HISTOIRE ET DIALECTIQUE

Au cours de ce travail, nous nous sommes permis, non sans arrière-pensée, de faire quelques emprunts au vocabulaire de Jean-Paul Sartre. Nous voulions ainsi amener le lecteur à se poser un problème, dont la discussion servira d'entrée en matière à notre conclusion : dans quelle mesure une pensée, qui sait et qui veut être à la fois anecdotique et géométrique, peut-elle être encore appelée dialectique ? La pensée sauvage est totalisante ; en fait, elle prétend aller beaucoup plus loin dans ce sens que Sartre ne l'accorde à la raison dialectique, puisque, par un bout, celle-ci laisse fuir la sérialité pure (dont nous venons de voir comment les systèmes classificatoires réussissent à l'intégrer), et que, par l'autre bout, elle exclut le schématisme, où ces mêmes systèmes trouvent leur couronnement. Nous pensons que, dans cet intransigeant refus de la pensée sauvage que rien d'humain (et même de vivant) puisse lui demeurer étranger, la raison dialectique découvre son vrai principe. Mais nous nous faisons d'elle une idée très différente que Sartre.

Quand on lit la *Critique,* on se défend mal du sentiment que l'auteur hésite entre deux conceptions de la raison dialectique. Tantôt il oppose raison analytique et raison dialectique comme l'erreur et la vérité, sinon même comme le diable et le bon Dieu ; tantôt les deux raisons apparaissent complémentaires : voies différentes conduisant aux mêmes vérités. Outre que la première conception discrédite le savoir scientifique et qu'elle aboutit même à suggérer l'impossibilité d'une science biologique, elle recèle aussi un curieux paradoxe ; car l'ouvrage intitulé *Critique de la raison dialectique* est le résultat de l'exercice, par l'auteur, de sa propre raison analytique : il définit, distingue, classe et oppose. Ce traité philosophique n'est pas d'une autre nature que les ouvrages qu'il discute et avec lesquels il engage le dialogue, même si c'est pour les condamner. Comment la raison analytique pourrait-elle s'appliquer à la raison dialectique et prétendre la fonder, si elles se définissaient par des caractères mutuellement exclusifs ? Le second parti prête le flanc à une autre critique : si raison dialectique et raison analytique parviennent finalement aux mêmes résultats, et si leurs vérités respectives se confondent en une vérité unique, en vertu de quoi les opposerait-on, et surtout, proclamerait-on la supériorité de la première sur la seconde ? Dans un cas, l'entreprise de Sartre semble contradictoire ; elle paraît superflue dans l'autre.

Comment s'explique le paradoxe et pourquoi peut-on y échapper ? Dans les deux hypothèses entre lesquelles il hésite, Sartre attribue à la raison dialectique une réalité *sui generis* ; elle existe indépendamment de la raison analytique, soit comme son antagoniste, soit comme sa complémentaire. Bien que notre réflexion à l'un et à l'autre ait son point de départ chez Marx, il me semble que l'orientation marxiste conduit à une vue différente : l'opposition entre les deux raisons est relative, non absolue ; elle correspond à une tension, au sein de la pensée humaine, qui subsistera peut-être indéfiniment en fait, mais qui n'est pas fondée en droit. Pour nous, la raison dialectique est toujours constituante : c'est la passerelle sans cesse prolongée et améliorée que la raison analytique lance au-dessus d'un gouffre dont elle n'aperçoit pas l'autre bord tout en sachant qu'il existe, et dût-il constamment s'éloigner. Le terme de raison dialectique recouvre ainsi les efforts perpétuels que la raison analytique doit faire pour se réformer, si elle prétend rendre compte du langage, de la société et de la pensée ; et la distinction des deux raisons n'est fondée, à nos yeux, que sur l'écart temporaire qui sépare la raison analytique de l'intelligence de la vie. Sartre appelle raison analytique la raison paresseuse ; nous appelons dialectique la même raison, mais courageuse : cambrée par l'effort qu'elle exerce pour se surpasser.

Dans le vocabulaire de Sartre, nous nous définissons donc comme matérialiste transcendantal et comme esthète. Matérialiste transcendantal (p. 124), puisque la raison dialectique n'est pas, pour nous, *autre chose que* la raison analytique, et ce sur quoi se fonderait l'originalité absolue d'un ordre humain, mais *quelque chose en plus dans* la raison analytique : sa condition requise, pour qu'elle ose entreprendre la résolution de l'humain en non-humain. Esthète, puisque Sartre applique ce terme à qui prétend étudier les hommes comme si c'étaient des fourmis (p. 183). Mais outre que cette attitude nous paraît être celle de tout homme de science du moment qu'il est agnostique, elle n'est guère compromettante, car les fourmis, avec leurs champignonnières artificielles, leur vie sociale et leurs messages chimiques, offrent déjà une résistance suffisamment coriace aux entreprises de la raison analytique... Nous acceptons donc le qualificatif d'esthète, pour autant que nous croyons que le but dernier des sciences humaines n'est pas de constituer l'homme, mais de le dissoudre. La valeur éminente de l'ethnologie est de correspondre à la première étape d'une démarche qui en comporte d'autres : par-delà la diversité empirique des sociétés humaines, l'analyse ethnographique veut atteindre des invariants, dont le présent travail montre qu'ils se situent parfois aux points les plus imprévus. Rousseau (*2*, chap. VIII) l'avait pressenti avec sa clairvoyance habituelle : « Quand on veut étudier les hommes, il faut regarder près de soi ; mais pour étudier l'homme, il faut apprendre à porter la vue au loin ; il faut d'abord observer les différences pour découvrir les propriétés. » Pourtant, ce ne serait pas assez d'avoir résorbé des humanités particulières dans une humanité générale ; cette première entreprise en amorce d'autres, que Rousseau n'aurait pas aussi volontiers admises et qui incombent aux sciences exactes et naturelles : réintégrer la culture dans la nature, et finalement, la vie dans l'ensemble de ses conditions physico-chimiques [1].

---

1. L'opposition entre nature et culture, sur laquelle nous avons jadis insisté (*1*, chap. I et II), nous semble aujourd'hui offrir une valeur surtout méthodologique.

Mais, en dépit du tour volontairement brutal donné à notre thèse, nous ne perdons pas de vue que le verbe « dissoudre » n'implique aucunement (et même exclut) la destruction des parties constitutives du corps soumis à l'action d'un autre corps. La solution d'un solide dans un liquide modifie l'agencement des molécules du premier ; elle offre aussi, souvent, un moyen efficace de les mettre en réserve, pour les récupérer au besoin et pour mieux étudier leurs propriétés. Les réductions que nous envisageons ne seront donc légitimes, et même possibles, qu'à deux conditions dont la première est de ne pas appauvrir les phénomènes soumis à réduction, et d'avoir la certitude qu'on a préalablement ramassé autour de chacun tout ce qui contribue à sa richesse et à son originalité distinctives : car il ne servirait à rien d'empoigner un marteau, si c'était pour taper à côté du clou.

En second lieu, on doit être préparé à voir chaque réduction bouleverser de fond en comble l'idée préconçue qu'on pouvait se faire du niveau, quel qu'il soit, qu'on essaye de rejoindre. L'idée d'une humanité générale, à laquelle conduit la réduction ethnographique, n'aura plus aucun rapport avec celle qu'on s'en faisait avant. Et le jour où l'on parviendra à comprendre la vie comme une fonction de la matière inerte, ce sera pour découvrir que celle-ci possède des propriétés bien différentes de celles qu'on lui attribuait antérieurement. On ne saurait donc classer les niveaux de réduction en supérieurs et inférieurs, puisqu'il faut au contraire s'attendre à ce que, par l'effet de la réduction, le niveau tenu pour supérieur communique rétroactivement quelque chose de sa richesse au niveau inférieur auquel on l'aura ramené. L'explication scientifique ne consiste pas dans le passage de la complexité à la simplicité, mais dans la substitution d'une complexité mieux intelligible à une autre qui l'était moins.

Dans notre perspective, par conséquent, le moi ne s'oppose pas plus à l'autre que l'homme ne s'oppose au monde : les vérités apprises à travers l'homme sont « du monde », et elles sont importantes de ce fait[1]. On

---

1. Cela est même vrai des vérités mathématiques, au sujet desquelles un logicien contemporain écrit pourtant : « On peut aujourd'hui

comprend donc que nous trouvions dans l'ethnologie le principe de toute recherche, alors que pour Sartre elle soulève un problème, sous forme de gêne à surmonter ou de résistance à réduire. Et en effet, que peut-on faire des peuples « sans histoire », quand on a défini l'homme par la dialectique, et la dialectique par l'histoire ? Parfois Sartre semble tenté de distinguer deux dialectiques : la « vraie » qui serait celle des sociétés historiques, et une dialectique répétitive et à court terme, qu'il concède aux sociétés dites primitives tout en la mettant très près de la biologie ; il expose ainsi tout son système, puisque, par le biais de l'ethnographie qui est incontestablement une science humaine et qui se consacre à l'étude de ces sociétés, le pont démoli avec tant d'acharnement entre l'homme et la nature se trouverait subrepticement rétabli. Ou bien Sartre se résigne à ranger du côté de l'homme une humanité « rabougrie et difforme » (p. 203) ; mais non sans insinuer que son être à l'humanité ne lui appartient pas en propre et qu'il est fonction de sa prise en charge par l'humanité historique : soit que, dans la situation coloniale, la première ait commencé à intérioriser l'histoire de la seconde ; soit que, grâce à l'ethnologie elle-même, la seconde dispense la bénédiction d'un sens à une première humanité, qui en manquait. Dans les deux cas, on laisse échapper la prodigieuse richesse et la diversité des mœurs, des croyances et des coutumes ; on oublie qu'à ses propres yeux chacune des dizaines ou des centaines de milliers de sociétés qui ont coexisté sur la terre, ou qui se sont succédé depuis que l'homme y a fait son apparition, s'est prévalue d'une certitude morale — semblable à celle que nous pouvons nous-

---

presque considérer comme une opinion commune des mathématiciens l'idée que les énoncés de la mathématique pure n'expriment rien sur la réalité. » (Heyting, p. 71.) Mais les énoncés de la mathématique reflètent au moins le fonctionnement libre de l'esprit, c'est-à-dire l'activité des cellules du cortex cérébral, relativement affranchies de toute contrainte extérieure, et obéissant seulement à leurs lois propres. Comme l'esprit aussi est une chose, le fonctionnement de cette chose nous instruit sur la nature des choses : même la réflexion pure se résume en une intériorisation du cosmos. Sous une forme symbolique, elle illustre la structure de l'en-dehors : « La logique et la logistique sont des sciences empiriques appartenant à l'ethnographie plutôt qu'à la psychologie. » (Beth, p. 151.)

mêmes invoquer — pour proclamer qu'en elle — fût-elle réduite à une petite bande nomade ou à un hameau perdu au cœur des forêts — se condensent tout le sens et la dignité dont est susceptible la vie humaine. Mais que ce soit chez elles ou chez nous, il faut beaucoup d'égocentrisme et de naïveté pour croire que l'homme est tout entier réfugié dans un seul des modes historiques ou géographiques de son être, alors que la vérité de l'homme réside dans le système de leurs différences et de leurs communes propriétés.

Qui commence par s'installer dans les prétendues évidences du moi n'en sort plus. La connaissance des hommes semble parfois plus facile à ceux qui se laissent prendre au piège de l'identité personnelle. Mais ils se ferment ainsi la porte de la connaissance de l'homme : toute recherche ethnographique a son principe dans des « confessions » écrites ou inavouées. En fait, Sartre devient captif de son Cogito : celui de Descartes permettait d'accéder à l'universel, mais à la condition de rester psychologique et individuel ; en sociologisant le Cogito, Sartre change seulement de prison. Désormais, le groupe et l'époque de chaque sujet lui tiendront lieu de conscience intemporelle. Aussi, la visée que prend Sartre sur le monde et sur l'homme offre cette étroitesse par quoi on se plaît traditionnellement à reconnaître les sociétés closes. Son insistance pour tracer une distinction entre le primitif et le civilisé à grand renfort de contrastes gratuits reflète, sous une forme à peine plus nuancée, l'opposition fondamentale qu'il postule entre le moi et l'autre. Et pourtant, dans l'œuvre de Sartre, cette opposition n'est pas formulée de façon très différente que n'eût fait un sauvage mélanésien, tandis que l'analyse du pratico-inerte restaure tout bonnement le langage de l'animisme [1].

Descartes, qui voulait fonder une physique, coupait l'Homme de la Société. Sartre, qui prétend fonder une

---

1. C'est précisément parce qu'on retrouve tous ces aspects de la pensée sauvage dans la philosophie de Sartre qu'elle nous semble incapable de la juger : du seul fait qu'elle en offre l'équivalent, elle l'exclut. Pour l'ethnologue, au contraire, cette philosophie représente (comme toutes les autres) un document ethnographique de premier ordre, dont l'étude est indispensable si l'on veut comprendre la mythologie de notre temps.

anthropologie, coupe sa société des autres sociétés.
Retranché dans l'individualisme et l'empirisme, un
Cogito — qui veut être naïf et brut — se perd dans les
impasses de la psychologie sociale. Car il est frappant
que les situations à partir desquelles Sartre cherche à
dégager les conditions formelles de la réalité sociale :
grève, combat de boxe, match de football, queue à un
arrêt d'autobus, soient toutes des incidences secondaires
de la vie en société ; elles ne peuvent donc servir à
dégager ses fondements.

Pour l'ethnologue, cette axiomatique si éloignée de
la sienne est d'autant plus décevante qu'il se sent très
près de Sartre, chaque fois que celui-ci s'applique, avec
un art incomparable, à saisir dans son mouvement
dialectique une expérience sociale actuelle ou ancienne,
mais intérieure à notre culture. Il fait alors ce que tout
ethnologue essaye de faire pour des cultures différentes :
se mettre à la place des hommes qui y vivent, comprendre
leur intention dans son principe et dans son rythme,
apercevoir une époque ou une culture comme un
ensemble signifiant. A cet égard, nous pouvons souvent
prendre auprès de lui des leçons ; mais celles-ci ont un
caractère pratique, non théorique. Il se peut que,
pour certains historiens, sociologues et psychologues,
l'exigence de totalisation soit une grande nouveauté.
Pour les ethnologues, elle va de soi, depuis Malinowski
qui la leur a enseignée. Mais les insuffisances de
Malinowski nous ont aussi appris que là n'était pas la
fin de l'explication ; celle-ci commence seulement quand
nous sommes parvenus à constituer notre objet. Le rôle
de la raison dialectique est de mettre les sciences
humaines en possession d'une réalité qu'elle est seule
capable de leur fournir, mais que l'effort proprement
scientifique consiste à décomposer, puis à recomposer
suivant un autre plan. Tout en rendant hommage à la
phénoménologie sartrienne, nous n'espérons y trouver
qu'un point de départ, non un point d'arrivée.

Ce n'est pas tout. Il ne faut pas que la raison
dialectique se laisse emporter par son élan, et que la
démarche qui nous mène à la compréhension d'une
réalité autre attribue à celle-ci, outre ses propres caractères dialectiques, ceux qui relèvent de la démarche plutôt
que de l'objet : de ce que toute connaissance de l'autre

est dialectique, il ne résulte pas que le tout de l'autre soit intégralement dialectique. A force de faire de la raison analytique une anticompréhension, Sartre en vient souvent à lui refuser toute réalité comme partie intégrante de l'objet de compréhension. Ce paralogisme est déjà apparent dans sa façon d'invoquer une histoire dont on a du mal à découvrir si c'est cette histoire que font les hommes sans le savoir ; ou l'histoire des hommes telle que les historiens la font, en le sachant ; ou enfin l'interprétation, par le philosophe, de l'histoire des hommes, ou de l'histoire des historiens. Mais la difficulté devient encore plus grande quand Sartre essaye d'expliquer comment vivent et pensent, non pas les membres actuels ou anciens de sa propre société, mais ceux des sociétés exotiques.

Il croit, avec raison, que son effort de compréhension n'a de chance d'aboutir qu'à la condition d'être dialectique ; et il conclut à tort que le rapport, à la pensée indigène, de la connaissance qu'il en a est celui d'une dialectique constituée à une dialectique constituante, reprenant ainsi à son compte, par un détour imprévu, toutes les illusions des théoriciens de la mentalité primitive. Que le sauvage possède des « connaissances complexes » et soit capable d'analyse et de démonstration lui paraît moins supportable encore qu'à un Lévy-Brühl. De l'indigène d'Ambrym, rendu célèbre par l'œuvre de Deacon, qui savait démontrer à l'enquêteur le fonctionnement de ses règles de mariage et de son système de parenté en traçant un diagramme sur le sable (aptitude nullement exceptionnelle, puisque la littérature ethnographique contient beaucoup d'observations semblables) Sartre affirme : « Il va de soi que cette construction n'est pas une pensée : c'est un travail manuel contrôlé par une connaissance synthétique qu'il n'exprime pas » (p. 505). Soit : mais alors, il faudra en dire autant du professeur à l'École Polytechnique faisant une démonstration au tableau, car chaque ethnographe capable de compréhension dialectique est intimement persuadé que la situation est exactement la même dans les deux cas. On conviendra donc que toute raison est dialectique, ce que nous sommes pour notre part prêt à admettre, puisque la raison dialectique nous apparaît comme la raison analytique en marche ; mais la distinc-

tion entre les deux formes, qui est à la base de
l'entreprise de Sartre, sera devenue sans objet.

Nous devons le confesser aujourd'hui : sans le vouloir
et sans le prévoir, nous avons tendu une perche à ces
interprétations fautives en paraissant trop souvent, dans
les Structures élémentaires de la parenté, être à la
recherche d'une genèse inconsciente de l'échange matrimonial. Il aurait fallu distinguer davantage entre
l'échange, tel qu'il s'exprime spontanément et impérieu-
sement dans la *praxis* des groupes, et les règles conscien-
tes et préméditées par le moyen desquelles ces mêmes
groupes — ou leurs philosophes — s'emploient à le
modifier et à le contrôler. S'il y a un enseignement à
tirer des enquêtes ethnographiques de ces vingt dernières
années, c'est que ce second aspect est beaucoup plus
important que les observateurs — victimes de la même
illusion que Sartre — ne l'avaient généralement soupçonné. Nous devons donc, comme Sartre le préconise,
appliquer la raison dialectique à la connaissance des
sociétés nôtres et autres. Mais sans perdre de vue que
la raison analytique tient une place considérable dans
toutes, et que, puisqu'elle y est, la démarche que nous
suivons doit aussi permettre de l'y retrouver.

Mais même si elle n'y était pas, on ne voit pas que la
position de Sartre en serait améliorée ; car dans cette
hypothèse, les sociétés exotiques nous confronteraient
seulement, avec plus de généralité que d'autres, à une
téléologie inconsciente qui, bien qu'historique, échappe
complètement à l'histoire humaine : celle dont la linguistique et la psychanalyse nous dévoilent certains aspects,
et qui repose sur le jeu combiné de mécanismes biologiques (structure du cerveau, lésions, sécrétions internes)
et psychologiques. Là, nous semble-t-il, est « l'os »
— pour reprendre une expression de Sartre — que sa
critique ne parvient pas à briser. D'ailleurs, elle n'en a
cure, et c'est le plus grave reproche qu'on puisse lui
adresser. Car la langue ne réside ni dans la raison
analytique des anciens grammairiens, ni dans la dialectique constituée de la linguistique structurale, ni dans la
dialectique constituante de la *praxis* individuelle affron-
tée au pratico-inerte, puisque toutes les trois la supposent. La linguistique nous met en présence d'un être
dialectique et totalisant, mais extérieur (ou inférieur) à

la conscience et à la volonté. Totalisation non réflexive, la langue est une raison humaine qui a ses raisons, et que l'homme ne connaît pas. Et si l'on nous objecte qu'elle est seulement telle pour le sujet qui l'intériorise à partir de la théorie linguistique, nous répondrons qu'à ce sujet, qui est un sujet *parlant*, ce faux-fuyant doit être refusé : car la même évidence qui lui révèle la nature de la langue lui révèle aussi qu'elle était telle quand il ne la connaissait pas puisqu'il se faisait déjà comprendre, et qu'elle restera telle demain sans qu'il le sache, puisque son discours n'a jamais résulté et ne résultera jamais d'une totalisation consciente des lois linguistiques. Mais si, comme sujet parlant, l'homme peut trouver son expérience apodictique dans une totalisation autre, on ne voit plus pourquoi, comme sujet vivant, la même expérience lui serait inaccessible dans d'autres êtres non nécessairement humains, mais vivants.

Cette méthode pourrait aussi revendiquer le nom de « progressive-régressive » ; en fait, celle que Sartre décrit sous ce terme n'est rien d'autre que la méthode ethnologique, telle que les ethnologues la pratiquent depuis de longues années. Mais Sartre la restreint à sa démarche préliminaire. Car notre méthode n'est pas simplement progressive-régressive : elle l'est deux fois. Dans une première étape, nous observons le donné vécu, nous l'analysons dans le présent, cherchons à saisir ses antécédents historiques aussi loin que nous pouvons plonger dans le passé, puis ramenons à la surface tous ces faits pour les intégrer dans une totalité signifiante. Alors commence la seconde étape, qui renouvelle la première sur un autre plan et à un autre niveau : cette chose humaine intériorisée, que nous nous sommes appliqués à nantir de toute sa richesse et de toute son originalité, fixe seulement à la raison analytique la distance à vaincre, l'élan à prendre, pour surmonter l'écart entre la complexité toujours imprévue de ce nouvel objet et les moyens intellectuels dont elle dispose. Il faut donc que, comme raison dialectique, elle se transforme, avec l'espoir qu'une fois assouplie, élargie et fortifié, par elle cet objet imprévu sera ramené à d'autres, cette totalité originale fondue dans d'autres totalités, et qu'ainsi exhaussée peu à peu sur l'amas de ses conquêtes, la raison dialectique apercevra d'autres

horizons et d'autres objets. Sans doute la démarche
s'égarerait-elle si, à chaque étape, et surtout quand elle
se croit parvenue à son terme, elle n'était en mesure de
revenir sur ses pas, et de se replier sur elle-même pour
garder le contact avec la totalité vécue qui lui sert à la
fois de fin et de moyen. Dans ce retour sur soi où
Sartre trouve une démonstration, nous voyons plutôt
une vérification, puisque à nos yeux l'être-conscient de
l'être pose un problème dont il ne détient pas la solution.
La découverte de la dialectique soumet la raison analytique à une exigence impérative : celle de rendre aussi
compte de la raison dialectique. Cette exigence permanente oblige sans relâche la raison analytique à étendre
son programme et à transformer son axiomatique. Mais
la raison dialectique ne peut rendre compte d'elle-même,
ni de la raison analytique.

On nous objectera que cet élargissement est illusoire,
parce qu'il s'accompagne toujours d'un passage au
moindre sens. Nous lâcherions ainsi la proie pour
l'ombre, le clair pour l'obscur, l'évident pour le conjec-
tural, la vérité pour la science-fiction. (Sartre, p. 129.)
Encore faudrait-il que Sartre puisse démontrer qu'il
échappe lui-même à ce dilemme, inhérent à tout effort
d'explication. La vraie question n'est pas de savoir si,
cherchant à comprendre, on gagne du sens ou on en
perd, mais si le sens qu'on préserve vaut mieux que
celui à quoi on a la sagesse de renoncer. A cet égard, il
nous semble que, de la leçon combinée de Marx et de
Freud, Sartre n'a retenu qu'une moitié. Ils nous ont
appris que l'homme n'a de sens qu'à la condition de se
placer au point de vue du sens ; jusque-là, nous sommes
d'accord avec Sartre. Mais il faut ajouter que *ce sens
n'est jamais le bon* : les superstructures sont des actes
manqués qui ont socialement « réussi ». Il est donc vain
de s'enquérir du sens le plus vrai auprès de la conscience
historique. Ce que Sartre appelle raison dialectique
n'est que la reconstruction, par ce qu'il appelle raison
analytique, de démarches hypothétiques dont il est
impossible de savoir — sauf pour celui qui les accomplit
sans les penser — si elles ont un quelconque rapport à
ce qu'il nous en dit et qui, dans l'affirmative, seraient
définissables en termes de raison analytique seulement.
Ainsi aboutit-on au paradoxe d'un système qui invoque

le critère de la conscience historique pour distinguer les « primitifs » des « civilisés », mais qui — à l'inverse de ce qu'il prétend — est lui-même anhistorique : il ne nous offre pas une image concrète de l'histoire, mais un schéma abstrait des hommes faisant une histoire telle qu'elle puisse se manifester dans leur devenir sous la forme d'une totalité synchronique. Il se situe donc vis-à-vis de l'histoire comme les primitifs vis-à-vis de l'éternel passé : dans le système de Sartre, l'histoire joue très précisément le rôle d'un mythe.

En effet, le problème posé par la *Critique de la raison dialectique* peut être ramené à celui-ci : à quelles conditions le mythe de la Révolution française est-il possible ? Et nous sommes prêt à admettre que, pour que l'homme contemporain puisse pleinement jouer le rôle d'agent historique, il doit croire à ce mythe, et que l'analyse de Sartre dégage admirablement l'ensemble des conditions formelles indispensables pour que ce résultat soit assuré. Mais il n'en découle pas que ce sens, du moment qu'il est le plus riche (et donc le mieux propre à inspirer l'action pratique), soit le plus vrai. Ici, la dialectique se retourne contre elle-même : cette vérité est de situation, et si nous prenons nos distances envers cette situation — comme c'est le rôle de l'homme de science de le faire — ce qui apparaissait comme vérité vécue commencera d'abord par se brouiller, et finira par disparaître. L'homme dit de gauche se cramponne encore à une période de l'histoire contemporaine qui lui dispensait le privilège d'une congruence entre les impératifs pratiques et les schèmes d'interprétation. Peut-être cet âge d'or de la conscience historique est-il déjà révolu ; et qu'on puisse au moins concevoir cette éventualité prouve qu'il s'agit seulement là d'une situation contingente, comme pourrait l'être la « mise au point » fortuite d'un instrument d'optique dont l'objectif et le foyer seraient en mouvement relatif l'un par rapport à l'autre. Nous sommes encore « au point » sur la Révolution française ; mais nous l'eussions été sur la Fronde si nous avions vécu plus tôt. Et, comme c'est déjà le cas pour la seconde, la première cessera vite de nous offrir une image cohérente sur laquelle puisse se modeler notre action. Ce qu'enseigne en effet la lecture de Retz, c'est l'impuissance de la pensée à dégager un schème d'interprétation à partir d'événements distancés.

Au premier abord, semble-t-il, pas d'hésitation : d'un côté les privilégiés, de l'autre les humbles et les exploités ; comment pourrions-nous balancer ? Nous sommes frondeurs. Pourtant, le peuple parisien est manœuvré par des maisons nobles dont l'unique but est de faire leurs affaires avec le Pouvoir, et par une moitié de la famille royale, qui voudrait évincer l'autre. Et nous voici déjà frondeurs à demi. Quant à la Cour, réfugiée à Saint-Germain, elle apparaît d'abord comme une faction d'inutiles, végétant sur ses privilèges et se repaissant d'exactions et d'usure aux dépens de la collectivité. Que non : elle a tout de même une fonction, puisqu'elle détient la force militaire ; elle mène la lutte contre les étrangers, ces Espagnols que les frondeurs ne craignent pas d'inviter à envahir le pays pour imposer leurs volontés à cette même Cour, qui défend la patrie. Mais la balance penche encore une fois dans l'autre sens : ensemble, frondeurs et Espagnols forment le parti de la paix ; le prince de Condé et la Cour ne cherchent qu'aventures guerrières. Nous sommes pacifistes, et redevenons frondeurs. Et cependant, les entreprises militaires de la Cour de Mazarin n'élargissent-elles pas la France jusqu'à ses frontières actuelles, fondant l'État et la nation ? Sans elles, nous ne serions pas ce que nous sommes. Nous voici de nouveau de l'autre côté.

Il suffit donc que l'histoire s'éloigne de nous dans la durée, ou que nous nous éloignions d'elle par la pensée, pour qu'elle cesse d'être intériorisable et perde son intelligibilité, illusion qui s'attache à une intériorité provisoire. Mais qu'on ne nous fasse pas dire que l'homme peut ou doit se dégager de cette intériorité. Il n'est pas en son pouvoir de le faire, et la sagesse consiste pour lui à se regarder la vivre, tout en sachant (mais dans un autre registre) que ce qu'il vit si complètement et intensément est un mythe, qui apparaîtra tel aux hommes d'un siècle prochain, qui lui apparaîtra tel à lui-même, peut-être, d'ici quelques années, et qui, aux hommes d'un prochain millénaire, n'apparaîtra plus du tout. Tout sens est justiciable d'un moindre sens, qui lui donne son plus haut sens ; et si cette régression aboutit finalement à reconnaître « une loi contingente dont on peut dire seulement : *c'est ainsi*, et non autrement » (Sartre, p. 128), cette perspective n'a rien d'alarmant pour une pensée que n'angoisse nulle transcendance, fût-ce sous forme larvée. Car l'homme aurait obtenu tout ce qu'il peut raisonnablement souhaiter, si, à la seule condition de s'incliner devant cette loi contingente, il réussit à déterminer sa forme pratique, et à situer tout le reste dans un milieu d'intelligibilité.

*
* *

Parmi les philosophes contemporains, Sartre n'est certainement pas le seul à valoriser l'histoire aux dépens des autres sciences humaines, et à s'en faire une conception presque mystique. L'ethnologue respecte l'histoire, mais il ne lui accorde pas une valeur privilégiée. Il la conçoit comme une recherche complémentaire de la sienne : l'une déploie l'éventail des sociétés humaines dans le temps, l'autre dans l'espace. Et la différence est moins grande encore qu'il ne semble, puisque l'historien s'efforce de restituer l'image des sociétés disparues telles qu'elles furent dans des instants qui, pour elles, correspondirent au présent ; tandis que l'ethnographe fait de son mieux pour reconstruire les étapes historiques qui ont précédé dans le temps les formes actuelles.

Ce rapport de symétrie entre l'histoire et l'ethnologie semble être rejeté par des philosophes qui contestent, implicitement ou explicitement, que l'étalement dans l'espace et la succession dans le temps offrent des perspectives équivalentes. On dirait qu'à leurs yeux la dimension temporelle jouit d'un prestige spécial, comme si la diachronie fondait un type d'intelligibilité non seulement supérieur à celui qu'apporte la synchronie, mais surtout d'ordre plus spécifiquement humain.

Il est facile d'expliquer sinon de justifier cette option : la diversité des formes sociales, que l'ethnologie saisit étalées dans l'espace, offre l'aspect d'un système discontinu ; or on s'imagine que, grâce à la dimension temporelle, l'histoire nous restitue, non des états séparés, mais le passage d'un état à un autre sous une forme continue. Et comme nous croyons nous-mêmes appréhender notre devenir personnel comme un changement continu, il nous semble que la connaissance historique rejoint l'évidence du sens intime. L'histoire ne se contenterait pas de nous décrire des êtres en extériorité, ou, au mieux, de nous faire pénétrer par fulgurations intermittentes des intériorités qui seraient telles chacune pour son compte, tout en demeurant extérieures les unes aux autres : elle nous ferait rejoindre, en dehors de nous, l'être même du changement.

Il y aurait beaucoup à dire sur cette prétendue continuité totalisatrice du moi, où nous voyons une illusion entretenue par les exigences de la vie sociale — reflet, par conséquent, de l'extériorité sur l'intériorité — plutôt que l'objet d'une expérience apodictique. Mais il n'est pas nécessaire de trancher le problème philosophique pour s'apercevoir que la conception qu'on nous propose de l'histoire ne correspond à aucune réalité. Dès lors qu'on prétend privilégier la connaissance historique nous nous sentons le droit (que nous ne songerions pas à revendiquer autrement) de souligner que la notion même de fait historique recouvre une double antinomie. Car, par hypothèse, le fait historique, c'est ce qui s'est réellement passé ; mais où s'est-il passé quelque chose ? Chaque épisode d'une révolution ou d'une guerre se résout en une multitude de mouvements psychiques et individuels ; chacun de ses mouvements traduit des évolutions inconscientes, et celles-ci se résolvent en phénomènes cérébraux, hormonaux, ou nerveux, dont les références sont elles-mêmes d'ordre physique ou chimique... Par conséquent, le fait historique n'est pas plus *donné* que les autres ; c'est l'historien, ou l'agent du devenir historique, qui le constitue par abstraction, et comme sous la menace d'une régression à l'infini.

Or ce qui est vrai de la constitution du fait historique ne l'est pas moins de sa sélection. De ce point de vue aussi, l'historien et l'agent historique choisissent, tranchement et découpent, car une histoire vraiment totale les confronterait au chaos. Chaque coin de l'espace recèle une multitude d'individus dont chacun totalise le devenir historique d'une manière incomparable aux autres ; pour un seul de ces individus, chaque moment du temps est inépuisablement riche en incidents physiques et psychiques qui jouent tous leur rôle dans sa totalisation. Même une histoire qui se dit universelle n'est encore qu'une juxtaposition de quelques histoires locales, au sein desquelles (et entre lesquelles) les trous sont bien plus nombreux que les pleins. Et il serait vain de croire qu'en multipliant les collaborateurs et en intensifiant les recherches on obtiendrait un meilleur résultat : pour autant que l'histoire aspire à la signification, elle se condamne à choisir des régions, des époques, des groupes d'hommes et des individus dans ces groupes, et à les faire ressortir, comme des figures discontinues, sur un continu tout juste bon à servir de toile de fond. Une histoire vraiment totale se neutraliserait elle-même : son produit serait égal à zéro. Ce qui rend l'histoire possible, c'est qu'un sous-ensemble d'événements se trouve, pour une période donnée, avoir approximativement la même signification pour un contingent d'individus qui n'ont pas nécessairement vécu ces événements, et qui peuvent même les considérer à plusieurs siècles de distance. L'histoire n'est donc jamais l'histoire, mais l'histoire-pour [1]. Partiale même si elle se défend de l'être, elle demeure inévitablement partielle, ce qui est encore un mode de la partialité. Dès qu'on se propose d'écrire l'histoire de la Révolution française, on sait (ou on devrait savoir) que ce ne pourra pas être, simultanément et au même titre, celle du jacobin et celle de l'aristocrate. Par hypothèse, leurs totalisations respectives (dont chacune est antisymétrique avec l'autre) sont également vraies. Il faut donc choisir entre deux partis : soit retenir principalement l'une d'elles ou une troisième (car il y en a une infinité), et renoncer à

---

1. Bien sûr, diront les partisans de Sartre. Mais toute l'entreprise de celui-ci démontre que, si la subjectivité de l'histoire-pour-moi peut faire place à l'objectivité de l'histoire-pour-nous, on n'arrive cependant à convertir le moi en nous qu'en condamnant ce nous à n'être qu'un moi à la deuxième puissance, lui-même hermétiquement clos à d'autres nous. Le prix ainsi payé pour l'illusion d'avoir surmonté l'insoluble antinomie (dans un tel système) entre le moi et l'autre consiste dans l'assignation, par la conscience historique, de la fonction métaphysique d'Autre aux Papous. En réduisant ceux-ci à l'état de moyens, tout juste bons à satisfaire son appétit philosophique, la raison historique se livre à une sorte de cannibalisme intellectuel qui, aux yeux de l'ethnographe, est beaucoup plus révoltant que l'autre.

chercher dans l'histoire une totalisation d'ensemble de
totalisations partielles ; soit reconnaître à toutes une
égale réalité : mais seulement pour découvrir que la
Révolution française telle qu'on en parle n'a pas existé.

L'histoire n'échappe donc pas à cette obligation,
commune à toute connaissance, d'utiliser un code pour
analyser son objet, même (et surtout) si l'on attribue à
cet objet une réalité continue [1]. Les caractères distinctifs
de la connaissance historique ne tiennent pas à l'absence
de code, qui est illusoire, mais à sa nature particulière :
ce code consiste en une chronologie. Il n'y a pas
d'histoire sans dates ; pour s'en convaincre, il suffit de
considérer comment un élève parvient à apprendre
l'histoire : il la réduit à un corps décharné dont les
dates forment le squelette. Non sans raison, on a réagi
contre cette méthode desséchante, mais en tombant
souvent dans l'excès inverse. Si les dates ne sont pas
toute l'histoire, ni le plus intéressant dans l'histoire,
elles sont ce à défaut de quoi l'histoire elle-même
s'évanouirait, puisque toute son originalité et sa spécificité sont dans l'appréhension du rapport de l'avant et
de l'après, qui serait voué à se dissoudre si, au moins
virtuellement, ses termes ne pouvaient être datés.

Or, le codage chronologique dissimule une nature
beaucoup plus complexe qu'on ne l'imagine, quand on
conçoit les dates de l'histoire sous la forme d'une simple
série linéaire. En premier lieu, une date dénote un
moment dans une succession : *d2* est après *d1, avant
d3* ; de ce point de vue, la date fait seulement fonction
de nombre ordinal. Mais chaque date est aussi un
nombre cardinal, et, en tant que tel, elle exprime une
distance par rapport aux dates les plus voisines. Pour
coder certaines périodes de l'histoire, nous utilisons
beaucoup de dates ; et moins pour d'autres. Cette
quantité variable de dates, appliquées sur des périodes

---

1. En ce sens aussi, on peut parler d'une antinomie de la
connaissance historique : si celle-ci prétend d'atteindre le continu,
elle est impossible parce que condamnée à une régression à l'infini ;
mais, pour la rendre possible, il faut quantifier les événements, et
dès lors, la temporalité s'abolit comme dimension privilégiée de la
connaissance historique, puisque chaque événement, du moment
qu'il est quantifié, peut être traité, à toutes fins utiles, comme s'il
était le résultat d'un choix entre des possibles préexistants.

d'égale durée, mesure ce qu'on pourrait appeler la pression de l'histoire : il y a des chronologies « chaudes », qui sont celles des époques où de nombreux événements offrent, aux yeux de l'historien, le caractère d'éléments différentiels. D'autres, au contraire, où pour lui (sinon, bien sûr, pour les hommes qui les ont vécues) il s'est passé fort peu de choses, et parfois rien. En troisième lieu et surtout, une date est un *membre* d'une classe. Ces classes de dates se définissent par le caractère signifiant que chaque date possède, au sein de la classe, par rapport aux autres dates qui en font également partie, et par l'absence de ce caractère signifiant au regard des dates qui relèvent d'une classe différente. Ainsi, la date 1685 appartient à une classe dont sont également membres les dates 1610, 1648, 1715 ; mais elle ne signifie rien par rapport à la classe formée des dates : 1er, 2e, 3e, 4e millénaire, et rien non plus par rapport à la classe de dates : 23 janvier, 17 août, 30 septembre, etc.

Cela posé, en quoi consiste le code de l'historien ? Certainement pas en dates, puisque celles-ci ne sont pas récurrentes. On peut coder les changements de température à l'aide de chiffres, parce que la lecture d'un chiffre sur l'échelle thermométrique évoque le retour d'une situation antérieure : chaque fois que je lis 0°, je sais qu'il gèle, et je mets mon plus chaud pardessus. Mais prise en elle-même, une date historique n'aurait pas de sens puisqu'elle ne renverrait pas à autre chose que soi : si j'ignore tout des temps modernes, la date 1643 ne m'apprend rien. Le code ne peut donc consister qu'en classes de dates, où chaque date signifie pour autant qu'elle entretient avec les autres dates des rapports complexes de corrélation et d'opposition. Chaque classe se définit par une fréquence, et relève de ce qu'on pourrait appeler un corps, ou un domaine d'histoire. La connaissance historique procède donc de la même façon qu'un appareil à fréquence modulée : comme le nerf, elle encode une quantité continue — et asymbolique en tant que telle — par fréquences d'impulsions, qui sont proportionnelles à ses variations. Quant à l'histoire elle-même, elle n'est pas représentable sous la forme d'une série apériodique dont nous ne connaîtrions qu'un fragment. L'histoire est un ensemble discontinu formé de domaines d'histoire, dont chacun est défini par une fréquence propre, et par un codage différentiel de l'avant et de l'après. Entre les dates qui les composent les uns et les autres, le passage n'est pas plus possible qu'il ne l'est entre nombres naturels et nombres irrationnels. Plus exactement : les dates propres à chaque classe sont irrationnelles par rapport à toutes celles des autres classes.

Il n'est donc pas seulement illusoire, mais contradictoire, de concevoir le devenir historique comme un déroulement continu, commençant par une préhistoire codée en dizaines ou en centaines de millénaires, se poursuivant à l'échelle des millénaires à partir du 4ᵉ ou du 3ᵉ, et continuant ensuite sous la forme d'une histoire séculaire entrelardée, au gré de chaque auteur, de tranches d'histoire annuelle au sein du siècle, ou journalière au sein de l'année, sinon même horaire au sein d'une journée. Toutes ces dates ne forment pas une série : elles relèvent d'espèces différentes. Pour nous en tenir à un seul exemple, le codage que nous utilisons en préhistoire n'est pas préliminaire à celui qui nous sert pour l'histoire moderne et contemporaine : chaque code renvoie à un système de significations qui est, au moins théoriquement, applicable à la totalité virtuelle de l'histoire humaine. Les événements qui sont significatifs pour un code ne le restent pas pour un autre. Codés dans le système de la préhistoire, les épisodes les plus fameux de l'histoire moderne et contemporaine cessent d'être pertinents ; sauf peut-être (et encore, nous n'en savons rien) certains aspects massifs de l'évolution démographique envisagée à l'échelle du globe, l'invention de la machine à vapeur, celle de l'électricité et celle de l'énergie nucléaire.

Si le code général ne consiste pas en dates qu'on puisse ordonner en série linéaire, mais en classes de dates fournissant chacune un système de référence autonome, le caractère discontinu et classificatoire de la connaissance historique apparaît clairement. Elle opère au moyen d'une matrice rectangulaire :

....
....
....

où chaque ligne représente des classes de dates que, pour schématiser, on peut appeler horaires, journalières, annuelles, séculaires, millénaires, etc., et qui forment à elles toutes un ensemble discontinu. Dans un système de ce type, la prétendue continuité historique n'est assurée qu'au moyen de tracés frauduleux.

Ce n'est pas tout. Si les lacunes internes de chaque classe ne peuvent être comblées par le recours à d'autres classe, il n'en reste pas moins que chaque classe, prise dans sa totalité, renvoie toujours à une autre classe, qui contient la raison d'une intelligibilité à laquelle la première ne saurait prétendre. L'histoire du XVIIe siècle est « annuelle », mais le XVIIe siècle, comme domaine d'histoire, relève d'une autre classe, qui le code par référence à des siècles passés et à venir ; ce domaine des temps modernes devient, à son tour, élément d'une classe où il apparaît en corrélation et opposition avec d'autres « temps » : moyen âge, antiquité, époque contemporaine, etc. Or ces divers domaines correspondent à des histoires d'inégales puissances.

L'histoire biographique et anecdotique, qui est tout en bas de l'échelle, est une histoire faible, qui ne contient pas en elle-même sa propre intelligibilité, laquelle lui vient seulement quand on la transporte en bloc au sein d'une histoire plus forte qu'elle ; et celle-ci entretient le même rapport avec une classe de rang plus élevé. Pourtant, on aurait tort de croire que ces emboîtements reconstituent progressivement une histoire totale ; car, ce qu'on gagne d'un côté, on le perd de l'autre. L'histoire biographique et anecdotique est la moins explicative ; mais elle est la plus riche du point de vue de l'information, puisqu'elle considère les individus dans leur particularité, et qu'elle détaille, pour chacun d'eux, les nuances du caractère, les détours de leurs motifs, les phases de leurs délibérations. Cette information se schématise, puis s'efface, puis s'abolit, quand on passe à des histoires de plus en plus « fortes »[1]. Par

1. Chaque domaine d'histoire est circonscrit par rapport à celui de rang immédiatement inférieur, inscrit par rapport à celui de rang plus élevé. On vérifie alors que chaque histoire faible d'un domaine inscrit est complémentaire de l'histoire forte du domaine circonscrit, et contradictoire à l'histoire faible de ce même domaine (en tant qu'il est lui-même un domaine inscrit). Chaque histoire s'accompagne

conséquent, et selon le niveau où l'historien se place, il perd en information ce qu'il gagne en compréhension ou inversement, comme si la logique du concret voulait rappeler sa nature logique en modelant, dans la glaise du devenir, une confuse ébauche du théorème de Gödel. Par rapport à chaque domaine d'histoire auquel il renonce, le choix relatif de l'historien n'est jamais qu'entre une histoire qui apprend plus et explique moins, et une histoire qui explique plus et apprend moins. Et s'il veut échapper au dilemme, son seul recours sera de sortir de l'histoire : soit par en bas, si la recherche de l'information l'entraîne de la considération des groupes à celle des individus, puis à leurs motivations, qui relèvent de leur histoire personnelle et de leur tempérament, c'est-à-dire d'un domaine infra-historique où règnent la psychologie et la physiologie ; soit par en haut, si le besoin de comprendre l'incite à replacer l'histoire dans la préhistoire, et celle-ci dans d'évolution générale des êtres organisés qui ne s'explique elle-même qu'en termes de biologie, de géologie, et finalement de cosmologie.

Mais il existe un autre moyen d'éluder le dilemne, sans pour autant détruire l'histoire. Il suffit de reconnaître que l'histoire est une méthode à laquelle ne correspond pas un objet distinct, et, par conséquent, de récuser l'équivalence entre la notion d'histoire et celle d'humanité, qu'on prétend nous imposer dans le but inavoué de faire de l'historicité l'ultime refuge d'un humanisme transcendantal : comme si, à la seule condition de renoncer à des moi trop dépourvus de consis-

donc d'un nombre indéterminé d'anti-histoires, dont chacune est complémentaire des autres : à une histoire de rang 1 correspond une anti-histoire de rang 2, etc. Le progrès de la connaissance et la création de sciences nouvelles se font par génération d'anti-histoires, qui démontrent qu'un certain ordre, seul possible sur un plan, cesse de l'être sur un autre plan. L'anti-histoire de la Révolution française imaginée par Gobineau est contradictoire sur le plan où la Révolution avait été pensée avant lui ; elle devient logiquement concevable (ce qui ne signifie pas qu'elle soit vraie) si l'on se situe sur un nouveau plan, que Gobineau a d'ailleurs maladroitement choisi ; c'est-à-dire à la condition de passer d'une histoire de rang « annuel » ou « séculaire » (et aussi politique, sociale, et idéologique) à une histoire de rang « millénaire » ou « pluri-millénaire » (et aussi culturelle et anthropologique) ; procédé dont Gobineau n'est pas l'inventeur, et qu'on pourrait appeler : « transformation de Boulainvilliers ».

tance, les hommes pouvaient retrouver, sur le plan du nous, l'illusion de la liberté.

En fait, l'histoire n'est pas liée à l'homme, ni à aucun objet particulier. Elle consiste entièrement dans sa méthode, dont l'expérience prouve qu'elle est indispensable pour inventorier l'intégralité des éléments d'une structure quelconque, humaine ou non humaine. Loin donc que la recherche de l'intelligibilité aboutisse à l'histoire comme à son point d'arrivée, c'est l'histoire qui sert de point de départ pour toute quête de l'intelligibilité. Ainsi qu'on le dit de certaines carrières, l'histoire mène à tout, mais à condition d'en sortir.

*

* *

Cette autre chose, à quoi renvoie l'histoire en mal de références, démontre que la connaissance historique, quelle que soit sa valeur (qu'on ne songe pas à contester), ne mérite pas qu'on l'oppose aux autres formes de connaissance comme une forme absolument privilégiée. Nous avons noté plus haut [1] qu'on la découvre déjà enracinée dans la pensée sauvage, et nous comprenons maintenant pourquoi elle ne s'y épanouit pas. Le propre de la pensée sauvage est d'être intemporelle ; elle veut saisir le monde, à la fois comme totalité synchronique et diachronique, et la connaissance qu'elle en prend ressemble à celle qu'offrent, d'une chambre, des miroirs fixés à des murs opposés et qui se reflètent l'un l'autre (ainsi que les objets placés dans l'espace qui les sépare), mais sans être rigoureusement parallèles. Une multitude d'images se forment simultanément, dont chacune, par conséquent, n'apporte qu'une connaissance partielle de la décoration et du mobilier, mais dont le groupe se caractérise par des propriétés invariantes exprimant une vérité. La pensée sauvage approfondit sa connaissance à l'aide d'*imagines mundi*. Elle construit des édifices mentaux qui lui facilitent l'intelligence du monde pour autant qu'ils lui ressemblent. En ce sens, on a pu la définir comme pensée analogique.

1. P. 289-291.

Mais en ce sens aussi, elle se distingue de la pensée domestiquée, dont la connaissance historique constitue un aspect. Le souci de continuité qui inspire cette dernière apparaît en effet comme une manifestation, dans l'ordre temporel, d'une connaissance, non plus discontinue et analogique, mais intersticielle et unissante : au lieu de redoubler les objets par des schèmes promus au rôle d'objets surajoutés, elle cherche à surmonter une discontinuité originelle en reliant les objets entre eux. Mais c'est cette raison, entièrement occupée à réduire les écarts et à dissoudre les différences, qui peut être à bon droit appelée « analytique ». Par un paradoxe sur lequel on a récemment insisté, pour la pensée moderne, « continu, variabilité, relativité, déterminisme vont ensemble ». (Auger, p. 475.)

On opposera sans doute ce continu analytique et abstrait à celui de la *praxis* telle que la vivent des individus concrets. Mais ce second continu apparaît dérivé comme l'autre, puisqu'il n'est que le mode d'appréhension consciente de processus psychologiques et physiologiques qui sont eux-mêmes discontinus. Nous ne contestons pas que la raison se développe et se transforme dans le champ pratique : la façon dont l'homme pense traduit ses rapport au monde et aux hommes. Mais, pour que la *praxis* puisse se vivre comme pensée, il faut d'abord (dans un sens logique et non historique) que la pensée existe : c'est-à-dire que ses conditions initiales soient données, sous la forme d'une structure objective du psychisme et du cerveau à défaut de laquelle il n'y aurait ni *praxis*, ni pensée.

Quand nous décrivons donc la pensée sauvage comme un système de concepts englués dans les images, nous ne nous rapprochons nullement des robinsonnades (Sartre, pp. 642-643) de la dialectique constituante : toute raison constituante suppose une raison constituée. Mais, même si l'on concède à Sartre la circularité qu'il invoque pour dissiper le « caractère suspect » qui s'attache aux premières étapes de sa synthèse, ce sont bien des « robinsonnades » qu'il propose, et cette fois en guise de description des phénomènes, quand il prétend restituer le sens de l'échange matrimonial, du potlatch, ou de la démonstration des règles de mariage de sa tribu par un sauvage mélanésien. Sartre se réfère alors à une compréhension vécue dans la *praxis* des organisateurs, formule bizarre à quoi ne correspond rien de réel, sauf peut-être l'opacité qu'oppose toute société étrangère à celui qui la considère du dehors, et qui l'incite à projeter sur elle, sous forme d'attributs positifs, les lacunes de sa propre observation. Deux exemples nous aideront à préciser notre pensée.

Tout ethnologue ne peut manquer d'être frappé par la manière commune dont, à travers le monde, les sociétés les plus différentes conceptualisent les rites d'initiation. Que ce soit en Afrique, en Amérique, en Australie, ou en Mélanésie, ces rites reproduisent le même schème : on commence par « tuer » symboliquement les novices enlevés à leurs familles, et on les tient cachés dans la forêt ou dans la brousse où ils subissent les épreuves de l'au-delà ; après quoi ils « renaissent » comme membres de la société. Quand on les rend à leurs parents naturels, ceux-ci simulent donc toutes les phases d'un nouvel accouchement, et ils procèdent à une rééducation qui porte même sur les gestes élémentaires de l'alimentation ou de l'habillement. Il serait tentant d'interpréter cet ensemble de phénomènes comme une preuve qu'à ce stade la pensée est tout engluée dans la *praxis*. Mais ce serait voir les choses à l'envers, puisque c'est, au contraire, la *praxis* scientifique qui, chez nous, a vidé les notions de mort et de naissance de tout ce qui, en elles, ne correspondait pas à de simples processus physiologiques, les rendant impropres à véhiculer d'autres significations. Dans les sociétés à rites d'initiation, la naissance et la mort offrent la matière d'une conceptualisation riche et variée, pour autant qu'une connaissance scientifique tournée vers le rendement pratique — qui leur manque — n'a pas dépouillé ces notions (et tant d'autres) de la majeure partie d'un sens qui transcende la distinction du réel et de l'imaginaire : sens plein dont nous ne savons plus guère qu'évoquer le fantôme sur la scène réduite du langage figuré. Ce qui nous apparaît donc comme engluement est la marque d'une pensée qui prend tout bonnement au sérieux les mots dont elle se sert, alors que, dans des circonstances comparables, il ne s'agit pour nous que de « jeux » de mots.

Les tabous des beaux-parents offrent la matière d'un

apologue conduisant à la même conclusion par un chemin différent. L'interdiction fréquente de tout contact physique ou verbal entre proches alliés a paru si étrange aux ethnologues qu'ils se sont ingéniés à multiplier les hypothèses explicatives, sans toujours vérifier si elles ne se rendaient pas mutuellement superflues. Ainsi, Elkin explique la rareté du mariage avec la cousine patrilatérale en Australie par la règle qu'un homme, devant éviter tout contact avec sa belle-mère, sera bien avisé de choisir celle-ci parmi les femmes qui sont totalement étrangères à son propre groupe local (auquel appartiennent les sœurs de son père). La règle elle-même aurait pour but d'empêcher qu'une mère et sa fille ne se disputent l'affection du même homme ; enfin, le tabou se serait étendu par contamination à la grand-mère maternelle de la femme et à son mari. On a donc quatre interprétations concurrentes d'un phénomène unique : comme fonction d'un type de mariage, comme résultat d'un calcul psychologique, comme protection contre des tendances instinctives, et comme produit d'une association par contiguïté. Pourtant l'auteur n'est pas encore satisfait, puisqu'à ses yeux le tabou du beau-père relève d'une cinquième interprétation : le beau-père est créditeur de l'homme auquel il a donné sa fille, et le gendre se sent à son égard en position d'infériorité. (Elkin *4*, pp. 66-67, 117-120.)

On se contentera de la dernière interprétation, qui recouvre parfaitement tous les cas considérés, et qui rend les autres interprétations inutiles en soulignant leur naïveté. Mais pourquoi est-il si difficile de mettre ces usages à leur vraie place ? La raison nous semble être que les usages de notre propre société, qu'on pourrait leur comparer et qui fourniraient un point de repère pour les identifier, existent chez nous à l'état dissocié, alors que, dans ces sociétés exotiques, ils se présentent sous une forme associée qui nous les rend méconnaissables.

Nous connaissons le tabou des beaux-parents, ou au moins son équivalent approximatif. C'est celui qui nous interdit d'apostropher les grands de ce monde, et qui nous impose de nous écarter sur leur passage. Tout protocole l'affirme : on n'adresse pas en premier la parole au président de la République ou à la reine d'Angleterre ; et nous adoptons la même réserve quand des circonstances imprévues créent, entre un supérieur et nous, les conditions d'un voisinage plus proche que ne l'autoriserait la distance sociale qui nous sépare. Or, dans la plupart des sociétés, la position de donneur de femme s'accompagne d'une supériorité sociale (parfois aussi économique) ; celle de preneur, d'une infériorité et d'une dépendance. Cette inégalité des alliés peut s'exprimer objectivement dans les institutions, sous forme de hiérarchie fluide ou stable ; ou bien elle s'exprime subjectivement dans le système des relations interpersonnelles, par le moyen de privilèges et d'interdits.

Aucun mystère ne s'attache donc à des usages que l'expérience vécue nous dévoile dans leur intériorité. Nous sommes seulement déconcertés par leurs conditions constitutives, qui sont différentes dans chaque cas. Chez nous, ils sont nettement détachés d'autres usages, et liés à un contexte non équivoque. En revanche, dans les sociétés exotiques, les mêmes usages et le même contexte sont comme englués dans d'autres usages et dans un autre contexte : celui des liens familiaux, avec lesquel ils nous semblent incompatibles. Nous imaginons mal que, dans l'intimité, le gendre du président de la République voie en lui le chef de l'État de préférence au beau-père ; et si l'époux de la reine d'Angleterre se conduit publiquement comme le premier de ses sujets, il y a de bonnes raisons de supposer qu'en tête-à-tête il est simplement un mari. C'est l'un ou c'est l'autre. L'étrangeté superficielle du tabou des beaux-parents lui vient d'être en même temps l'un et l'autre.

Par conséquent, et comme nous l'avons déjà vérifié pour les opérations de l'entendement, le système d'idées et d'attitudes n'apparaît ici qu'*incarné*. Pris en lui-même, ce système n'offre rien qui puisse dérouter l'ethnologue : ma relation au président de la République consiste exclusivement en observances négatives, puisqu'en l'absence d'autres liens nos rapports éventuels sont intégralement définis par la règle que je ne lui parlerai pas à moins qu'il ne m'y invite, et que je me tiendrai à distance respectueuse de lui. Mais il suffirait que cette relation abstraite soit enrobée dans une relation concrète, et que les attitudes propres à chacune se cumulent, pour que je me retrouve aussi empêtré de ma famille qu'un indigène australien. Ce qui nous apparaît comme une plus grande aisance sociale et comme une plus grande mobilité intellectuelle tient donc à ce que nous préférons opérer avec des pièces détachées, sinon même avec « la monnaie de la pièce », tandis que l'indigène est un thésauriseur logique : sans trêve, il renoue les fils, replie inlassablement sur eux-mêmes tous les aspects du réel, que ceux-ci soient physiques, sociaux, ou mentaux. Nous trafiquons de nos idées ; lui s'en fait un trésor. La pensée sauvage met en pratique une philosophie de la finitude.

De là aussi vient le renouveau d'intérêt qu'elle inspire. Cette langue au vocabulaire restreint, qui sait exprimer n'importe quel message par des combinaisons d'oppositions entre des unités constitutives, cette logique de la compréhension pour qui les contenus sont indissociables de la forme, cette systématique des classes finies, cet univers fait de significations, ne nous apparaissent plus comme les témoins rétrospectifs d'un temps

> « … où le ciel sur la terre
> Marchait et respirait dans un peuple de dieux »

et que le poète n'évoque que pour demander s'il doit être ou non regretté. Ce temps nous est aujourd'hui rendu, grâce à la découverte d'un univers de l'information où règnent à nouveau les lois de la pensée sauvage : ciel aussi, marchant sur la terre dans un peuple d'émetteurs et de récepteurs dont les messages, tant qu'ils circulent, constituent des objets du monde physique, et peuvent être saisis à la fois du dehors et du dedans.

L'idée que l'univers des primitifs (ou prétendus tels) consiste principalement en messages n'est pas nouvelle. Mais, jusqu'à une époque récente, on attribuait une valeur négative à ce qu'on avait tort de prendre pour un caractère distinctif, comme si cette différence entre l'univers des primitifs et le nôtre contenait l'explication de leur infériorité mentale et technologique, alors qu'elle les met plutôt de plain-pied avec les modernes théoriciens de la documentation [1]. Il fallait que la science physique

1. Le documentaliste ne récuse ni ne discute la substance des ouvrages qu'il analyse pour en tirer les unités constitutives de son

découvrît qu'un univers sémantique possède tous les caractères d'un objet absolu, pour que l'on reconnût que la manière dont les primitifs conceptualisent leur monde est non seulement cohérente, mais celle même qui s'impose en présence d'un objet dont la structure élémentaire offre l'image d'une complexité discontinue.

Du même coup se trouvait surmontée la fausse antinomie entre mentalité logique et mentalité prélogique. La pensée sauvage est logique, dans le même sens et de la même façon que la nôtre, mais comme l'est seulement la nôtre quand elle s'applique à la connaissance d'un univers auquel elle reconnaît simultanément des propriétés physiques et des propriétés sémantiques. Ce malentendu une fois dissipé, il n'en reste pas moins vrai que, contrairement à l'opinion de Lévy-Brühl, cette pensée procède par les voies de l'entendement, non de l'affectivité ; à l'aide de distinctions et d'oppositions, non par confusion et participation. Bien que le terme ne fût pas encore entré dans l'usage, de nombreux textes de Durkheim et de Mauss montrent qu'ils avaient compris que la pensée dite primitive était une pensée quantifiée.

On nous objectera qu'une différence capitale subsiste, entre la pensée des primitifs et la nôtre : la théorie de l'information s'intéresse à des messages qui sont authentiquement tels, alors que les primitifs prennent à tort, pour des messages, de simples manifestations du déterminisme physique. Mais il y a deux raisons qui retirent tout poids à cet argument. En premier lieu, la théorie de l'information a été généralisée, et elle s'étend à des phénomènes qui ne possèdent pas intrinsèquement le caractère de messages, notamment à ceux de la biologie ; les illusions du totémisme ont eu au moins l'avantage de mettre en lumière la place fondamentale qui revient aux phénomènes de cet ordre, dans l'écono-

code ou y adapter celles-ci, soit en les combinant entre elles, soit en les décomposant en unités plus fines si besoin est. Il traite donc les auteurs comme des dieux, dont les révélations seraient écrites sur du papier au lieu d'être inscrites dans les êtres et les choses, tout en offrant la même valeur sacrée qui tient au caractère suprêmement signifiant que, pour des raisons soit méthodologiques ou ontologiques, on ne saurait, par hypothèse, se dispenser de leur reconnaître dans les deux cas.

mie des systèmes de classification. En traitant les propriétés sensibles du règne animal et du règne végétal comme si c'étaient les éléments d'un message, et en y découvrant des « signatures » — donc des signes —, les hommes ont commis des erreurs de repérage : l'élément signifiant n'était pas toujours celui qu'ils croyaient. Mais, à défaut des instruments perfectionnés qui leur auraient permis de le situer là où il est le plus souvent, c'est-à-dire au niveau microscopique, ils discernaient déjà « comme à travers un nuage » des principes d'interprétation dont il a fallu des découvertes toutes récentes — télé-communications, calculatrices et microscope électroniques — pour nous révéler la valeur heuristique et la congruence au réel.

Surtout, du fait que les messages (pendant leur période de transmission, où ils existent objectivement en dehors de la conscience des émetteurs et des récepteurs) manifestent des propriétéés communes entre eux et le monde physique, il résulte qu'en se méprenant sur les phénomènes physiques (non pas absolument, mais relativement au niveau où ils les appréhendaient), et en les interprétant comme si c'étaient des messages, les hommes pouvaient tout de même accéder à certaines de leurs propriétés. Pour qu'une théorie de l'information pût être élaborée, il était sans doute indispensable que l'on découvrît que l'univers de l'information était une partie, ou un aspect, du monde naturel. Mais la validité du passage des lois de la nature à celles de l'information une fois démontrée, elle implique la validité du passage inverse : celui qui, depuis des millénaires, permet aux hommes de s'approcher des lois de la nature par les voies de l'information.

Certes, les propriétés accessibles à la pensée sauvage ne sont pas les mêmes que celles qui retiennent l'attention des savants. Selon chaque cas, le monde physique est abordé par des bouts opposés : l'un suprêmement concret, l'autre suprêmement abstrait ; et soit sous l'angle des qualités sensibles, soit sous celui des propriétés formelles. Mais que, théoriquement au moins, et si des brusques changements de perspective ne s'étaient pas produits, ces deux cheminements fussent promis à se rejoindre explique qu'ils aient l'un et l'autre, et indépendamment l'un de l'autre dans le temps et dans l'espace, conduit à deux savoirs distincts bien qu'également positifs : celui dont une théorie du sensible a fourni la base, et qui continue de pourvoir à nos besoins essentiels par le moyen de ces arts de la civilisation : agriculture, élevage, poterie, tissage, conservation et préparation des aliments, etc., dont l'époque néolithique marque l'épanouissement, et celui qui se situe d'emblée sur le plan de l'intelligible, et dont la science contemporaine est issue.

Il aura fallu attendre jusqu'au milieu de ce siècle pour que des chemins longtemps séparés se croisent : celui qui accède au monde physique par le détour de la communication, et celui dont on sait depuis peu que, par le détour de la physique, il accède au monde de la communication. Le procès tout entier de la connaissance humaine assume ainsi le caractère d'un système clos. C'est donc rester encore fidèle à l'inspiration de la pensée sauvage que de reconnaître que l'esprit scientifique, sous sa forme la plus moderne, aura contribué, par une rencontre qu'elle seule eût su prévoir, à légitimer ses principes et à la rétablir dans ses droits.

12 juin-16 octobre 1961.

APPENDICE

Sur la Pensée sauvage (*Viola tricolor,* L. ; Pensée des champs, Herbe de la Trinité) :

« Jadis, la violette tricolore [pensée sauvage] exhalait un parfum plus suave que la violette de mars (ou violette odorante). Elle poussait alors au milieu des blés, que foulaient tous ceux qui voulaient la cueillir. La violette eut pitié du blé, et elle supplia humblement la Sainte Trinité de lui retirer son parfum. Sa prière fut exaucée, et c'est pourquoi on la nomme fleur de la Trinité. » (Panzer, II, 203, cité par Perger, p. 151.)

« La fleur des variétés cultivées est parée de deux couleurs (violet et jaune, ou jaune et blanc), parfois de trois (violet, jaune, blanc jaunâtre), et vivement contrastées... En allemand, pensée : *Stiefmütterchen* : petite marâtre. Dans l'interprétation populaire, le somptueux pétale éperonné figure la marâtre (épouse en secondes noces du père), les deux pétales adjacents, aussi très colorés, représentent ses enfants, et les pétales supérieurs (dont les couleurs sont plus effacées), les enfants du premier lit. Le folklore polonais offre une interprétation symbolique un peu différente, et qui mérite d'autant plus d'attention qu'elle tient compte de la position des sépales, tout en offrant un contenu poétique aussi riche que la version allemande. Le pétale inférieur, qui est le plus remarquable, repose de chaque côté sur un sépale : c'est la marâtre, assise dans un fauteuil. Les deux pétales adjacents, encore richement colorés, reposent chacun sur un sépale, et ils représentent les enfants du deuxième lit, chacun pourvu d'un siège.

Les deux pétales supérieurs, dont la couleur est plus terne, s'appuient latéralement sur l'éperon du calice qui pointe au milieu : ce sont les pauvres enfants du premier lit, qui doivent se contenter d'un siège pour deux. Wagner (*In die Natur,* p. 3) complète cette interprétation. Le pétale somptueusement coloré — c'est-à-dire la marâtre — doit s'incliner vers le bas en guise de châtiment, tandis que les humbles enfants du premier lit (les pétales supérieurs) sont tournés vers le haut. La pensée sauvage sert à préparer une tisane qui purifie le sang, dite : tisane de la Trinité. » (Hoefer et Kr.)

« L'interprétation par une marâtre, deux frères du second lit ayant chacun son siège, et deux frères du premier lit partageant un seul siège, est très ancienne... D'après *Ascherson's Quellen,* les pétales symbolisent quatre sœurs (deux du premier lit et deux du second), tandis que la marâtre correspond au cinquième pétale, non apparié. » (Treichel, *Volksthümliches.)*

« Vous admirez mes pétales, dit la fleur de violette, mais considérez-les de plus près : leur taille et leur ornementation diffèrent. Celui du bas s'étale, c'est la méchante marâtre qui s'approprie tout ; elle s'est installée sur deux chaises à la fois, puisque, comme vous voyez, il y a deux sépales sous ce grand pétale. A sa droite et à sa gauche se trouvent ses propres filles ; chacune a son siège. Et très loin d'elle, on voit les deux pétales d'en haut : ses deux belles-filles, qui se blottissent humblement sur le même siège. Alors, le bon Dieu s'apitoie sur le sort des belles-filles délaissées ; il punit la méchante marâtre en retournant la fleur sur son pédoncule : la marâtre, qui se trouvait en haut quand la fleur était à l'endroit, sera désormais en bas, et une grosse bosse lui pousse sur le dos ; ses filles reçoivent une barbe en punition de leur orgueil, et celle-ci les rend ridicules aux yeux de tous les enfants qui les verront ; tandis que les belles-filles méprisées sont maintenant placées plus haut qu'elles. » (Herm. Wagner, *In die Natur,* p. 3 ; cité par Branky, *Pflanzensagen.)*

« Voici pourquoi la pensée s'appelle *Syrotka* (orpheline). Il y avait une fois un mari, sa femme, et leurs deux filles. La femme mourut, et l'homme épousa en secondes noces une autre femme, qui eut aussi deux filles. Elle ne donnait jamais qu'un seul siège à ses beaux-enfants, mais elle en donnait à chacun des siens, et elle s'en réservait deux pour son propre usage. Quand ils moururent tous, saint Pierre les fit s'asseoir de la même manière, et c'est ce que ''dépeint'' la pensée telle que nous la voyons aujourd'hui. Les deux orphelines, qui devaient toujours se contenter d'un seul siège, sont en deuil et toutes blanches, tandis que les filles du second lit sont parées de vives couleurs et ne portent pas le deuil. La marâtre, installée sur ses deux sièges, est tout entière bleue et rouge, et elle ne porte pas le deuil non plus. » (Légende de la Lusace, W. von Schulenburg, *Wendisches Volksthum,* 1882, p. 43.)

« Un jour, à l'insu des parents, un frère épousa sa sœur (sans savoir qu'elle était sa sœur). Quand tous deux connurent leur crime involontaire, ils en eurent un tel chagrin que Dieu en eut pitié et les transforma en cette fleur (la pensée), qui a gardé le nom de *bratky* (les frères) ». — (Légende de l'Ukraine, *Revue d'Ethnographie* (en russe), t. III, 1889, p. 211 [Th. V.]).

D'après Rolland, *Flore,* t. II, pp. 179-181.

BIBLIOGRAPHIE

ALVIANO, F. DE : « Notas etnograficas sobre os Ticunas do Alto Solimões ». *Revista do Instituto Historico e Geografico Brasileiro*, vol. 180, 1943.

ANDERSON, A. J. O. and DIBBLE, Ch. E. : *Florentine Codex. Book 2*, Santa Fé, N. M., 1951.

ANDERSON, E. : *Plants, Man and Life*, Boston, 1952.

ANTHONY, H. G. : *Field Book of North American Mammals*, New York, 1928.

AUGER, P. : « Structures et complexités dans l'univers de l'antiquité à nos jours ». *Cahiers d'histoire mondiale*, vol. 6, n° 3, Neuchâtel, 1960.

BALANDIER, G. : « Phénomènes sociaux totaux et dynamique sociale ». *Cahiers internationaux de sociologie*, vol. 30, Paris, 1961.

BALZAC, H. DE : *La Comédie humaine*, 10 vol. Bibl. de la Pléiade, Paris, 1940-1950.

BARRETT, S. A. : « Totemism among the Miwok ». *Journal of American Folklore*, vol. 21, Boston-New York, 1908.

BARROWS, D. P. : *The Ethno-Botany of the Coahuilla Indians of Southern California*, Chicago, 1900.

BATESON, G. : *Naven*, Cambridge, 1936.

BEATTIE, J. H. M. : « Nyoro Personal Names ». *The Uganda Journal*, vol. 21, n° 1, Kampala, 1957.

BECKWITH, M. W. : « Mandan-Hidatsa Myths and Ceremonies ». *Memoirs of the American Folklore Society*, vol. 32, New York, 1938.

BENEDICT, P. K. : « Chinese and Thai Kin numeratives ». *Journal of the American Oriental Society*, vol. 65, 1945.

BEIDELMAN, T. O. : « Right and Left Hand among the Kaguru : A note on Symbolic Classification ». *Africa*, vol. 31, n° 3, London, 1961.

328 LA PENSÉE SAUVAGE

BERGSON, H. : *Les Deux Sources de la morale et de la religion*, 88ᵉ éd., Paris, 1958.

BETH, E. W. : *Les Fondements logiques des mathématiques*, Paris, 1955.

BOAS, F. :

(1) Introduction to : James Teit, « Traditions of the Thompson River Indians of British Columbia ». *Memoirs of the American Folklore Society*, vol. 6, 1898.

(2) « Handbook of American Indian Languages », Part. 1. *Bulletin 40, Bureau of American Ethnology*, Washington, D. C., 1911.

(3) « The Origin of Totemism ». *American Anthropologist*, vol. 18, 1916.

(4) « Ethnology of the Kwakiutl ». *35 th Annual Report, Bureau of American Ethnology*, 2 vol. (1913-1914), Washington, D. C., 1921.

(5) « Mythology and Folk-Tales of the North American Indians ». Reprinted in : *Race, Language and Culture*, New York, 1940.

BOCHET, G. : « Le Poro des Dieli ». *Bulletin de l'Institut Français d'Afrique noire*, vol. 21, nᵒˢ 1-2, Dakar, 1959.

BOWERS, A. W. : *Mandam Social and Ceremonial Organization*, Chicago, 1950.

BRÖNDAL, V. : *Les Parties du discours*, Copenhague, 1928.

BROUILLETTE, B. : *La Chasse des animaux à fourrure au Canada*, Paris, 1934.

CAPELL, A. : « Language and World View in the Northern Kimberley, W. Australia ». *Southwestern Journal of Anthropology*, vol. 16, nᵒ 1, Albuquerque, 1960.

CARPENTER, E. : Communication personnelle, 26-10-61.

CHARBONNIER, G. : « Entretiens avec Claude Lévi-Strauss », *Les Lettres Nouvelles* 10, Paris, 1961.

COGHLAN, H. H. : « Prehistoric Copper and some Experiments in Smelting ». *Transactions of the Newcomen Society*, 1940.

COLBACCHINI, P. A. et ALBISETTI, P. C. : *Os Bororos Orientais*, São Paulo-Rio de Janeiro, 1942.

COMTE, A. : *Cours de philosophie positive*, 6 vol., Paris, n. éd., 1908.

CONKLIN, H. C. :

(1) *The Relation of Hanunóo Culture to the Plant World*. Doctoral Dissert., Yale, 1954 (microfilm).

(2) « Hanunóo Color Categories ». *Southwestern Journal of Anthropology*, vol. II, nᵒ 4, Albuquerque, 1955.

(3) Betel Chewing among the Hanunóo. *Proceedings of the 4 th Fareastern Prehistoric Congress*, Paper nᵒ 56, Quezon City (Nat. Res. Council of the Philippines), 1958.

(4) *Lexicographical Treatment of Folk Taxonomies*, mimeogr., 1960.

COOKE, Ch. A. : « Iroquois Personal Names - Their Classification ». *Proceedings of the American Philosophical Society*, vol. 96, fasc. 4, Philadelphia, 1952.

CRUZ, M. : « Dos nomes entre os Bororos ». *Revista do Instituto Historico e Geografico Brasileiro,* vol. 175 (1940), 1941.

CUNNISON, I. G. : *The Luapula Peoples of Northern Rhodesia,* Manchester, 1959.

DELATTE, A. : « Herbarius : Recherches sur le cérémonial usité chez les anciens pour la cueillette des simples et des plantes magiques ». *Bibl. de la Fac. de Phil. et Let. Univ. de Liège,* fasc. LXXXI, Liège-Paris, 1938.

DENNETT, R. E. : *Nigerian Studies,* London, 1910.

DENNLER, J. G. : « Los nombres indigenas en guarani ». *Physis,* nº 16, Buenos Aires, 1939.

DENSMORE, F. :
(1) « Papago Music ». *Bulletin 90, Bureau of American Ethnology,* Washington, D.C., 1929.
(2) « Mandan and Hidatsa Music ». Bulletin 80, Bureau of American Ethnology, Washington, D. C., 1923.

DIAMOND, S. : « Anaguta Cosmography : The Linguistic and Behavioral Implications ». *Anthropological Linguistics,* vol. 2, nº 2, 1960.

DICKENS, Ch. : *Great Expectations,* Complete Works, 30 vol., New York and London, s. d.

DIETERLEN, G. :
(1) « Les Correspondances cosmo-biologiques chez les Soudanais ». *Journal de Psychologie normale et pathologique,* 43ᵉ année, nº 3, Paris, 1950.
(2) « Classification des végétaux chez les Dogon ». *Journal de la Société des Africanistes,* tome XXII, Paris, 1952.
(3) « Parenté et Mariage chez les Dogon (Soudan français) ». *Africa,* vol. 26, nº 2, London, April 1956.
(4) « Mythe et organisation sociale au Soudan français ». *Journal de la Société des Africanistes,* tome XXV, fasc. I et II, 1955.
(5) « Mythe et organisation sociale en Afrique occidentale ». *Journal de la Société des Africanistes,* tome XXIX, fasc. 1, Paris, 1959.
(6) « Note sur le totémisme dogon », *L'Homme,* II, 1, Paris, 1962.

DORSEY, G. A. and KROEBER, A. L. : « Traditions of the Arapaho ». *Field Columbian Museum, Publ. 81, Anthropological Series,* vol. 5, Chicago, 1903.

DORSEY, J. O. :
(1) « Osage Traditions ». *6 th Annual Report, Bureau of American Ethnology* (1884-1885), Washington, D. C., 1888.
(2) « Siouan Sociology ». *15 th Annual Report, Bureau of American Ethnology* (1893-1894), Washington, D. C., 1897.

DUPIRE, M. : « Situation de la femme dans une société pastorale (Peul nomades du Niger) » *in :* D. Paulme éd., *Femmes d'Afrique Noire,* Paris-La Haye, 1960.

DURKHEIM, E. : *Les Formes élémentaires de la vie religieuse,* 2ᵉ éd., Paris, 1925.

DURKHEIM, E. et MAUSS, M. : « Essai sur quelques formes primitives de classification ». *L'Année Sociologique,* vol. 6, 1901-1902.

ELKIN, A. P. :
(1) « Studies in Australian Totemism. Sub-Section, Section and Moiety Totemism ». *Oceania*, vol. 4, n° 1, 1933-1934.
(2) « Studies in Australian Totemism. The Nature of Australian Totemism ». *Ocenia*, vol. 4, n° 2, 1933-1934.
(2 a) « Cult Totemism and Mythology in Northern South Australia ». *Ocenia*, vol. 5, n° 2, 1934.
(3) « Kinship in South Australia ». *Oceania*, vol. 8, 9, 10, 1937-1940.
(4) *The Australian Aborigines*, Sydney-London, 3ᵉ éd., 1961.

ELMENDORF, W. W. and KROEBER, A. L. : « The Structure of Twana Culture ». *Research Studies, Monographic Supplement n° 2*, Pullman, Washington, 1960.

ELMORE, F. H. : « Ethnobotany of the Navajo ». *The University of New Mexico Bulletin, Monograph Series*, vol. 1, n° 7, Albuquerque, 1943.

EVANS-PRITCHARD, E. E. :
(1) « Witchcraft ». *Africa*, vol. 8, n° 4, London, 1955.
(2) *Nuer Religion*, Oxford, 1956.
(3) « Zande Clans and Totems ». *Man*, vol. 61, art. n° 147, London, 1961.

FIRTH, R. :
(1) « Totemism in Polynesia ». *Oceania*, vol. 1, nᵒˢ 3 et 4, 1930, 1931.
(2) *History and Traditions of Tikopia*, Wellington, 1961.

FISCHER, J. L. FISCHER, A., and MAHONY, F. : « Totemism and Allergy ». *The International Journal of Social Psychiatry*, vol. 5, n° 1, 1959.

FLETCHER, A. C. :
(1) « A Pawnee Ritual used when changing a Man's name ». *American Anthropologist*, vol. I, 1899.
(2) « The Hako : A Pawnee Ceremony », *22 nd Annual Report, Bureau of American Ethnology* (1900-1901), Washington, D. C., 1904.

FLETCHER, A. C. and LA FLESCHE, F. : « The Omaha, Tribe », *27 th Annual Report, Bureau of American Ethnology* (1905-1906), Washington, D. C., 1911.

FORTUNE, R.F. :
(1) « Omaha Secret Societies ». *Columbia University Contributions to Anthropology*, vol. 14, New York, 1932.
(2) *Sorcerers of Dobu*, New York, 1932.

FOURIE, L. : « Preliminary Notes on Certain Customs of the Hei-/om Bushmen ». *Journal of the Southwest Africa Society*, vol. 1, 1925-1926.

FOX, C. E. : *The Threshold of the Pacific*, London, 1924.

FOX, R. B. : « The Pinatubo Negritos : their useful plants and material culture ». *The Philippine Journal of Science*, vol. 81 (1952), nᵒˢ 3-4, Manila, 1953.

FRAKE, Ch. O. : « The Diagnosis of Disease among the Subanun of Mindanao ». *American Anthropologist*, vol. 63, n° 1, 1961.

FRAZER, J. G. : *Totemism and Exogamy,* 4 vol., Londres, 1910.

FREEMAN, J. D. : « Iban Augury ». *Bijdragen tot de Taal-, Land- en Volkenkunde,* Deel 117, 1ᵉ Afl., 'S-Gravenhage, 1961.

FREUD, S. : *Totem et Tabou.* Trad. française, Paris, 1924.

GARDINER, A. H. : *The Theory of Proper Names. A Controversial Essay,* London, 2nd ed., 1954.

GEDDES, W. R. : *The Land Dayaks of Sarawak,* Colonial Office. London, 1954.

GILGES, W. : « Some African Poison Plants and Medicines of Northern Rhodesia ». *Occasional Papers, Rhodes-Livingstone Museum,* n° 11, 1955.

GOLDENWEISER, A. A. : « On Iroquois Work ». *Summary Report of the Geological Survey of Canada.* Ottawa, Department of Mines, 1913.

GRZIMEK, B. : « The Last Great Herds of Africa ». *Natural History,* vol. 70, n° 1. New York, 1961.

HAILE, Father B. : *Origin Legend of the Navaho Flintway,* Chicago, 1943.

HAILE, Father B. and WHEELWRIGHT, M. C. : *Emergence Myth according to the Hanelthnayhe Upward Reaching Rite.* Navajo Religion Series, vol. 3, Santa Fe, 1949.

HALLOWELL, A. I. : « Ojibwa Ontology, Behavior and World View », *in :* S. Diamond, ed., *Culture in History. Essays in Honor of Paul Radin,* New York, 1960.

HAMPATE BA, A. et DIETERLEN, G. : « Koumen. Texte initiatique des Pasteurs Peul ». *Cahiers de l'Homme,* nouvelle série 1, Paris-La Haye, 1961.

HANDY, E. S. Craighil and PUKUI, M. Kawena : « The Polynesian Family System in Ka-'u, Hawai'i ». *The Polynesian Society,* Wellington, N. Z., 1958.

HARNEY, W. E. : « Ritual and Behaviour at Ayers Rock ». *Oceania,* vol. 31, n° 1, Sydney, 1960.

HARRINGTON, J. P. : « Mollusca among the American Indians ». *Acta Americana,* vol. 3, n° 4, 1945.

HART, C. W. M. : « Personal Names among the Tiwi ». *Oceania,* vol. 1, n° 3, 1930.

HEDIGER, H. : *Studies of the Psychology and Behaviour of Captive Animals in Zoos and Circus* (transl. from German), London, 1955.

HENDERSON, J. and HARRINGTON, J. P. : « Ethnozoology of the Tewa Indians ». *Bulletin n° 56, Bureau of American Ethnology,* Washington, D. C., 1914.

HENRY, J. : *Jungle People. A Kaingáng Tribe of the Highlands of Brazil,* New York, 1941.

HERNANDEZ, Th. : « Social Organization of the Drysdale River Tribes, North-West Australia ». *Oceania,* vol. 11, 1940-41.

HEYTING, A. : *Les Fondements des Mathématiques,* Paris, 1955.

HOFFMAN, W. J. : « The Menomini Indians ». *14 th Annual Report. Bureau of American Ethnology*, part 1 (1892-93), Washington, D. C., 1896.

HOLLIS, A. C. : *The Nandi, their Language and Folklore*, Oxford, 1909.

HUBERT, R. et MAUSS, M. :
(1) *Mélanges d'histoire des religions*, 2ᵉ éd., 1929.
(2) « Esquisse d'une théorie générale de la magie ». *L'Année Sociologique*, tome VII, 1902-03, *in :* Mauss, M. *Sociologie et Anthropologie*, Paris, 1950.

IVENS, W. G. : *Melanesians of the South-East Solomon Islands*, London, 1927.

JAKOBSON, R. : « Concluding Statement : Linguistics and Poetics », *in :* Thomas A. Sebeok, ed. *Style in Language*, New York-London, 1960.

JAKOBSON, R. and HALLE M. : *Fundamentals of Language*, 'S-Gravenhage, 1956.

JENNESS, D. :
(1) « The Indian's Interpretation of Man and Nature ». *Proceedings and Transactions, Royal Society of Canada*, Section II, 1930.
(2) « The Ojibwa Indians of Parry Island. Their Social and Religious Life ». *Bulletins of the Canada Department of Mines, National Museum of Canada*, nº 78, Ottawa, 1935.
(3) « The Carrier Indians of the Bulkley River ». *Bulletin nº 133, Bureau of American Ethnology*, Washington, D. C., 1943.

JENSEN, B. : « Folkways of Greenland Dog-Keeping ». *Folk*, vol. 3, Copenhague, 1961.

K., W. : « How Foods Derive their Flavor » (compte rendu d'une communication de E. C. Crocker à la *Eastern New York Section of the American Chemical Society*). *The New York Times*, May 2, 1948.

KELLY, C. Tennant : « Tribes on Cherburg Settlement, Queensland ». *Oceania*, vol. 5, nº 4, 1935.

KINIETZ, W. V. : « Chippewa Village. The Story of Katikitegon ». *Bulletin nº 25, Cranbrook Institute of Science*, Detroit, 1947.

KOPPERS, W. : *Die Bhil in Zentralindien*. Wien, 1948.

KRAUSE, A. : *The Tlingit Indians*. Transl. by E. Gunther, Seattle, 1956.

KRIGE, E. J. and J. D. : *The Realm of a Rain Queen*, Oxford, 1943.

KROEBER, A. L. :
(1) « Zuni Kin and Clan », *Anthropological Papers of the American Museum of Natural History*, vol. 18, part. II, New York, 1917.
(2) « Handbook of the Indians of California », *Bulletin 78, Bureau of American Ethnology*, Washington, D. C., 1925.

KROTT, P. : « Ways of the Wolverine ». *Natural History*, vol. 69, nº 2, New York, 1960.

LA BARRE, W. : « Potato Taxonomy among the Aymara Indians of Bolivia ». *Acta Americana*, vol. 5, nᵒˢ 1-2, 1947.

LA FLESCHE, F. :
(1) « Right and Left in Osage Ceremonies ». *Holmes Anniversary Volume*, Washington, D. C., 1916.
(2) « The Osage Tribe. Rites of the Chiefs : Sayings of the Ancient Men ». *36 th Annual Report, Bureau of American Ethnology* (1914-1915), Washington, D.C., 1921.
(3) « The Osage Tribe. The Rite of Vigil ». *39 th Annual Report, Bureau of American Ethnology* (1917-1918), Washington, D. C., 1925.
(4) « The Osage Tribe. Child Naming Rite ». *43 rd Annual Report, Bureau of American Ethnology* (1925-1926), Washington, D. C., 1928.
(5) « The Osage Tribe. Rite of the Wa-Xo'-Be ». *45 th Annual Report, Bureau of American Ethnology* (1927-1928), Washington, D. C., 1930.

LAGUNA, F. DE : « Tlingit Ideas about the Individual ». *Southwestern Journal of Anthropology*, vol. 10, n° 2, Albuquerque, 1954.

LAROCK, V. : *Essai sur la valeur sacrée et la valeur sociale des noms de personnes dans les sociétés inférieures*, Paris, 1932.

LEIGHTON, A. H. and D. C. : « Gregorio, the Hand-Trembler, A Psychobiological Personality Study of a Navaho Indian ». *Papers of the Peabody Museum, Harvard University*, vol. 40, n° 1, Cambridge, Mass, 1949.

LÉVI-STRAUSS, C. :
(1) *Les Structures élémentaires de la parenté*, Paris, 1949.
(2) *Tristes Tropiques*, Paris, 1955.
(3) « Documents Tupi-Kawahib », *in : Miscellanea Paul Rivet, Octogenario Dicata*, Mexico, 1958.
(4) *Collège de France*, chaire d'Anthropologie sociale. *Leçon inaugurale* faite le mardi 5 janvier 1960. Paris, 1960.
(5) « La Structure et la forme, réflexions sur un ouvrage de Vladimir Propp ». *Cahiers de l'Institut de Science économique appliquée* (Recherches et dialogues philosophiques et économiques, 7), n° 99, Paris, 1960.
(6) *Le Totémisme aujourd'hui*, Paris, 1962.

LIENHARDT, G. : *Divinity and Experience. The Religion of the Dinka*, London, 1961.

LOEB, E. M. : « Kuanyama Ambo Magic », *Journal of American Folklore*, vol. 69, 1956.

LONG, J. K. : *Voyages and Travels of an Indian Interpreter and Trader* (1791), Chicago, 1922.

MANU (The Laws of) : *The Sacred Books of the East*, ed. by F. Max Müller, vol. 25, Oxford, 1886.

McCLELLAN, C. : « The Interrelations of Social Structure with Northern Tlingit Ceremonialism ». *Southwestern Journal of Anthropology*, vol. 10, n° 1, Albuquerque, 1954.

McCONNEL, U. : « The Wik-Munkan Tribe of Cape York Peninsula ». *Oceania*, vol. 1, n⁰ˢ 1 and 2, 1930-31.

MARSH, G. H. and LAUGHLIN, W. S. : « Human Anatomical Knowledge among the Aleutian Islanders ». *Southwestern Journal of Anthropology*, vol. 12, n° 1, Albuquerque, 1956.

MAUSS, M. : (Cf. aussi HUBERT et MAUSS, DURKHEIM et MAUSS.) « L'âme et le prénom », *Bulletin de la Société française de Philosophie*, Séance du 1ᵉʳ juin 1929 (29ᵉ année).

MEGGITT, M. J. : « The Bindibu and Others ». *Man*, vol. 61, art. n° 172, London, 1961.

MICHELSON, T. :
(1) « Notes on Fox Mortuary Customs and Beliefs ». *40 th Annual Report, Bureau of American Ethnology* (1918-1919), Washington, D. C., 1925.
(2) « Fox Miscellany », *Bulletin 114, Bureau of American Ethnology*, Washington, D. C., 1937.

MIDDLETON, J. : « The Social Significance of Lugbara Personal Names ». *The Uganda Journal*, vol. 25, n° 1, Kampala, 1961.

MOONEY, J. : « The Sacred Formulas of the Cherokee ». *7 th Annual Report, Bureau of American Ethnology*, Washington, D. C., 1886.

NEEDHAM, R. :
(1) « The System of Teknonyms and Death-Names of the Penan ». *Southwestern Journal of Anthropology*, vol. 10, n° 4, Albuquerque, 1954.
(2) « A Penan Mourning-Usage ». *Bijdragen tot de Taal-Land- en Volkenkunde*, Deel 110, 3ᵉ Afl., 'S-Gravenhage, 1954.
(3) « The Left Hand of the Mugwe : An Analytical Note on the Structure of Meru Symbolism ». *Africa*, vol. 30, n° 1, London, 1960.
(4) « Mourning Terms », *Bijdragen tot de Taal-, Land- en Volkenkunde*, Deel 115, 1ʳᵉ Afl., 'S-Gravenhage, 1959.

NELSEN, E. W. : *Wild Animals of North America*, Washington, D. C., 1918.

NSIMBI, N. B. : « Baganda Traditional Personal Names ». *The Uganda Journal*, vol. 14, n° 2, Kampala, 1950.

PARSONS, E. C. : « Hopi and Zuñi Ceremonialism ». *Memoirs of the American Anthropological Association*, n° 39, Menasha, 1933.

PASO Y TRONCOSO, F. del : « La Botánica entre los Nahuas », *Anales Mus. Nac. Mexic.*, tome III, Mexico, 1886.

PEIRCE, Ch. S. : « Logic as Semiotic : the Theory of Signs », *in :* J. Buchler, ed. *The Philosophy of Peirce : Selected Writings*, London, 3 rd ed., 1956.

PINK, O. : « Spirit Ancestors in a Northern Aranda Horde Country ». *Oceania*, vol. 4, n° 2, Sydney, 1933-34.

RADCLIFFE-BROWN, A. R. :
(1) « The Social Organization of Australian Tribes ». *Oceania*, vol. 1, n° 2, 1930-31.
(2) « The Comparative Method in Social Anthropology ». Huxley Memorial Lecture for 1951. *Journal of the Royal Anthropological Institute*, vol. 81, parts I and II, 1951 (Published 1952). Republié dans : *Method in Social Anthropology*, Chicago, 1958, chap. V.
(3) « Introduction » *in :* A. R. Radcliffe-Brown and Daryll Forde, eds. *African Systems of Kinship and Marriage*, Oxford, 1950.

RADIN, P. :
(1) « The Winnebago Tribe », 37 th *Annual Report, Bureau of American Ethnology* (1915-1916), Washington, D. C., 1923.
(2) « Mexican Kinship Terms ». *University of California Publications in American Archaelogy and Ethnology*, vol. 31, Berkeley, 1931.

RASMUSSEN, K. : « Intellectual Culture of the Copper Eskimos », *Report of the Fifth Thule Expedition*, vol. 9, Copenhague, 1932.

READ, K. E. : « Leadership and Consensus in a New Guinea Society ». *American Anthropologist*, vol. 61, n° 3, 1959.

REICHARD, G. A. :
(1) « Navajo Classification of Natural Objects ». *Plateau*, vol. 21, Flagstaff, 1948.
(2) *Navaho Religion. A Study of Symbolism*, 2 vol. Bollingen Series XVIII, New York, 1950.

REKO, B. P. : *Mitobotanica Zapoteca*, Tacubaya, 1945.

RETZ, Cardinal DE : *Mémoires*. Bibliothèque de la Pléiade, Paris, 1949.

RISLEY, H. H. : *Tribes and Castes of Bengal*, 4 vol., Calcutta, 1891.

RITZENTHALER, R. : « Totemic Insult among the Wisconsin Chippewa ». *American Anthropologist*, vol. 47, 1945.

RIVERS, W. H. R. : « Island-Names in Melanesia ». *The Geographical Journal*, London, May, 1912.

ROBBINS, W. W. HARRINGTON, J. P., and FREIRE-MARRECO, B. : « Ethnobotany of the Tewa Indians ». *Bulletin n° 55, Bureau of American Ethnology*, Washington, D. C., 1916.

ROCAL, G. : *Le Vieux Périgord*, 3ᵉ éd., Paris, 1928.

ROLLAND, E. :
(1) *Faune populaire de la France*. Tome II, « Les Oiseaux sauvages », Paris, 1879.
(2) *Flore populaire de la France*. Tome II, Paris, 1899.

ROSCOE, J. : *The Baganda : An Account of their Native Customs and Beliefs*, London, 1911.

ROUSSEAU, J. J. :
(1) *Discours sur l'origine et les fondements de l'inégalité parmi les hommes*. Œuvres mêlées. Tome II. Nouvelle éd., Londres, 1776.
(2) *Essai sur l'origine des langues*. Œuvres posthumes. Tome II, Londres, 1783.

RUSSELL, B. : « The Philosophy of Logical Atomism ». *The Monist*, 1918.

RUSSELL, F. : « The Pima Indians », *26 th Annual Report, Bureau of American Ethnology* (1904-1905), Washington, D. C., 1908.

SARTRE, J. P. : *Critique de la raison dialectique*, Paris, 1960.

SAUSSURE, F. DE : *Cours de Linguistique générale*, 2ᵉ éd., Paris, 1922.

SCHOOLCRAFT, H. R. : Cf. WILLIAMS.

SEDEIS (Société d'Efudes et de Documentation Économiques, Industrielles et Sociales) : *Bulletin* n° 796, supplément « Futuribles », n° 2, Paris, 1961.

SHARP, R. Lauriston : « Notes on Northeast Australian Totemism », *in : Studies in the Anthropology of Oceania and Asia, Papers of the Peabody Museum, Harvard University*, vol. 20, Cambridge, Mass., 1943.

SEBILLOT, P. : *Le Folklore de France*. Tome III, « La Faune et la flore », Paris, 1906.

SIMPSON, G. G. : *Principles of Animal Taxonomy*, New York, 1961.

SKINNER, A. :
(1) « Social Life and Ceremonial Bundles of the Menomini Indians ». *Anthropological Papers of the American Museum of Natural History*, vol. 13, part. 1, New York, 1913.
(2) « Observations on the Ethnology of the Sauk Indians ». *Bulletins of the Public Museum of the City of Milwaukee*, vol. 5, n° 1, 1923-25.
(3) « Ethnology of the Ioway Indians ». *Bulletins of the Public Museum of the City of Milwaukee*, vol. 5, n° 4, 1926.

SMITH, A. H. : « The Culture of Kabira, Southern Ryúkyú Islands ». *Proceedings of the American Philosophical Society*, vol. 104, n° 2, Philadelphia, 1960.

SMITH BOWEN, E. : *Le Rire et les songes* (« Return to Laughter », trad. française), Paris, 1957.

SPECK, F. G. :
(1) « Reptile Lore of the Northern Indians ». *Journal of American Folklore*, vol. 36, n° 141, Boston-New York, 1923.
(2) « Penobscot Tales and Religious Beliefs ». *Journal of American Folklore*, vol. 48, n° 187, Boston-New York, 1935.

SPENCER, B. and GILLEN, F. J. : *The Northern Tribes of Central Australia*, London, 1904.

STANNER, W. E. H. :
(1) « Durmugam, A Nangiomeri (Australia) », *in : J. B. Casagrande, ed. In the Company of Man*, New York, 1960.
(2) « On Aboriginal Religion. IV. The Design-Plan of a Riteless Myth ». *Oceania*, vol. 31, n° 4, 1961.

STEPHEN, A. M. : « Hopi Journal », ed. by E. C. Parsons, 2 vol., *Columbia University Contributions to Anthropology*, vol. 23, New York, 1936.

STREHLOW, C. : *Die Aranda und Loritja-Stämme in Zentral Australien*, 4 vol., Frankfurt am Main, 1907-1913.

STREHLOW, T. G. H. : *Aranda Traditions*, Melbourne, 1947.

STURTEVANT, W. C. : « A Seminole Medicine Maker », *in : J. B. Casagrande, ed. In the Company of Man*, New York, 1960.

SWANTON, J. R. :
(1) « Social Organization and Social Usages of the Indians of the Creek Confederacy ». *42 nd Annual Report, Bureau of American Ethnology* (1924-1925), Washington, D. C., 1928.
(2) « Social and Religious Beliefs and Usages of the Chickasaw Indians ». *44 th Annual Report, Bureau of American Ethnology* (1926-1927), Washington, 1928.

TESSMANN, G. : *Die Pangwe, Völkerkundliche Monographie eines west-afrikanischen Negerstammes*, 2 vol., Berlin, 1913.

THOMAS, N. W. : *Kinship Organizations and Group Marriage in Australia*, Cambridge, 1906.

THOMSON, D. F. : « Names and Naming in the Wik Monkan Tribes ». *Journal of the Royal Anthropological Institute*, vol. 76, part II, London, 1946.

THURNWALD, R. : « Bánaro Society. Social Organization and Kinship System of a Tribe in the Interior of New Guinea ». *Memoirs of the American Anthropological Association*, vol. 3, n° 3, 1916.

THURSTON, E. : *Castes and Tribes of Southern India*, 7 vol., Madras, 1909.

TOZZER, A. M. : « A Comparative Study of the Mayas and the Lacandones », *Archaeological Institute of America. Report of the fellow in American Archaeology* (1902-1905), New York, 1907.

TURNER, G. : *Samoa a Hundred Years ago and Long Before...*, London, 1884.

TURNER, V. W. :
(1) « Lunda Rites and Ceremonies ». *Occasional Papers. Rhodes-Livingstone Museum*, n° 10, Manchester, 1953.
(2) « Ndembu Divination. Its Symbolism and Techniques ». *The Rhodes-Livingstone Papers*, n° 31, Manchester, 1961.

TYLOR, E. B. : *Primitive Culture*, 2 vol., London, 1871.

VAN GENNEP, A. : *L'État actuel du problème totémique*, Paris, 1920.

VAN GULIK, R. H. :
(1) *Erotic Colour Prints of the Ming Period*, 3 vol., Tokyo, 1951.
(2) *Sexual Life in Ancient China*, Leiden, 1961.

VANZOLINI, P. E. : « Notas sôbre a zoologia dos Indios Canela ». *Revista do Museu Paulista*, N. S. vol. 10, Sao Paulo, 1956-58.

VENDRYES, J. : *Le Langage. Introduction linguistique à l'histoire*, Paris, 1921.

VESTAL, P. A. : « Ethnobotany of the Ramah Navaho ». *Papers of the Peabody Museum, Harvard University*, vol. 40, n° 4, Cambridge, Mass, 1952.

VOGT, E. Z. : « On the Concepts of Structure and Process in Cultural Anthropology ». *American Anthropologist*, vol. 62, n° 1, 1960.

VOTH, H. R. :
(1) « The Oraibi Soyal Ceremony ». *Field Columbian Museum, Publ. 55. Anthropological Series*, vol. 3, n° 1, Chicago, 1901.
(2) « The Oraibi Powamu Ceremony ». *Field Columbian Museum, Anthropological Series*, vol. 3, n° 2, Chicago, 1901.
(3) « Hopi Proper Names ». *Field Columbian Museum, Publication 100, Anthropological Series*, vol. 6, n° 3, Chicago, 1905.
(4) « The Traditions of the Hopi ». *Field Columbian Museum Publ. 96. Anthropological Series*, vol. 8, Chicago, 1905.
(5) « Brief Miscellaneous Hopi Papers », *Field Museum of Natural History, Publ. 157. Anthropological Series*, vol. II, n° 2, Chicago, 1912.

WALKER, A. Raponda, et SILLANS, R. : *Les Plantes utiles du Gabon*, Paris, 1961.

WALLIS, W. D. : « The Canadian Dakota ». *Anthropological Papers of the American Museum of Natural History*, vol. 41, part 1, New York, 1947.

WARNER, W. Lloyd : *A Black Civilization*. Revised edition, New York, 1958.

WATERMAN, T. T. : « Yurok Geography ». *University of California Publications in American Archaeology and Ethnology*, vol. 16, n° 5, Berkeley, 1920.

WHITE, C. M. N. :
(1) « Elements in Luvale Beliefs and Rituals ». *The Rhodes-Livingstone Papers*, n° 32, Manchester, 1961.
(2) (J. CHINJAVATA and L. E. MUKWATO.) « Comparative Aspects of Luvale Puberty Ritual ». *African Studies*, Johannesburg, 1958.

WHITE, L. A. « New Material from Acoma », *in : Bulletin 136, Bureau of American Ethnology*, Washington, D. C., 1943.

WHITING A. F. : « Ethnobotany of the Hopi ». *Bulletin n° 14, Museum of Northern Arizona*, Flagstaff, 1950.

WILLIAMS, M. L. W. : *Schoolcraft's Indian Legends*, Michigan U.P., 1956.

WILSON, G. L. : « Hidatsa Eagle Trapping ». *Anthropological Papers of the American Museum of Natural History*, vol. 30, part IV, New York, 1928.

WIRZ, P. : *Die Marind - Anim von Holländisch - Süd - Neu-Guinea*. I Band, Teil II, 1922.

WITKOWSKI, G. J. : *Histoire des accouchements chez tous les peuples*, Paris, 1887.

WOENSDREGT, J. : « Mythen en Sagen der Berg-Toradja's van Midden-Celebes ». *Verhandelingen van het Bataviaasch Genootschap van Kunsten en Wetenschappen*, vol. 65, n° 3, Batavia, 1925.

WORSLEY, P. : « Totemism in a Changing Society ». *American Anthropologist*, vol. 57, n° 4, 1955.

WYMAN, L. C. et HARRIS, S. K. : « Navaho Ethnobotany ». *University of New Mexico, Bulletin n° 366, Anthropological Series*, vol. 3, n° 4, Albuquerque, 1941.

ZAHAN, D. : *Sociétés d'initiation bambara*, Paris-La Haye, 1960.

ZEGWAARD, G. A. : « Headhunting Practices of the Asmat of Netherlands New Guinea ». *American Anthropologist*, vol. 61, n° 6, 1959.

ZELENINE, D. : *Le culte des idoles en Sibérie*. Trad. française, Paris, 1952.

INDEX

TABLE DES ILLUSTRATIONS

TABLE DES MATIÈRES

Impression réalisée sur Presse Offset par

BRODARD & TAUPIN

GROUPE CPI

23630 – La Flèche (Sarthe), le 14-06-2004
Dépôt légal : octobre 1990
Suite du premier tirage : juin 2004

POCKET – 12, avenue d'Italie - 75627 Paris cedex 13
Tél. : 01.44.16.05.00

Imprimé en France